Nongcun Xuexiao Fuwu Xinnongcun
Wenhua Jianshe Yanjiu

农村学校服务新农村
文化建设研究

吴惠青　著

ZHEJIANG UNIVERSITY PRESS
浙江大学出版社

目　录

绪　　论

　　我对农村学校生存、改革与发展的关注，最初源于对"生于斯，长于斯"的家乡母校生存境遇的关心，以及由此引发的对农村教育的期待和对农村学校生存命运的担忧。

　　我出生于浙江省金华市一个叫汤店的农村。在"人民公社"时期，村上设有7个生产队。在学校的布局上，以汤店村为轴心村，外加四个自然村组成一个学区。在这个当时说大也不大、说小也不小的乡村学校里，我读完了六年小学，两年初中。高中毕业后，又在这里担任过小学和初中民办教师。改革开放以来，特别是农村土地承包责任制实行以来，广大的农村发生了翻天覆地的变化。但在我的心目中，感受最深、变化最大的是我学习、工作了整整10年的学校。受众多因素的影响，先是初中部被撤销，并入镇里的中学，学校规模缩小，师生人数迅速减少。接着是小学高段，最终是包括小学一年级在内的整个小学并入离家2.5千米远的镇中心小学。至此，这座创建于20世纪中叶，经历了半个多世纪风风雨雨的农村九年制义务教育学校，走完了她终结命运的历程。昔日充满书香的校园已不复存在，取而代之的是一家替人代加工的服装加工厂。在这里，村民们再也看不到昔日学校操场上学生的嬉闹，再也听不到学生琅琅的读书声。还有上课、下课的铃声，也随之"销声匿迹"。而留下的就像有人描绘的那样："早上的鸡叫，白天的鸟叫，晚上的狗叫。"带着一种十分复杂的心情，我曾多次驻足于学校的旧址，茫茫然似有所失，一连串的自我追问涌上心头：像眼前这样的农村学校是否已完成了她的历史使命，类似于这类"全身而退"的千千万万农村学校来说，被撤并是不是我国农村教育发展的必然且唯一的选择。还有，学校的迁址,从表面上看只是一种办学地点的变化,但其背后蕴藏的原因和由此而产生的影响,却可能远远没有如此简单。被"迁走"的书香校园、学生的嬉闹,还有读书声、铃声和歌声等文化"元素"的整体搬迁,是否会动摇我国农村教育的根基。在当前的社会转型中,是否会导致农村文化之树被"连根"拔起,"夹带"走对新农村建设,尤其是新农村文化建设十分重要的资源和聚合力。

带着诸多的困惑和担忧,我选择了新农村文化建设作为重要的研究领域。其中一个主要的间接动因是:源于对我国乡土文化在走向现代化过程中所产生的迷惘和彷徨。

迷惘之一:

我国是一个文明古国,在这片生生不息的土地上,先辈们创造了光辉灿烂的乡土文化。穿越我国乡土文化发展的历史星空,感受我国乡土文化发展的时代脉搏。长期以来,我国学界对传统文化的基本面还是持肯定态度的:具体而言,中华文化所特有的淳朴、仁厚的民风,天人合一的自然主义情结,趋福避祸的民间信仰,淡然的生活态度和乐观精神,艰苦环境中自强不息的顽强意志等文化"元素",构筑了中华民族坚强图存的精神动力,表现出了中华文化的独特生命样式,形成了自然而独到的文化品格。然而,在由现代性开启的价值世界中,不知何时,面对传统文化和现代文化,乡土文化与城市文化,本土文化和外来文化的交融与冲突,出现了一股对传统文化持简单化的虚无主义文化思潮。当下,在不少人的观念中,乡土文化被视之为要被城市文化"改版",甚至于等待被取代的落后文化。并由此导致了乡村文化在文化重建过程中的缺位,原本应有的彼此"互动",演变成了一出出"单面倒"的"独角戏",于是也就有了"乡土的逃离"、"乡土的守望"、"乡土的回归"之说。文化是一个民族赖以生存与发展的血脉,文化需要传承,需要听众,更需要参与者。一个缺少文化的农村是没有生机的,是缺乏活力的。综上所述,在漫长的农业社会,我们的先民们创造、积淀了光辉灿烂的农耕文化,并凝结、汇入我国传统文化的历史长河。追寻这条文化之河留下的历史印迹,我们发现,无数先辈们为人类创造的灿烂辉煌的文化,那些让中华儿女倍感自豪的文化之魂,中华文化赖以生存和发展的"文化之源"、"文化之根"就在其中。过去的已经"过去"了,过去的是"过去"的,当人们在因拥有这种自豪感而得到心理满足之后,为了"今天"和"明天",我们应该就此做出进一步的追问:上下五千年,那些曾孕育了中华优秀传统文化的文化之"根"如今还能焕发出勃勃生机吗?在当前的新农村建设中,为了中华优秀文化的复兴,我们应该如何去"寻根",怎样去"护根"呢?针对以上的"追问",我们希望从对为什么要去开展新农村文化建设,应该建设怎样的新农村文化,如何去开展新农村文化建设的研究中寻找、获取答案。

迷惘之二:

在农村文化与城市文化、传统文化和现代文化的冲突中,农村文化几乎是全线"败北",失去了阵地,失去了市场,失去了传人。伴随着电视、智能手机、VCD、DVD、卡拉 OK、电子游戏等大量涌入农村,在城市文化的影响中,诸多民间文化失去了市场,诸多民间艺术后继乏人。一些具有浓郁民族文化地域特色的非物质文化遗产,如皮影戏、木版年画、剪纸等都面临着逐渐失传的危机。而各地的民间刺绣、泥塑画、年画、书画、曲艺、民间文学等也都不同程度地陷入困境。而与此同时,乡村宗族文化、迷信文化泛滥。重续宗族族谱、维修重建宗祠、颁布宗族族规、开展联宗祭祖等乡村宗族文化活动日益复苏。建寺庙、设神坛,看风水、测命运、信巫师、跳大神等封建迷信也日益抬头。此外,一些"不良文化"在农村大有市场,神汉、巫婆、看相、算命等封建迷信活动也还时有出现。之于近年来在广大农村"死灰复燃"的黄、赌、毒等丑恶现象,普遍呈上升趋势,特别是农闲时节,赌博现象更为严重。

教育与文化是"近亲",面对当前农村社会在文化建设中存在的种种乱象,作者试图从繁荣农村教育事业,深化农村学校教育改革的视角,阐述自己对加强新农村文化建设的认识,提出如何提升农村文化的观点和思考。

迷惘之三:

我确定以乡村学校作为研究对象,将乡村学校作为新农村文化建设的一个重要主体展开研究,还出之于当前我国大部分农村学校对新农村文化建设表现出来的"无作为"、"漠视"的态度。而我所期盼的是,希望广大的农村学校把自己当作新农村的一员,把自身看作新农村文化建设的局内人。充分利用学校的文化建设资源,发挥农村学校、农村教师在新农村社区文化建设中的"核心"作用。

我国的知识分子向来就有关心社会,以国家、天下为己任,亲身投入社会改革洪流的优良传统。当历史的车轮驶入近现代后,一些教育家和教育团体开始在我国进行农村教育改良实验,试图通过发展乡村教育促进农村社会的发展。涌现了黄炎培、陶行知、晏阳初、梁漱溟等著名的乡村教育家。其间,黄炎培主持的中华职业教育社,陶行知、晏阳初主持的中华平民教育促进会,均致力于乡村教育,并将乡村教育与乡村经济、文化建设结合起来。

陶行知提倡教育与农业携手,认为"教育没有农业,便成为空洞的教育,分利的教育,消耗的教育。农业没有教育,便失去了促进的媒介。倘若好的农村学校,深知选种调肥,预防虫害之种种科学农业,做个中心机关,农业推广就有了根据地,大本营"。晏阳初认为中国农民普遍存在愚、穷、弱、私四大病症,主张实施"四大教育":以文化教育治愚,以生计教育治穷,以卫生教育治弱,以公民教育治私。并在华北、华中、华西选点试验。梁漱溟也十分重视农村教育和乡村建设,主张通过教育培育新民,建设新村,进而实现强国之梦。上述教育家的农村教育改良主张,虽然在旧中国不可能真正实现,但他们的教育思想和改革探索对现代农村教育改革和发展以及农民素质的提高具有借鉴意义。这一场发生在上个世纪初的乡村改造运动,为我们当今的农村教育改革,特别是农村学校服务新农村文化建设树立了榜样,提供了借鉴。有作为才能有地位,改革开放以来,农村学校在农村社会中的影响力不但没有提高,反而越来越低。其中一个重要原因是农村学校对农村社会建设和发展的助推作用发挥很少。而提倡、鼓励乡村学校作为文化建设主体的"身份"投身新农村建设,这对促进新农村文化建设,密切村校关系,推动农村学校的教育改革,提升农村学校在农村社会的地位都具有现实的指导意义和理论价值。

"农村学校服务新农村文化建设研究",是2010年国家社科基金的一个资助项目。本书记录了作者对乡村学校服务新农村建设的理论思考和实践的探索,汇集了作者在该领域研究中的主要成果。全书分为十二章。前六章,侧重于对农村学校服务新农村文化建设的现状调查、成因分析以及理论思考。后六章,侧重于对乡村学校如何去服务新农村文化建设的实践探索与探讨。

第一章是"新农村建设的社会背景"。分为三个部分。首先,从"行为驱动"的角度,把我国的"新农村建设"实践划分为三个阶段,第一阶段为"'翻身做主人'——农村社会主义革命与建设时期的'动员'驱动";第二阶段为"'摸着石头过河'——农村改革开放初期的'经济'驱动";第三阶段是"'文化型塑'——农村建设新时期的'文明'驱动",并对三个时期的特点和影响进行了分析与归纳。第二部分从我国经济、政治和社会改革与发展的角度,较为全面地阐述了进行新农村建设的意义、必然性和重要性。第三部分在揭示社会主义核心价值观助推新农村建设意义的基础上,提出了社会主义核心价值观应如何去推动新农村建设的观点和思考。

第二章是"新农村建设与新农村文化建设"。分为四个部分。首先,从解读新农村文化建设的内涵入手,根据对党中央、国务院"关于加强农村文化建设"的相关文件精神的理解,阐述了新农村文化建设的目标。第二部分,归纳了新农村文化建设的内容。第三部分,分析了新农村文化建设的特点,明确了新农村文化建设与新农村建设的关系。第四部分,提出了在新农村文化建设中处理好传统文化与现代文化、农村文化与城市文化、本土文化与外来文化这几对关系的基本要求。

第三章是"新农村文化建设的困顿"。新农村文化建设是一个历史的过程,是在现有的农村文化建设基础上的重建和超越。本章内容共分三个部分。第一部分,从"农村文化建设的脐带断裂"、"农村文化建设的主体缺席"、"农村文化建设的空间压缩"三个方面描述了"农村文化建设主体的结构性缺失"。第二部分,从"农村公共文化投入匮乏"、"农村文化生活参差不齐"、"农村公共文化服务体系滞后"、"农民文化权益缺位"四个方面反映了"农村基础文化建设的集体性失语"。第三部分,从"熟人脉络的农村基层秩序"、"亚细亚色彩的农村伦理范式"、"不健全的农村文化市场体系"三个纬度对我国新农村建设的困顿进行了盘点。

第四章是"新农村文化建设中乡村教育改革的价值选择"。培养怎样的人的问题,是农村教育改革的根本问题。作者首先从做"践行新农村文化的新型农民",做"致力于做'土艺术家'的新型农民",做"具有法治意识的新型农民"等三个方面对乡村教育改革的功能进行了定位。第二部分从"主体性的人的取向"、"所传授的知识的取向"、"教学生活的环境取向"三个影响要素进行分析。最后,引入"内卷化"的概念,针对新农村文化建设中的困顿,尤其是"为农"还是"离农"的取舍两难问题,采用由果循因以求解的内在逻辑,论证了"农村教育改革的价值选择"。

第五章是"新农村文化建设对乡村学校的呼唤"。本章内容分为三部分。首先,从"迷茫乡村的心灵求助"、"乡村学校与农村文化的背离"、"乡村学校的救赎之路"三个方面展示"乡村学校的归途之旅"。第二部分,从"历史记忆中的乡村学校"、"饱受期待的乡村教育实验"两个角度写出了在人们"记忆与期待中的乡村学校"。第三部分是本章内容的重点,从"承袭乡村社会的传统文化"、"传授城市社会的现代文化"、"联结与整合不同类型的文化"、"引导与催生农民的文化质变"、"重构与拓展农村公共生活空间"、"修复与重建农村社会文化生态"等方面对乡村学校发出了呼唤。

第六章是"乡村学校在新农村文化建设中的定位"。本章共分三部分。第一部分,从"乡村学校特色文化创建的意义"、"乡村学校特色文化创建的原则"、"乡村学校文化建设的路径"、"乡村学校文化建设应避免的几个误区"等四个方面阐述了"乡村学校特色文化的创建"。第二部分,从"乡村学校文化与教育改革"、"乡村教育改革受阻碍的文化阐释"、"乡村教育改革中的农村文化重建"三个方面阐述了"乡村学校在乡村教育改革中的文化发展"。第三部分为"案例分析"。具体介绍了蒲江县成佳镇九年制学校的"茶文化"和河南省信阳市郝堂伟小学的"可持续发展型学校"创建的过程与经验。

第七章是"乡村学校服务于新农村文化的课程建设"。全章共分四部分。第一部分,从"乡村学校课程建设的背景与意义"、"乡村学校课程建设的理念"、"乡村学校课程建设的取向"三个方面论述了"乡村学校服务于新农村文化的课程设计"。第二部分,从"国家课程的校本化"、"乡土课程的情感化"、"校本课程的特色化"三个方面阐述了"乡村学校服务于新农村文化的课程结构"。第三部分,从"乡村学校课程开发的基本原则"、"乡村学校课程开发的程序"、"乡村学校开发的条件保障"三个角度论述了"乡村学校服务于新农村文化的课程开发"。最后,从"乡村学校课程评价的内容"和"乡村学校课程评价的策略"两个方面阐述了"乡村学校服务于新农村文化的课程评价"。

第八章是"乡村学校服务于新农村文化的教学",全章分为三部分。第一部分,从"基于'离农'取向的教学目标"和"基于'为农'取向的教学目标"提出了"新农村文化建设下的农村教学目标"。第二部分,从"民国时期的乡村教学理念"、"新中国成立后的乡村教学理念"定位新农村文化建设时期的乡村教学理念。第三部分,从"主体参与式教学的理论基础"及"主体参与式教学的意义",结合主体参与式的教学案例及分析,描述了新农村文化建设的教学方式。

第九章是"新农村建设中农村教师的文化担当"。全章共分四部分。第一部分提出了文化担当是乡村教师应尽的社会责任。第二部分,从"公共性的旁落"、"本土知识践行的缺失"、"文化素养不足"三个纬度,反映了"农村教师的文化生存现状"。第三部分,结合农村社区文化建设与乡土教育的实际,具体介绍了"直接"和"间接"两种"服务于新农村文化建设"的参与方式。最后,从"形成文化自觉意识"、"改革考核评价体系"、"推动公共服务平台建设"、"职前教育中加强'三农'教育"四个方面阐述了如何实现农村教师文化责任担当的实践和设想。

第十章是"新村建设中乡村教师的文化养成"。本章共有四个部分。前三部分从不同方面对乡村教师提出要求。一是对乡村教师提出要"以情待农"、"以意亲农"、"以信为农"、"以行奉农",使自己成长为"为农型"的教师。二是要求乡村教师"提升思想意识层面的人文素养"、"打造知识技能层面的知行合一",使自己成长为"智慧型"的乡村教师。三是要求乡村教师自觉地"践行社会主义核心价值观"、"恪守依法治教"、"履行立德树人",使自己成为一名素质"教育型"的乡村教师。最后,介绍了甘肃省华亭县山区教师刘霞老师"吃苦耐劳,坚守学校近三十年;充实自身知识,创造复式教学"的感人事迹。

第十一章是"新农村建设中乡村学生的文化反哺"。全章共四个部分。第一部分从"学生主体意识的提升"、"'好公民'的文化素养培育"、"民主的和谐校园构建"三个角度论述了"乡村学生文化反哺的价值诉求"。第二部分从"科学知识观"和"生活方式观"两个纬度阐述了"乡村学生文化反哺的基本内容"。第三部分,从"加强学生的文化反哺意识使其真正成为主体"、"家长需要转变观念来营造自由的文化反哺氛围"、"发挥教师的桥梁作用从而搭建反哺之桥"、"学校通过开展各种活动丰富文化反哺的形式"等四个方面论述了"乡村学生文化反哺的实施过程"。

第十二章是"新农村建设中乡村学生的成长体验"。全章分为三个部分。第一部分从三个角度揭示了"乡村学生成长体验的实质"。第二部分从介绍"新农村建设中乡村学生成长体验的形式"入手,论证了实践活动对实现乡村学生的体验价值和生命意义。最后提出了新农村建设中乡村学生成长体验实现的保障机制。

第一章　新农村建设的社会背景

　　新中国成立以来,我国在宏观资源配置格局上一直采取以农补工、城市"优先"农村的政策。从某种层面来讲,新农村建设不算一个新概念,但我们可以通过对我国历次新农村建设的回顾有所体悟。当前,我国总体上进入了"以工促农、以城带乡"发展新阶段。"新农村建设"这一命题给我国的农村改革与发展带来了新的挑战和使命,这也是时代发展和构建和谐社会的必然要求。可以说,我国全面建设小康社会的重点和难点都在农村,农业丰则基础强,农民富则国家盛,农村稳则社会安;没有农村的小康,就没有全社会的小康;没有农业的现代化,就没有国家的现代化。世界上许多国家在工业化有了一定发展基础之后也都采取过工业支持农业、城市支持农村的发展战略。当今,我国国民经济的主导产业已由农业转变为非农产业,经济增长的动力主要来自非农产业,我国现在已经跨入"工业反哺农业"的阶段。可以说,社会主义新农村的提出,其产生的影响不仅仅限于"三农"本身,因而,具有更为深远的历史意义和更加全面的要求。

第一节　新中国成立以来的历次新农村建设回顾

一、"翻身做主人"——农村社会主义革命与建设时期的"动员"驱动

　　我党历来重视农民参与革命与建设的积极性。早在民主革命建设时期,我党就开始实行各种土地革命政策,号召农民以"主人翁"的意识和责任感来关心、参与、争取、保卫红色政权的建立与巩固。我党正是靠着对农民的组织、动员，才真正赢得了人民解放战争的胜利。战争年代所积累起来的"土地革命"经验，也成为日后我们在新中国成立后进行农村社会主义革命和建设的宝贵财富。

20世纪50年代，随着新中国成立，我党及时进行了土地改革，并根据自愿互利、典型示范、国家帮助的三大基本原则，进行了农业的社会主义改造。1956年，党中央提出了"社会主义新农村建设"的基本目标，坚持走以农业生产合作社为中心的集体经济道路。在政府自上而下的政策推动下，全国掀起了"农业学大寨"的热潮。大寨精神①所表现出来的"政治挂帅、精神先导"，也在某种程度上反映了我国人民希望迫切改变自己贫穷命运的强烈愿望。总体来看，这种群众动员策略在战争年代能够最大限度调动一切人力、物力，保证战争的胜利。但是在和平年代与自然、经济客观规律的互动中，表现出了对客观物质条件、客观经济规律的漠视。同时，这种源于外部理解的、典型的"强势社会阶层俯看弱势社会阶层"、以外部动员、宣传和外部引入为主的国家"符号殖民"过程必然导致农民自身创造性、主动性以及优秀传统文化的难以"承继"。②

但同时我们也要客观、理智地认识到，"动员"驱动下的社会主义新农村建设具有如下的特点与影响：

（一）农民追逐自己真实需求的刺激不足

在把计划经济等同于社会主义的时代里，"政府计划"往往会导致农民真实需求的遮蔽。当时的状况可概括为：城乡发展以城市为中心、以工业为重点，城乡二元结构逐渐形成，社会主义新农村建设发展缓慢。在那个时代里，在对乡村进行社会主义改造的过程中，"人民公社化"实行的是三级所有、队为基础，集体经营、按劳分配，它不仅成为一种土地所有制度，而且成

---

① 1964年2月10日的《人民日报》社论——《用革命精神建设山区的好榜样》第一次代表中央概括了大寨精神：远大的革命理想和对未来坚定不移的信心；敢于藐视困难，敢于同困难作斗争的顽强精神；实干、苦干的优良作风；自力更生、奋发图强的优良作风，严格要求自己、以整体利益为重的共产主义风格。周恩来总理在报告中对大寨精神作了高度概括："大寨大队所坚持的政治挂帅，思想领先的原则；自力更生，艰苦奋斗的精神；爱国家，爱集体的共产主义风格，都是值得大大提倡的。"（资料来源《农业学大寨始末》）
② 李小云：《文化符号视角下的新农村建设——理论创新与实践反思》，转引自李小云，赵旭东，叶敬忠. 乡村文化与新农村建设[M]. 北京：社会科学文献出版社，2008：30-36.

为一种分配形式。导致的结果是,农村生产要素在城乡之间、产业之间、农业内部不能自由流动,政府的计划调拨和交换成为主流。

这一制度的制定和实施,忽视了客观的经济发展规律,夸大了人的主观意志和主观努力的作用。农民干什么、什么时候干、为谁干,都不是由自己做主。在集体生产的粮食中,国家拿走多少,集体留下多少,对留下的劳动成果如何分配,最终农民能分到多少,生产这些粮食的农民都没有发言权和分配的决定权。当农民意识到自己的劳动成果不能自己做主,而是按照"干多干少一个样"、"干好干坏一个样"的"平均主义大锅饭"形式进行统一分配的时候,当他们中的许多人还经常被笼罩在饥饿的阴影的时候,农民的生产积极性很难得到维持。

(二)传统伦理与革命话语的复杂交织

费孝通曾对中国传统乡村社会进行过概括,认为中国的乡村社会具有乡土性与熟人社会特点(费孝通,1998)。由于传统农村"家族式"的生产方式、居住方式、组织结构等,农村基本上是熟人社会,当时传统的乡村伦理(比如尊老爱幼、孝顺、朴素、节俭、吃苦耐劳等)维系着农村基本的人际互动关系。在习俗的规范下人们彼此信任。这些优秀的传统乡村伦理需要在特定环境下才能保存与发展。

中国共产党以其无产阶级先进性和创造性,继承并发展了传统伦理中的精华,在带领人民群众进行土地革命与改革的过程中,逐步形成了依靠群众、发动群众、接受群众监督、自觉开展批评与自我批评、大公无私的干部工作准则。密切的干群关系也对农村集体的社会道德风气形成了积极的正面引导。江泽民总书记曾指出:"我们党的一大长处和优势,就是把树立马克思主义世界观、人生观同坚持和发扬中华民族优良传统有机地结合起来,讲求共产党员个人的思想品德修养。"①在此,传统伦理与革命话语有着复杂交织的关系。这也道出了在进行社会主义新农村建设上,发展农村各项文化事业的必要性、重要性和艰巨性。

(三)二元对立的城乡关系

世界上的工业化国家在工业化和城市化的过程中,总是与农业劳动力逐步减少,农村人口数量逐步下降相依伴。在我国,首先,1953 年实施第一个五年计划,开始大规模经济建设后,由于国家投资增长过快,积累与消费、

---

① 江泽民.江泽民文选:第一卷[M].北京:人民出版社,2006:622-623.

市场与计划、农业与工业的矛盾突然以农副产品供应短缺的形式表现出来。① 由于粮食供应紧张，人口迁移出现了一定的盲目性。其次，为提高农业积累，我国 1955 年开始实行户籍管理制度，户籍与国家计划资源控制连在一起，使不同户口类型的人享受不同的国家福利，由此产生的重大问题是农民与国家社会福利无缘。城乡之间自由的人际流动更被人为地隔断了。

农民无法自由地出入城市寻找工作与就业机会，城市也失去了进行各行各业建设的富余劳动力。城市化的推进缺少了自然的发展。在二元封闭的城乡关系背景下，乡村农民固守在封闭、保守、安于现状、不思进取的"集体无意识"之中。而代表城市文明的平等意识、公平意识、自由意识、竞争意识却无法在农村居民的狭隘意识中成长。二元对立的城乡关系导致城乡差距越来越大。

（四）农村学校开始出现"逆知识化"

新中国成立后，我们国家加大了小学教育在农村地区的普及力度。乡村学校除了对适龄儿童进行正常的文化教育（语文、数学、美术、劳动教育）之外，还承担了对成年男女进行"扫盲"教育的重任。乡村学校与乡村社会主义建设保持一种若即若离的互动关系。浓厚的政治色彩成为当时学校教育的重要特色之一。

紧接着，"文化大革命"对教育领域造成了严重的摧残。在"文化大革命"发动以后，学生开始走向田间地头，学校正常的教学秩序受到冲击，学生的厌学、逃学、弃学现象开始不断蔓延滋长。主要表现在两个方面。一方面，在一定时期内停止了高考，阻滞了学生求学上进的途径。"文革"开始，首当其冲是高等教育，高考制度的废弃和大学的停止招生，粉碎了许多农村青年的大学梦。另一方面，教学内容简单化、政治化。如，"文革"初期，有不少的小学把《毛主席语录》作为唯一的教学内容，把诵读《毛主席语录》作为主要的教学方式，使得教学内容走向简单化、政治化，教学方式变得日益粗暴、机械。农村学校教育的"逆知识化"成为当时农村教育衰败的重要表征。

二、"摸着石头过河"——农村改革开放初期的"经济"驱动

正是在对新中国成立三十年来过于公有化、集体化、教条化的农村经济管理体制的反思下，我国农民开始有了对客观经济规律的自觉反思与利用。正是政府上层无法找到具体有效的农村经济改革的方式，我国底层人民的

---

① 武力.1949—2006 年城乡关系演变的历史分析[J].中国经济史研究,2007(1).

创造力才有了被尊重与被重视的可能性。中国的改革开放是以农村改革为"突破口",而农村改革则是从实行"家庭联产承包责任制"开始。它首创于安徽凤阳小岗村的"大包干",从此我国亿万农民开始成为市场经济的主体,焕发出巨大的热情与活力。同时,户籍制度开始有所松动,农民开始去城市打工,中西部农民开始去东部沿海打工,在这种人口可以自由流动的社会背景下,农民有了追逐物质与精神幸福的个人权利。邓小平同志说的"摸着石头过河",不仅仅反映一种对自上而下的政策制定的自觉反思,更是表现出对广大人民群众巨大创造力和积极性的尊重。在这一时期,我们真正把追逐幸福与界定幸福的权利交给公民个人去判定。正是有着对前三十年物质资源匮乏时代的"共同记忆",我国人民才会把追求物质财富作为人生奋斗的巨大动力。

"经济"驱动之下的新农村建设,市场化、工业化、商业化、流动化成为时代的主旋律。其对我国社会发展的影响主要表现在以下几个方面:

(一)农民个体的身份主体意识开始觉醒

新中国成立后,"人民当家做主"开始由一个宽泛化的政治话语,日益成为农村开展一切活动的政治原则。只不过"人民"在过于强调公民的政治权利的同时,却忽视了农民经济自主权利的保障;过于强调"集体主义"原则至高无上,忽视了对农民个体基本公民权利的尊重。农民不仅仅是淹没于国家、集体大机器中旋转的"齿轮",更是有自己真实欲望与独特需求的现实"存在"。除了单一的、被动的"追随者"(政治身份)之外,农民在现实社会中追求物质利益与生活享受的经济欲望也被激发。每个人开始主动自觉地为了更好的实现小康"家庭"而不断奔波、流动。"农民工"、"下海"、"北漂"等开始成为青年农民走出大山,追逐新的身份认同的典型代表。

(二)"实用"伦理重获社会普遍认同

中国人自古以来就有很强的现实精神。从孔夫子的"不知人,焉知天"、"不语怪、力、乱、神"到王阳明的"知行合一";从荀子的"人定胜天"到近代毛泽东的"实事求是"。我们将"神异世界"放在"不论"的层面,而专注于现世的生活。① 这种世俗意识已经渗透到我们中国人的骨髓中。在这种"实用理性"的支配之下,我们中国人在精神和信仰上不会出现盲目的精神迷狂。在

---

① 李小云,赵旭东,叶敬忠.乡村文化与新农村建设[M].北京:社会科学文献出版社,2008:49.

传统的乡土社会中,农民会为了自己的生存,拜各种各样的神和图腾;如果某一天,这些神不能解决他们面临的现实困境,他们也会为了单纯的"活着"表现出巨大的忍耐力、吃苦精神与创造力。在"文化大革命"和改革开放初期,人们逐渐从新中国成立以来前三十年巨大的"政治狂热"中挣脱出来。"普遍贫困"所造成的"生存焦虑"开始重新成为每个人思考自己行动的落脚点。农民也和整个社会一道,在价值与信仰真空的阶段,实实在在的物质利益也能激发起变革社会的极大动力。只不过,追求物质利益的强烈驱动使许多凝结着"经验、情感和智慧的传统文化",在农村日益遭受着"破坏、瓦解甚至消失",某些维系社会稳定的基本道德伦理也受到了践踏,这成为改革开放三十多年来农村社会面临的最大弊端。

(三)城乡互动开始加速,商业化、市场化、工业化气氛日浓

城乡"户籍"限制开始松动,原来横隔在城乡两边的严格的政治控制已不复存在。为追求更好的幸福生活(当时主要是物质生活)而出现的农村向城市、内地向沿海的"流动"开始受到认可、支持与鼓励。商品经济和市场经济所自发产生的"调节"功能深刻改变着农民的思想意识与行为规范。农民的商品意识、开拓意识、竞争意识、冒险精神开始成为新的行动基因。伴随着城市化过程中,大城市和中小城市同步获得发展,农民的居住环境也开始与现代社会接轨;乡镇企业开始异军突起,它在吸纳农村剩余劳动力、丰富居民的物质生活、推进城镇化建设等方面都发挥着巨大作用。

(四)学校教育"离农"、"去农"趋势明显

改革开放以来,农村学校正常的教学秩序得到恢复,教育开始步入正轨。农村家长和学生都把教育看成是改变自己家庭命运的唯一出路。在这一过程中,农村学校逐渐成为独立于农村社会之外的独立王国。教育目标偏向于精英教育、应试教育,鼓励学生"脱离农村"、"走向城市";课程教材偏向城市与城市生活,无法反映乡土文化与农村变迁;教师知识水平与经济收入同城市相比差距悬殊,改进教学质量的自身动力偏低。

三、"文化型塑"——农村建设新时期的"文明"驱动

新农村建设作为国家全面建设小康社会的重大战略决策,牵动着农业、农村和农民等各方面的重大问题。在当代中国,不管是城市还是乡村,都感受到网络化、全球化、本土化的强烈冲击。无论是从实然意义上还是应然意义上商业文明、工业文明、城市文明、政治文明与生态文明的相互激荡,都成为我们进行新农村建设必不可少的变革元素。推动新农村建设走向深入发

展,就是要求我们吸取人类历史与文明所创造的一切成果来建设我们的美丽家园。商业文明所要求的冒险、竞争、诚信、开放与创新意识正深刻催化着现代农民的产业化经营;工业文明所需要的严肃、认真、精确、守纪与标准"概念"也在强烈刺激着农民的行动准则;城市文明所催生的时尚、个性、浪漫、消费至上、卫生、健康的生活方式也深刻改变着农村青年的现实追求;政治文明所提倡的自由、民主、平等、自主、权利意识也不断"唤醒"农民摆脱潜意识中所深藏的依附人格的自觉勇气;生态文明所昭示的人、自然、社会的和谐共荣精神更是引发我们进行新一轮"返魅"冲动。新农村建设的主体只能是"生于斯长于斯"的当地居民,新农村建设也离不开国家与社会各界精英的大力支持。如火如荼的新农村建设必然要在新的起点上有开拓性的突破。作为一种新的"文明"或"文化类型",农村文明应该比城市更"优雅"、更"自然",我们应该在"后现代意义"①上重新审视和重构我们的新农村文化建设。

(一)乡村文明的本土性信仰正经历由"失落"到"复魅"的阵痛

中华民族的文化之根在农村,乡土文明以其独特的中华特色流传于世。中国古代有一种"安土重迁"、"落叶归根"、"慎终追远"的思想情怀。在这种祖先崇拜的思想下,我们的乡土保留着浓厚的婚丧嫁娶、崇神重鬼仪式。在每个中国人的心中,每个人都会以自己独特的方式同自己的祖先沟通。自己的长辈也会以自己独特的经验替自己的子孙指点迷津,本土性情怀同乡土社会独特的宇宙观联系在一起。中国人相信万物有灵,更坚信自然界以某种心灵契合的形式同人世间的荣辱盛衰联系在一起。朴素的乡村国人以一种勤劳、朴实、节俭、以人为善、真诚、忍让的精神同自己生存的土地进行着艰苦的工作交易。

而随着中国改革开放政策和城市化发展的推动,农民普遍向城市流动。在这种背景下,农民成为漂泊在城市孤岛上的"异乡人",他们隐忍着自己真实的情感与思想需求,把自己全部的生活动力放在追逐经济利益的冲动之上。实实在在的物质利益的满足在带领他们摆脱饥饿阴影的同时,也使他们把追逐舒适生活的享受当作最终的生活目的。失去"敬畏"感成为大多数农民走向城市后所面临的精神困顿。在传统的家庭伦理变得日益淡薄的同

① 董磊明:《以乡村组织为主导的新农村建设》,转引自李小云,赵旭东,叶敬忠主编.乡村文化与新农村建设[M].北京:社会科学文献出版社,2008:24-26.

时，人们也失去了赖以依靠的精神家园，他们一直苦苦追求的物质生活享受驱赶着他们日益疲劳的精神信仰。对他们来说，消费主义狂潮所掩盖的往往是农民最本真性的生存方式。农民在经历各种城市生活的种种不适中也希望回归真实的乡土生活之中，希望自己同大地、祖先保持一种真实的情感联系。

（二）村庄利益共同体的组织准备、文化准备、情感准备正当其时

新中国成立后社会主义革命与建设时期，我们的农村建设过于追求形式上的公有制与集体化。在强大的组织动员能力下，我们的农村也进行了一些基本的农田和水利设施建设。不可否认，自然经济的传统社会，不会进行这种大规模的农村基础设施建设。但是，在饥饿和物质贫乏考验人性的时代，单纯的政治信仰与思想道德教化，还很难实现农村面貌的真正改善。当国家与社会所宣扬的相对公共价值远离他们自身的真实需求的时候，农民出现了前所未有的改变冲动。20世纪80年代的"家庭联产承包责任制"，在调动农民生产积极性方面起到了积极的作用。但是经过二十多年的演变，"去组织化"导致了当前农村日益严峻的贫困以及村庄利益共同体的"名存实亡"。[①] 农民自身改变命运的冲动就在于这种实实在在的生活需求刺激，中国传统文化背景中的世俗意识也有助于农民的个性解放。当我们以近乎"放任"的形式应对农村的衰败与穷困之时，我们的农民也以近乎自虐的方式不断寻找新生活的尝试。"走向城市"、追求消费主义刺激的青年农民除了面对城市的灯红酒绿之外，无法从城市生活本身寻找自己的精神安息之所，国家也不可能实现百分之百的城市化。在失去同家庭、宗族之间的组织联系之后，个人的传统本土性价值有逐渐解体之意，精神、物质日益原子化的个人，在不断全球化与现代化的浪潮中，变得越来越失去生活的批判力与原创力。党在基层的政治组织、传统农民自我管理所自发形成的宗族组织在个体农民的心中越来越边缘化。

国家以战略的眼光推动新农村建设，目的在于通过乡村组织的重建，希望乡村组织在整合农民个体精神价值与个体经济利益的同时，成为推动农村实现社会"良制"的基础；随着公务员制度的完善与成熟，"大学生村官"的普遍推行，村设干部福利待遇逐步纳入县级财政编制等措施的实施，为建立

---

① 董磊明：《以乡村组织为主导的新农村建设》，转引自李小云，赵旭东，叶敬忠主编.乡村文化与新农村建设[M].北京：社会科学文献出版社，2008：24-26.

公正、无私、服务、生态、高效的乡村政府提供了强有力的物质、资源、政策、人才保障。①

自上而下的乡村行政组织在聚合农民共同利益与共同关切的同时,并不意味着包办、代替农民"自组织"自觉开展建构"人生意义"、"村庄公共空间"与农村"价值系统"的主体性行动。②

(三)"三喻"并存的当代农村社区(家庭)急需对话

美国著名人类学家玛格丽特•米德曾在《文化与承诺》中,把有史以来人类知识传递方式归为三类:前喻文化、同喻文化、后喻文化,分别对应于农业文明、工业文明以及信息文明。在前喻文化中,父辈以自己过去的生活经历传递子女基本的生存技能、道德情感以及精神信仰;而工业文明时代的来临,表示人类开始有了最初意义上的"代沟",知识、经验之间的传递主要是在同龄的伙伴之间展开,同伴之间的技术技能交流是晚辈获取生产生活经验的主要源泉;随着信息化时代的来临,晚辈有比长辈更强的学习能力去适应这个日益不确定的未来。在当代农村,面临着比以往任何时代都未曾有过的强势文化对农民本土文化的"符号殖民"③。后喻文化特征也比以往任何时候都显露出对农村社会"文化变迁"的深深忧虑。祖辈、父辈与孙辈之间以特有的文化优越性对彼此之间产生莫名的轻视与不满。祖辈所代表的前喻文化曾经是饱经风霜的老人对这个确定土地上最有发言权的权威,他们一直在恪守千年的规范,实践善良的操守,收获大地的馈赠。作为"空间上的移民",父辈开始走出农村,追逐城市生活所带来的物质宽裕与精神生活的新鲜刺激,同时他们也能从工业时代的技术劳作中产生改变一切传统,抛弃一切习俗的野蛮冲动。但是父辈却无法在城市生活与工业劳动中获得精神信仰与文化归属的认同感。而我们的孙辈却更多的是在农村同自己的爷爷奶奶、外公外婆生活在一起,他们有着比祖辈更多的学习能力去学习外

---

① 有学者就认为"主导"新农村建设的主体应该是完成功能"战略性转换"的各个乡村组织,尤其是在取消农业税之后,村干部的报酬由自上而下的财政来负担。这为打破长久存在的"乡村乡镇利益共同体",实现"村民自治"、乡村善治提供可能。贺雪峰:《取消农业税如何改变了乡村关系》,董磊明:《以乡村组织为主导的新农村建设》,转自李小云,赵旭东,叶敬忠主编.乡村文化与新农村建设[M].北京:社会科学文献出版社,2008:28-29.

② 董磊明:《以乡村组织为主导的新农村建设》,转自李小云,赵旭东,叶敬忠主编.乡村文化与新农村建设[M].北京:社会科学文献出版社,2008:28-29.

③ 李小云:《文化符号视角下的新农村建设——理论创新与实践反思》,转自李小云,赵旭东,叶敬忠主编.乡村文化与新农村建设[M].北京:社会科学文献出版社,2008:30-36.

在的技术世界,但是因为缺少父辈的中介,孙辈永远徘徊在现代文明之外去学习现代文明。

农村社会进行新农村建设,必须建立在祖辈、父辈、孙辈更多的知识共享、经验连接与文化对话之中。作为千年中华文化传承的"活化石",我们的祖辈有着更多丰富的仪式性、神话性、农业性、占卜性、民俗性知识,他们内心生活坚定而从不艳羡别人。如果缺少他们,我们的新农村建设将只有"外在",而缺乏"内在";只有"重复",而缺乏"创造"。① 作为农村最有文明知识的精英阶层,我们的父辈需要采取更多行动同自己的土地连接,用自己的创造性劳动使电子商业、生态工业、绿色农业、休闲产业在各个农村生根发芽,从而实现这个古老社会的美丽(文明)转型。而我们的农村晚辈也在一种全球化、网络化、少子化的社会大潮中逐步脱离祖、父辈的成长轨迹,能够更多更迅速地学习最新的知识信息,也能够敏感地意识到日益变化与迷茫的未来。他们需要不断谦虚地同祖辈、父辈保持一种持续对话状态。在这种平等的对话之中,我们的晚辈才会逐步形成一种独立判断是非的自由,农村社会也会因为晚辈的创新型参与而形成一种新的精神面貌。

创造美丽新农村的"新"村建设,政府必须加大投入,形成祖、父、孙三代都愿意留在这里、恋在这里、开发这里的支持氛围。必须致力于在农村的土地上进行家园建设,必须让我们的"留守儿童"不再"留守",获得父母深度陪伴;必须让我们的妻子不再"孤独",获得丈夫的深情对待;必须让我们的老人不再"寂寞",获得子女的时时问候。其实,也只有这种祖、父、孙三代的深度对话、主体自觉,我们的新农村建设收获的才不仅仅是物质丰富,而更是"精神培育"。②

(四)日渐瓦解的农村学校呼唤"价值转型"

政府通过加大资金与政策投入,不断刺激农民参与建设新农村的积极性。但是这种从外部渗入的家园建设方式,必然会因为农民自身知识、经验与精神力量的局限性而导致持久动力不足。在国家大力普及义务教育和发展乡村教育的运动中,乡村学校成为孤立于农村社区、与乡土文化渐行渐远的国家体制教育。离农、弃农、背农的农村教育价值取向,使我们的学校教

---

① 张百春.文化·文明·教育——由中俄教育的文化背景谈起[J].教育,2007(3):44-45.

② 邬志辉,任永泽.精神培育:新农村建设背景下农村教育的使命[J].东北师范大学学报(哲学社会科学版),2008(1):13-17.

育成为面向"失败人"的教育与服务城市化的教育。这种应试化、科层化的教育发展思路,导致我们的乡村学校放弃自我,在教育的目的追求中过于强调精英价值、知识价值、职业价值。这种看似矛盾的价值谱系,实际都蕴含在农村学校错综复杂的教育发展现实之中。精英主义的教育追求,使我们的农村学校成为为城市培养后备人才的重要基地,我们的精英是日益脱离农村社会的精英,是日益与我们的乡土情感保持陌生的精英。在这种思路下,我们的学校教育从来没有为我们建设社会主义新农村做出自己的人才储备,国家推动的社会主义新农村实际上是没有农民话语权的农村建设;知识取向下的师生互动,没有学生的"灵性"参与和家长的乡土关怀,有的只是教师单向传递日益"套装"化的标准知识。在这个日益信息泛滥、日益"科技殖民"的"地球村"时代,为什么我们知道的如此之多,而我们的行动却如此之少? 在这个乡村社会大变迁、农村经济持续推进的时代,我们的学校知识教育,又贡献多少呢? 职业取向的农村学校价值定位,是在大多数人的应试教育失败下与家长、社会、学生的"共谋"。这种职业价值取向的定位,看似是学生的主动选择与社会的大力推动,但是它恰恰反映的是我们的农村学校更多的是为社会培养低竞争力的人才与自身学校质量的堪忧。

农村学校必须建立在高度的历史使命感的基础上明确自身定位,实现"价值转型":

首先,实现精英价值向全民价值的转型。农村学校教育不仅仅是面向适龄人的教育,还可以是面向全体人的教育。本来乡村学校就应该是这个古老社区中的文化中心、教育中心与社会活动中心。乡村教师(包括"乡贤")也曾是当地最有文化的阶层,他们在维系乡村基本道德、传授文化知识与保持儒家经典传承方面功不可没。我们应该把乡村学校建设成为青少年的知识学习中心,中年人的持续充电中心以及老年人的休闲娱乐中心。专注于成年人再教育的社区大学可以与农村学校合二为一。农村学校应该为农村社会的"精神培育"贡献出自己的力量。

其次,实现知识价值向文化价值的转型。学校过于追求知识本身的价值日益受到了挑战。知识本身的静态性、确定性、不变性与僵化同具体时空中的人的生存状态必然发生"时空错位"。在这种情况下,我们必须要关照教育同具体的不同人、不同文化之间的适切问题。新农村建设最难的是文化建设,文化建设离不开教育参与其中。教育必然是以学校教育为主体的全体人的参与事业。我们的学校教育必须培养出我们的学生热爱家乡、建设家乡与关心家乡的情怀。

最后,实现职业价值向事业价值的转型。自从制度化的学校产生之后,学校教育就同功利化的经济现实扯上了剪不断、理还乱的关系。农村学校不可能不考虑学生的职业生存问题。但是我认为农村学校教育仅仅定位为简单的职业人才培训,无法解决人深层次的"自我实现"问题。关照农村教育,其实我们更应该关心的是农村青年实现中国梦的动力支持、精神源泉与智力支撑。社会主义新农村的美好理想需要我们在农村这块大有可为的广阔天地里,专注学生创新意识与创业意识的培养。强烈的事业精神与事业能力培养应该贯穿于我们学校教育的始终。

第二节 社会主义新农村建设的提出

我国是农业大国,农业、农村、农民问题始终是我国经济发展中的首要问题,它们直接关系着我国国民经济运行的健康发展,同时也关系着社会的稳定和国家的长治久安,它既是经济问题,又是重要的政治问题、社会问题。其中农村是农民安身立命的栖息之所,农村的建设与发展是解决农民以及农业问题的重要屏障。传统农村依土地而生,依土地而存,靠天吃饭。农村的发展、农民的生活以及人际间的网络关系,也都是随着土地及其自然环境的馈赠逐步地、自然而然地形成与发展的。费孝通先生将这种社会定性为乡土社会①。乡土社会实质是传统的农村社会,即一种没有具体目的,由一起生长而产生关系的社会。礼俗、习惯便成了维持乡土社会运行的纽带。在费先生看来,中国最基层的群众是农民,农民们生活在乡下,土地是其生存的来源,存在的载体、生命的根基和可供传承的财富;同时土地又赋予了乡下人独特的生活习惯、生活方式、居住格局、社群关系与交往方式,也决定了农村经济的发展水平与经济的整体态势。总体上,通常可以用以下几个关键词来概括传统的乡村社会所呈现出的特点,即"发展缓慢、习惯等待、民风淳朴、礼俗约定、物资匮乏、满足安逸"等。

新中国成立以来,我国政府为了迅速发展社会主义经济、积累工业化资本,出台了诸多以牺牲农村与农民利益的政策,因此,我们的农村改革虽打破了传统农村的生产格局,改变了农民的生活方式、思考方式,农民的经济有所增长,然而城乡矛盾日益突出,"三农"问题已严重影响了社会的稳定与

① 费孝通.乡土中国[M].上海:上海世纪出版集团,2007.

长治久安。其形成过程有以下阶段：(1)新中国成立时，政府采取了"重工轻农"、"优先发展重工业"的工业化路线，通过建立城乡户籍制度与相关政策将城市与农村逐步割裂，执行了一系列"剥夺农业、支持工业，轻视农村、重视城市，限制农民、保护市民"等不公平政策和措施，使得城乡社会逐渐分治，城乡二元结构形成；(2)改革开放以来，为了加快经济社会发展，政府推进了城市化建设，城市基础设施建设和城市的规模有了飞跃性的发展，城市居民的生活水平有了质的提升，然而城市化并没有带动起周边农村经济社会的发展，农业增效难、农民增收难、农村进步慢等问题仍然是农村社会的现实困境；(3)进入21世纪以来，我国国力增强，农业支持工业、支持城镇的历史已基本结束，国家虽已意识到了"三农"问题，推出"工业反哺农业，城镇支持农村"的新农村政策，然而，城镇化的速度仍在继续。伴随着房地产业的炒作，城市商业文化以及消费文化的刺激，大量农民外出打工，房屋拆迁，土地流失、买卖，三农问题又引发了一系列新的社会问题，比如留守儿童的教育问题、心理问题，空巢老人的赡养问题，农业荒废问题、食品安全等问题；农民流入城市后，城市对农民的接纳、承载、福利、工作、治安等同样面临了诸多的挑战[①]。

面对如此严峻的形势，如何解决农村问题？如何建设农村，增加农民收益，保障农业的再发展，实现小康社会？中央从2004年到2012年，连续九年发布了"三农"为主题的政策，强调农村、农民、农业在我国社会主义现代化时期的重要位置。2004年中央出台《中共中央国务院关于促进农民增加收入若干政策的意见》；2005年出台《中共中央国务院关于进一步加强农村工作提高农业综合生产能力若干政策的意见》；2006年推出《中共中央国务院关于推进社会主义新农村建设的若干意见》，该政策的出台标志着新农村建设拉开帷幕。在这一文件中提出了推进现代农业建设，强化社会主义新农村建设的产业支撑；加强农村现代流通体系建设；稳定、完善、强化对农业和农民的直接补贴政策；加强农村基础设施建设等内容。2007年出台《中共中央国务院关于积极发展现代农业扎实推进社会主义新农村建设的若干意见》并明确提出，发展现代农业是社会主义新农村建设的首要任务，要用现代物质条件装备农业，用现代科学技术改造农业，用现代产业体系提升农业，用现代经营形式推进农业，用现代发展理念引领农业，用培养新型农民发展农业，提高农业水利化、机械化和信息化水平，提高土地产出率等，再次

---

① 任庆国.我国社会主义新农村建设政策框架研究[D].保定:河北农业大学,2007.

深化了新农村建设的方式与内容,重点突出现代农业在新农村建设的重要地位。2008 年出台《中共中央国务院关于切实加强农业基础设施建设进一步促进农业发展农民增收的若干意见》,加强构建并强化农业基础的长效机制,保障主要农产品的基本供给,抓好农业基础设施建设,着力强化农业科技和服务体系基本支撑,完善农业基本经营制度和深化农村改革,推进农村基层组织建设。2009 年仍然进一步出台《促进农业稳定发展农民持续增收的若干意见》,并首次提出要推进城乡经济社会发展一体化。2010 年出台《关于加大统筹城乡发展力度进一步夯实农业农村发展基础的若干意见》;2011 年出台《加快水利改革发展规定》;2012 年出台《关于加快推进农业科技创新持续增强农产品供给保障能力的若干意见》,加大强农、惠农、富农的政策力度,促进农民较快增收,维护农村社会和谐稳定。这一系列的政策反映了国家对农业发展的重视,也指明了新农村建设发展的方向、任务与内涵,即推动保障农村、农民、农业的发展与收益。

然而,我国农村人口众多,农村劳动力的文化程度普遍偏低,又缺少专业技能、专业技术培训,农村医疗卫生条件差,文化资源缺乏,即便国家政府出台了相关惠农政策,随着城市化与商业化的推进,农村越来越多的青壮年劳动力离开农村,流向了城市,素质较高或读书好的学生也流向了城市,原有农村的户籍迁为非农,城镇化的推进加剧了大量农民迁居到城市,这就导致农村劳动力整体素质降低,老龄化日趋严重,留守农村的大多是老人与儿童,甚至有的村庄成为"空壳"。农村原有的礼俗文化、礼俗规约被城市中的"陌生文化"、"法理文化"所侵蚀,留在农村的农民们又囿于对现代信息、技术、知识的无知,农民心理普遍存有强烈的自卑与无助。因此,现实中新农村建设的内容与问题远远要比政策中所反映出的内容更为复杂和多样,这也更加凸显新农村建设的重要性。

一、新农村建设的内涵

第一,生产发展。在社会发展的矛盾运动过程中,生产力是起着决定作用的第一性的要素。建设新农村首先要振兴农村经济,加快农村经济发展,增加农民收入,这一条是首要的。其次,农村经济不发展,建设新农村就失去了物质基础。要使生产发展,必须保障农业水利工程建设,为农村提供基础设施,加大支农力度,调动广大农民的生产积极性,提高农民参与市场竞争的能力。

第二,生活宽裕。在生产发展的基础上,使农民的财富增加,过上相对宽裕的生活。"生产发展"和"生活宽裕"这二条是要建设物质文明,"生产发展"为建设新农村提供必要的物质基础,"生活宽裕"是建设新农村的具体体现。要使农民生活富裕,必须增加农民收入,减轻农民背负的三大负担,搬掉影响农民收入的三座大山:农民的准失业状态、国内外市场机制对农民的挤压、农民贫乏的自我组织能力。只有"生活宽裕"这一目标得到实现,农民才会更积极地投身于新农村建设中去。

第三,乡风文明。建设新农村,不仅要有雄厚的物质技术力量作基础,而且要有与之相适应的先进的精神文明作支撑。形成良好的社会风气,邻里之间,生产上要相互帮助,生活上要相互关心。乡风文明是建设新农村的灵魂。在农村,文明之风若不能愉悦人们的身心,腐朽的东西就会侵蚀人们的心灵。实现乡风文明,需要政府的支持,改善农村文化设施。同时,加强农民思想道德教育,树立与现代文明相适应的时代精神。还需要社会多关注农业、关心农村、关爱农民,满足农民群众的精神文化需求。

第四,村容整洁。长期以来,大部分农村地区的人居住环境较差,由于缺少垃圾处理设施,加上农民的一些不良生活习惯,以及农民缺乏环保意识等因素,导致农村的生活垃圾污染比较严重。通过新农村建设,搞好农村环境卫生整治,搞好村庄规划,改掉农村的各种生活陋习。不仅要使农村的面貌发生明显改变,更要使农村人民的生活质量得到明显改善。

第五,管理民主。民主管理是建设社会主义新农村的政治保证,加快推进民主政治是建设社会主义新农村的重要组成部分;民主就是落实和完善村民自治、民主选举和民主监督机制,实现农民自己当家做主。为了扩大农村基层民主,实行村民自治,在农村普遍推行村务公开和民主管理制度,将"管理民主"纳入新农村建设工作中去。首先,国家要努力制定和严格执行保证农村基层民主管理实施的各项法律;其次,各乡镇政府要严格遵守和认真执行国家有关政策、法律制度,真正放权,让村民能够真正行使村务决定权和管理权;最后,农村基层干部要牢固树立坚持党的领导、人民当家做主和依法办事有机统一的观念。

二、新农村建设的特征

文化建设与政治建设、经济建设关系密切。市场经济的发展推动了农村社会的转型,也影响着文化的发展进程。这种转型带来了中国农村面貌的全新景观,使新农村文化建设呈现出以下五方面的新特点①。

（一）农村产业结构的调整和农民交往方式的改变对原有知识体系的冲击

中国农村最大的变化就是农村产业结构的调整,在广大农村出现了乡村工业产业,第二、三产业比重不断增大。经济转型扩大了农民的活动领域,使得农民社会交往的形式、内容、频率、对象、渠道都发生了极其深刻的变化。与此相连的是多数农村的社会结构也正在经历着由传统社会向现代社会的转型,从生活方式、物资设备到农民的价值观念、思想意识,以及现代化、市场化因素等都有明显增长。然而,与这种突飞猛进相对比的另一面是农民总体上的思想观念滞后和原有知识体系的陈旧、老化,这些制约了农村经济在市场中的竞争实力和发展速度,制约了农民交往水平向现代文明的高水准转变的脚步,这无疑给建设新农村文化提出了新问题。

（二）农村政治结构变动对农村思想道德建设的影响

农村思想道德建设的最有效手段,是保证思想品德教育真正做到进村、入户、到人,保证思想品德教育工作的高效输出。在传统政治体制下,尤其是农村人民公社时期,农民的组织化程度非常高,思想工作能借助于严密的组织体系,实现思想教育信息的高效输出。党的十一届三中全会以后,中国农村政治结构开始变革,人民公社体制逐渐被以农村基层民主政治所取代。这种新的农村治理模式改变了农村公共资源高度集中于农村基层党组织的状态,同时也使农村基层政权功能开始分化,思想工作失去了应有的组织保障和制度基础,造成思想教育工作输出的困难。

（三）农民职业和收入急剧分化给新农村思想道德建设提出的新课题

这一新问题的主要原因:一是农民职业和收入分化,使农民内部利益矛盾增大,协调农民各种利益关系的难度加大。二是农民职业和收入分化,容易造成社会规范和秩序混乱,大大增加农村社会整合的难度。

（四）农村流动人口增多给农村思想道德建设提出的难题

主要原因为:一是大量农民向外流动,致使流出地农村人才流失,造成流出地农村思想政治工作组织机构和人员的相对萎缩,农村思想政治工作出现断线现象。二是农村流动人口增多,农村思想政治教育受教育主体对

---

① 王维.新农村背景下的农村文化建设研究[D].重庆:西南大学,2009.

象结构发生变化,农村思想教育的范围、内容、方法也要做相应调整。三是农村流动人口急剧膨胀,社会边缘性人群增加,农村思想政治工作真空或盲点增多。四是农村流动人口增多,给农村带来许多新的矛盾与冲突,农村思想政治工作化解这些矛盾与冲突的任务会更加繁重。

(五)农村文化市场的发展给农村文化建设带来的新情况

农村文化市场的出现,是农村市场经济发展的必然产物。农村文化市场为农民带来了经济效益,扩展了农村文化发展的空间,为农村文化开始走向产业化,迈出了第一步,也为推动农村文化的发展注入了活力。

第三节 社会主义核心价值观推动新农村建设

党的十八大以来,中共中央提出积极培育和践行社会主义核心价值观,它的主要内容是:倡导富强、民主、文明、和谐,倡导自由、平等、公正、法治,倡导爱国、敬业、诚信、友善。社会主义核心价值观从国家、社会和个人三个层面,明确了社会主义的价值目标、价值导向以及民众的行为准则、道德规范等内容。它不仅是中国实现现代化的重要保障,而且是中华民族的灵魂所在。社会主义核心价值观是一盏指明灯,指引着中国社会的前进与发展。新农村建设作为促进社会发展的重要组成部分,毋庸置疑需要以社会主义核心价值体系为内在支撑力,以引领其方向、提升其品质,使社会主义核心价值体系的内容与农民的现实水平相对接。

在社会主义新农村建设中,社会主义核心价值体系起着规范行为、稳定秩序、提供精神动力、培育新式农民的巨大作用。作为农业大国,我国的农村人口一直占大多数,而农民在思想文化方面的提升空间还很大。因此,将社会主核心价值观纳入新农村建设中,不仅有利于促进乡风文明,更有助于推动我国农村的思想文化建设。只有农民群众核心价值观不断提高,形成崇尚文明、学习科学、家庭和睦、民风淳朴、互助合作、稳定和谐的良好社会氛围,新农村建设才能变得更完整、更全面。在新农村的建设过程中推广社会主义核心价值观越来越具有重要意义。①

---

① 田传信.杭州市新农村建设中社会主义核心价值观普及度的调查报告——以杭州市文明村平山新村为研究对象[J].鸡西大学学报,2013(02):46-47.

第四节　社会主义核心价值观推动新农村建设的意义

建设社会主义新农村具有重大意义。"社会主义新农村建设"的开端，始于 2005 年 10 月党的十六届五中全会，"建设社会主义新农村，是我国现代化进程中的重大历史任务"①。新农村建设的核心要求是"生产发展、生活宽裕、乡风文明、村容整洁、管理民主"。根据我国城乡之间面临的新状况和新问题，为统筹城乡发展，真正解决"三农"问题，党中央作出要进行社会主义新农村建设这一重大战略举措，而将社会主义核心价值观纳入新农村建设当中，对农村经济的繁荣，对农民收入的增加，对农村环境的改善，对城乡之间差距的缩小，对和谐社会的构建，都具有十分重大的意义。

一、不断促进新农村物质文明建设

经济的发展受到思想意识的影响，社会主义核心价值观作为先进的人生观、价值观的重要组成部分，对促进农业经营模式的转变具有重大影响。我国目前仍处于并将长期处于社会主义初级阶段，农业的产业化水平低，这和我国农村的小规模的分散经营有很大关系。工业带动农业发展的动力不足。将社会主义核心价值观纳入，有利于转变农民的劳动观念，引入懂技术的大学生，以及对农村的青壮年进行再教育。一方面，纳入社会主义核心价值观，有利于促进人们改变生产观念改善生产条件，使用更多的农业机械来代替手工劳动；另一方面，纳入社会主义核心价值观，有利于当地有关部门加大农村的投入力度，吸引人才，留住人才，使得新技术的传播力度增大，从而促进农业新技术的推广和应用，推动农村集约式的经营发展，促进农村经济和农民收入水平的提高。

二、进一步明确新农村精神文明建设

社会主义核心价值观，有利于增强新农村的精神文明建设。将社会主义核心价值观纳入农村的精神文明建设中，能够提高农民的素质，促进"乡风文明"，建设社会主义和谐农村。另外，在推动社会主义和谐农村建设的基础上，有利于推动我国社会主义现代化。纳入社会主义核心价值观，对于

---

① 王荣红.科学谋划统筹发展，全面推进社会主义新农村建设[OL].北京:人民网，2006-01-06.

加快农村建设实现农村社区繁荣稳定,培育新型农民,实现乡风文明具有重大的意义。当农村居民接受了先进的科学技术、明确的法律政策和主流的道德观念之后,一方面满足了自己的精神文化需求,另一方面也会将思想观念的转变带入生产建设中去。新农村的经济建设为精神文明建设提供了物质基础,同时,经济建设过程中的人文精神、合作精神、拼搏精神等需要借助精神文明建设来宣传和落实。[1]

三、持续推动新农村政治文明建设

社会主义核心价值观中,明确指出建设社会主义和谐社会的目标:富强、民主、文明、和谐。经济建设为新农村建设提供物质基础,那么政治文明建设则为新农村建设提供有力保障。一个安定和谐的农村社会环境,不仅有利于经济的发展,同样也有利于增强农民的政治认同感,从而维护当地农村的社会稳定。民主、法治观念的纳入,有利于提高农民参政议政的能力,促进科学民主决策,同时也有利于培养现代农民,形成农民的主体意识和自我约束力。此外,对于农村基层政权建设而言,纳入社会主义核心价值观,能够提高政治文化的开放性和动态适应性,汲取优秀的西方政治文化,树立新的价值观和执政观,增强基层农村政权的领导能力。

四、积极引领新农村生态文明建设

2007年党的十七大政治报告首次提出了生态文明建设的理论。我国社会主义新农村生态文明建设对于我国构建社会主义和谐社会具有举足轻重的意义与作用。纳入社会主义核心价值观,是将人与自然和谐相处的目标再次重申。在我国广大的农村地区,生态环境的改善是促进社会主义生态文明建设发展的重要环节。一方面,如社会主义核心价值观,彰显了良好的生态环境是农村社会和谐的物质基础。只要人类还没有发明可以脱离自然界而生存的技术,人类就必须维护农村的良好环境。当然,人类永远都无法发明那些脱离自然界的技术。另一方面,纳入社会主义核心价值观,突出了良好的生态环境是农村社会和谐的精神源泉:自然生态环境教诲人学会谦虚并懂得分寸感,对土地、劳动与耐力的真诚热爱。[2] 因此,为了促进社会和谐,推动农村地区的生态文明建设,就一定要将社会主义核心价值观纳入体系中。

---

[1] 唐宁.当前我国农村社区精神文明建设研究[D].秦皇岛:燕山大学,2012(12).
[2] [美]霍尔姆斯.罗尔斯顿.环境伦理学:大自然的价值以及人对大自然的义务[M].杨通进,译.北京:中国社会科学出版社,2000:21-22.

　　纳入社会主义核心价值观对于新农村建设的推动具有至关重要的意义,它不仅是我国转型时期的重要目标,还是一项长期的工程。纳入社会主义核心价值观,不论对于农民物质生活的提高,还是精神境界的提升、生存环境的改善和政治参与的热情均有一定的积极意义,这是为实现中国共产党领导建设富强、民主、文明、和谐的现代化国家而努力的过程,同样也是广大农民切实感受到新农村建设的成果的过程。我们要坚持以社会主义核心价值观为指导,推进新农村建设,加强培育新型农民的力度,着力解决好广大农民的生存、生活等各项问题,努力提高农民的生活水平和生活质量,为建设"美丽乡村"而努力,为实现伟大的"中国梦"而奋斗。

第五节　社会主义核心价值观对新农村建设的推动

　　我国的农业人口占大多数,而广大农民是新农村建设的主要力量。在新农村建设中,培育和践行社会主义核心价值观的重任落在了农民群众的肩上。目前大多数农民的主流价值观是正确和积极的,但是也会出现一些问题,那么,对于正处于新农村建设中的农民来说,加强社会主义核心价值观的理解和运用,对促进农村经济发展,农民生活富裕以及乡风文明,将起着至关重要的作用。党的十八大报告首次以 12 个词概括了社会主义核心价值观,其中的"富强、民主、文明、和谐"指国家层面的价值方向,"自由、平等、公正、法治"指社会层面的价值把握,"爱国、敬业、诚信、友善"指公民个人层面的价值标准。社会主义核心价值观推动新农村建设,就是要将二者紧密结合,一方面以社会主义核心价值观为精神支柱和行动导向,另一方面,要在新农村建设中培育和践行社会主义核心价值观。

一、从国家层面而言,要求党委政府应加大新农村建设的力度

(一)提高党员对社会主义核心价值观的理解

　　在新农村建设中,基层党组织应当提高党员对社会主义核心价值观的理解。在理解的基础上,提高自身的思想素质、道德素质,严于律己,无私奉献,多为老百姓做好事、做实事,切实让老百姓看到益处。一方面,为农民群众树立榜样,起带头作用;另一方面,让老百姓切实感受到社会主义核心价值观的融入对于农村建设、农民生活带来的变化。因此,党员干部在新农村建设中,要率先培育和践行社会主义核心价值观,以身作则,就会在广大农

民群众中树立威信,使得各项政策措施和培育手段得到有效落实。那么,如何做到率先发挥党员同志的模范带头作用呢?一是通过理论教育的方式,提高党员同志的精神境界。在对党员干部教育的问题上,一定要下功夫,利用多种教育方式,例如,网络教育、现场授课、交流会等深化党员同志的理想信念,使得社会主义核心价值观的灵魂永驻。二是利用简单易行的方式,使得党员同志将社会主义核心价值观的灵魂传递给广大农民群众,使得核心价值观深入人心,发挥社会主义核心价值观对新农村建设的作用。只有这样,才能将党员理解的社会主义核心价值观的精髓通过各种方式传递给农民群众,进而起到促进美丽乡村的建设。

(二)培育具有社会主义核心价值观的新型农民

在我国的农村地区,经济建设也同城市地区一样发生了翻天覆地的变化,但是在思想道德和价值观方面建设还处于被忽视的状态。我们深知精神和物质生活结合的重要性,如果二者偏废其一,都会制约新农村的建设。当前的主要问题是要解决农村地区精神文明滞后的现象。而农民作为新农村建设的重要力量,理应将其作为社会主义核心价值观培养的对象。他们的思想意识、价值取向直接决定了农村社会的发展,也深刻影响整个社会的进步,在他们面对纷繁复杂的社会和多样化的社会价值取向时,党和政府要积极的教育引导他们形成正确的社会主义核心价值观。[①] 因此,各级党政机关,都应该重视农民社会主义核心价值观的培育,把这项工作切实落实好,提高农民的各方面素质,提升新农村的精神文明建设。

二、从社会层面而言,要求各界同仁应加强新农村建设的宣传力度

(一)在新农村建设中,创新社会主义核心价值观的宣传方式

理论来源于实践。为了将社会主义核心价值观融入新农村建设中,就要将农村和农民生产生活的实际结合起来,在推动社会主义核心价值观宣传和普及的过程中,能够引起广大农民群众的共鸣。宣传和普及的方式除了以往的墙画、广播,还可以通过创造小品、相声、二人转或者歌曲等作品,拓宽社会主义核心价值观融入的渠道。此外,为了与当地的特色文化相结合,还应将社会主义核心价值观的精髓有机地融入传统的风俗文化当中,这样就能将其深刻内涵的"普通话"转化为"地方话"和"家常话",将"大主题"

---

① 张家智,刘新龙.农村培育和践行社会主义核心价值观的路径探析[J].绥化学院学报,2015(6):18-20.

转化为"小故事"与"身边事";将"大社会"转化为"小舞台"加"生活剧",将"大道理"转化为"小道理"或"寻常理"。①

习近平总书记曾经多次强调:"要利用各种时机和场合,形成有利于培育和弘扬社会主义核心价值观的生活情景和社会氛围,使核心价值观的影响像空气一样无所不在、无时不有。"②因此,社会主义核心价值观的理论宣传工作只有坚持贴近实际、贴近生活和贴近群众的原则,才能进一步增强宣传教育工作的针对性和实效性,进而增进人民群众对它的情感认同、理论认同和政治认同。由此可见,只有让社会主义核心价值观的基本理念和内涵精华顺其自然地融入农民群众的话语体系,才能增强他们践行的自觉性、自信心和自豪感。③

(二)在新农村建设中,丰富社会主义核心价值观的传播内容

从社会层面而言,要加强社会主义核心价值观的渗透就要在新农村建设中,加强核心价值观的内容传播。一是要加强集体主义教育。虽然今天在社会主义市场经济体制下强调个人的权益和作用,但是农民也应该正确处理集体利益与个人利益的关系。个人利益的维护必须是在保障集体利益的前提下,当个人利益与集体利益相违背时,应当牺牲个人利益,维护集体利益。当然,同时集体也必须充分保障个人的基本权益,使个人充分感受到个人与集体的紧密关系,鼓励农民多为集体做贡献。集体主义原则把集体主义教育和新农村建设结合起来,可以帮助广大农民树立社会责任心和责任感。在进行集体主义教育时,方式也应灵活多变,要从老百姓的角度考虑问题,综合运用戏曲、电影等方式,寓教于乐。二是要发扬当地的传统美德。

我国历史悠久,地域辽阔,拥有着丰富的文化。因此,新农村建设,切不可遗漏当地丰富的文化遗产。当然,我们在渗透社会主义核心价值观的同时,也应看到随着时代的发展,一些不合时宜的陈规陋习也应克服,再批判地继承,批判地发扬当地的传统文化,将传统文化的建设和新农村精神文明

① 刘庆业.推动社会主义核心价值观在农村落地生根[EB/OL].(2014-05-14)[2015-01-28].http://qianhuaweb.com/content/2014/05/14/content_4882097.html.

② 高国全.习近平:把培育和弘扬社会主义核心价值观作为凝魂聚气强基固本的基础工程[EB/OL].(2014-02-20)[2015-01-28].http://news.xinhuanet.com/zgjx/2014/02/26/c_133143680.html.

③ 刘昀献.在落细落小落实上下功夫[EB/OL].(2014-10-22)[2015-01-28].http://theory.people.com.cn/BIG5/n/2014/1022/c40531-25887133.html.

建设结合起来,取其精华,去其糟粕,形成具有地方特色的农村文化。

三、从个人层面而言,要求广大农民应为新农村建设贡献力量

(一)重视农民的主人翁意识

将社会主义核心价值观融入新农村建设,一定要发挥农民的力量,发挥他们的积极性和主动性,也就是要让农民切实明白:自己是新农村建设的主人,是培育社会主义核心价值观的对象。一直以来,我国发展农业,往往只看到机械器具、资金投入等,而忽略了人才的培养。为了发展现代农业、建设新型农村,就要把关注点从物质要素转移到农民身上,培养新型农民,确立农民的主人翁意识。如何做到增强农民的主人翁意识呢?首先,要正确定位农民群众的地位,他们不仅是新农村建设过程中的参与者,更重要的是会享受新农村建设的成果;其次,通过手机、电视、互联网等多种传播媒介,渗透社会主义核心价值观的内容,加强农民的社会公德教育;最后,要通过专业人员的讲解,重点普及社会主义市场经济和科技的相关知识。农民是科技成果应用的主体,是科技成果的直接使用者。这就需要引导农民增强主人翁意识,追求自我全面发展,培育自信、进取、独立的精神。[①] 总之,应不断提高农民的各方面素质和能力,大力培育"有理想、有道德、有文化、有纪律、懂科学、善经营、会管理"的新型农民,努力为社会主义美好乡村建设打下坚实的基础。

(二)提高农民的文化素质

作为新农村建设的主体,应当提高农民的综合素质,这是培育农民社会主义核心价值观的必经之路。当农民具有较高的综合素质,那么社会主义核心价值观将会对新农村建设产生巨大的推动作用。农民的文化素质是其综合素质的核心和精髓。但是,目前我国农村劳动力的整体素质不高,农民的精神生活还很空虚,所以培育农民社会主义核心价值观既是一项艰巨的任务,也是一项长期的工程。如何提高农民的文化素质,进而提升其综合素质呢?首先,各级政府部门应当加大对农村文化建设的投入,鼓励各种文化团体发挥其功效,与农民形成"帮扶关系",例如,可以采取巡回演出的方式,每隔半个月对当地各村农民进行普及教育的文化活动;其次,发展农村的职业教育,要以农业科技推广为重点,广泛开展宣传教育,一方面让农民意识

---

① 袁春新,唐明霞,姜永平.试论多渠道、全方位塑造新型农民[J].农技服务,2012,29(1):124-126.

到接受职业教育的重要性,另一方面要重视职业技能的培养;最后,要利用闲暇时间对农民进行成人教育。我们也应采取农民业余学校、夜校、培训班、文化补习班、周末班、讲座等灵活多样的形式,讲授先进实用的种植、养殖、病虫害防治和农产品加工技术及农药施肥、营销、管理等方面的知识,充分利用农闲时间为农民"充电"。

总之,在新农村建设中,培育农民的社会主义核心价值观是十分必要并且重要的,但这并不是一蹴而就的,而是需要各级政府部门、社会各界以及广大农民长期不懈的坚持和努力。另外,利用社会主义核心价值观的推动作用,对于促进新农村经济建设、政治建设、文化建设、生态建设将发挥重要的指导作用。我们相信,坚持中国共产党的领导,在全社会的共同努力下,在广大农民群众的实践下,坚定信心、不怕困难、科学决策、严格落实,一定能够实现我们的"美丽乡村"、"美丽中国"的梦想。

第二章　新农村建设与新农村文化建设的融合

当我们在探讨新农村与新农村文化建设的同时,我们势必要停下来回顾一下我们过去农村或者说是传统农村是什么样子的,有着怎样的农村文化,随着时代的发展,我国农村发生了怎样的变化,在当前的背景下,已有农村中的哪些方面、哪些文化已不适应人们日益发展的需求,存在着怎样的问题与困境,需要我们从哪些方面做出努力。本章以一种局外者的身份,通过对新农村建设的内涵、新农村建设与新农村文化建设的关系及新农村文化建设的旨趣来探讨未来农村发展的走向与可能途径,进而探讨教育在农村文化建设中所担负的责任与使命。

第一节　新农村文化建设的内涵

农村文化建设关系到社会主义新农村发展的性质和方向。加强农村文化建设,是全面建设小康社会的内在要求,是树立和落实科学发展观、建构社会主义和谐社会的重要内容,也是实现人力资源强国,提升人民生活品质与文化修养的重要手段。对于现有的农村来说,新农村文化建设是农村对已有的农村文化的总结概括、并在此基础上引入新文化要素对已有的农村文化进行改造和重组,创建农村的新文化的过程。具体来说,农村文化建设的内涵包括以下四个方面。

一、适合农村发展的价值观念的重构

随着改革开放的不断发展、经济体制的深刻变革、社会结构的深刻变动、利益格局的深刻调整及生活方式的深刻变化,农村的价值体系面临着传统与现代、落后与先进、中国与西方、旧的与新的等一系列尖锐的矛盾和冲突。农村价值观正处在新旧交替、多元并存的状态。党的十六届六中全会《决定》指出:"建设和谐文化,是构建社会主义和谐社会的重要任务。社会主义核心价值体系是建设和谐文化的根本。建设社会主义新农村需要形成或重构农村的价值观念,特别是核心价值观念,使得农村的核心价值观念能够更好地体现农村组织的特点,更好地反映农村社会发展的客观要求。"

要强调和坚持指导思想与主导价值的一元化,重视和巩固社会理想信念。改革开放的深入发展,经济成分、组织形式、利益关系和分配方式日益多样化,人们的价值选择、社会意识、生活方式也日益多样化。[①] 在面对价值观出现多样化乃至相互冲突时,人们原有的利益归属、价值判断等受到冲击,会产生情绪上的波动和思想上的困惑,这就更需要我们在建设社会主义新农村中强调和坚持指导思想与主导价值的一元化,重视和巩固社会理想信念,确立和壮大民族的精神支撑,坚持马克思主义的指导地位不动摇,用社会主义核心价值体系引领人们的思想行为和社会的精神风尚,保障新农村建设的社会主义性质和方向。

二、形成中的农村价值观念的"落地"

首先,新农村建设是一个长期的、复杂的工程,它需要社会各阶层、各利益群体广泛积极参与,社会主义核心价值体系是我们凝聚和统一社会各阶层、各利益群体思想的有力武器。党的十六届六中全会《决定》指出:"建设和谐文化,是构建社会主义和谐社会的重要任务。社会主义核心价值体系是建设和谐文化的根本,它以新的核心价值观念为指导,系统地反思或检讨农村流行的各种观念,修改、制定各项制度并付诸实施。因此,社会主义核心价值体系是农村价值观念'落地'的根据。"

其次,抓紧民族精神和时代精神,为农村价值观念找到合理立足点,将农村价值观念融入社会主义核心价值体系,延续中华民族的重要思想基础,这使得全体人民始终保持昂扬向上的精神风貌,形成全民族奋发向上的精

---

① 刘瑞娟.新农村视域下的社会主义核心价值体系建设[J].山西高等学校社会科学学报,2010(3):37-39.

神力量和团结和睦的精神纽带；同时，将社会主义核心价值体系融入农村思想文化建设中，就是用社会主义核心价值体系教育农民、激励农民、凝聚农民，不断提高农民的思想道德素质，做到文化、新农村人民共同成长。

再次，中国特色社会主义共同理想，把社会主义初级阶段的目标、国家的发展、民族的振兴与个人的幸福紧紧联系在一起，把各个阶层、各个群体的共同愿望有机结合在一起，具有强大的感召力、亲和力。坚持贴近生活、贴近群众、贴近实际，立足于育民、富民、智民、塑民，大力弘扬公民基本道德规范，把勤劳、善良、讲修养等中华传统美德和民主、科学、讲公德等现代文明意识统一起来，逐步渗透到农民喜闻乐见的村落文化活动中教育农民，提高农民思想素质。

三、在实施中对农村核心价值观念的反思

"影响农民价值观变化的一个主要原因不是个人主观原因导致的角色失败，而是制度性因素所导致的不平等竞争。"①健全完善社会利益分配制度，实现社会利益公平合理分配，对于更新价值观具有十分重要的意义。因此，重要的是完善农村社会制度，为农民价值观更新提供社会平台。根据新农村核心价值观的要求及反思与检讨的结果，通过各种途径，运用各种方式来更新农村生产、生活中的观念，大力推进农村社会的转型。

同时，在实施中，反思农村核心价值观念的存在及其发展趋势。新农村视野下的农村核心价值观念更新是一项复杂的系统工程，可以从政治建设、经济建设、文化建设和社会建设等方面全方位考虑，从制度设计、思想教育、组织保证等方面合力并举，需要政府组织、社会力量和农民个人共同努力。②

建设社会主义新农村，实现全面建设小康社会是新时期全国各族人民的共同目标，相信在中国共产党的领导下，依靠亿万农民群众的伟大实践，我国的社会主义新农村建设目标一定能够实现，广大农民群众的价值观也一定会在新农村建设的历史洪流中不断得到更新和发展。

四、农村核心价值观念向心力的转化

根据新农村核心价值观，创造搭建各种平台与实践活动，通过集体活动增强农民的凝聚力与文化学习的向心力，从而提升农民生活质量，保障并提

---

① 康来云.中国农民价值观变迁[M].郑州：河南人民出版社，2008：156.
② 杨庆毓.构建社会主义核心价值体系的思考[J].中共云南省委党校学报，2007(8)：18.

升新农村文化品质,进而实现新农村文化建设。

一方面,要继续巩固农村义务教育制度,提高对家庭贫困学生的补助标准,增强对农村毕业生就业的扶持力度,降低农村适龄儿童失学率;要加强农村职业教育制度建设,特别是要重点抓好农村基层教育设施建设,改革并完善乡镇农民夜校和文化站建设,增强农村职业教育的针对性、实效性,培育农民的终身教育价值观。另一方面,解决农民工切身问题,发挥农民工在农民价值观更新中的积极作用。加强对农民工的教育和培训,提高城市新市民素质。增强对新生代农民工教育的紧迫感。农村核心价值观念向心力转化需要同时促进两方面的和谐共进。

第二节　新农村文化建设的内容

一、加强农村公共文化建设

加强农村公共文化建设是新农村文化建设的基础性工程①。依据《意见》的阐述,当前新农村公共文化具体内容分别是:

一是大力推进广播电视进村入户。以提高中央台和省台广播电视节目入户率为重点,争取到 2010 年基本实现 20 户以上的已通电自然村全部通广播电视。力争使农民群众收听、收看到套数更多、质量更好的广播电视节目。

二是积极发展农村电影放映。继续实施农村电影数字化放映"2131 工程",丰富农村电影片源。加强农村中小学爱国主义教育影片和农村科教影片的放映。到 2010 年基本实现全国农村一村一月放映一场电影的目标。

三是开展农村数字化文化信息服务。积极发展文化信息资源共享工程。重点支持边远贫穷地区乡镇、村基层服务点建设。促使县文化馆、图书馆和乡综合文化站、村文化活动室逐步具备提供数字化文化信息服务的功能。要依托农村党员干部现代远程教育和农村中小学现代远程教育网络,以共建的方式发展基层服务点。

四是推动服务"三农"的出版物出版发行。国家通过对出版单位的培

---

① 陈坚良.新农村建设中公共文化服务的若干思考[J].科学社会主义,2007(1):98-100.

育,重点出版物出版工程的设立,选题规划向农村的倾斜,通俗读物品种和数量的增加,农民自助读书组织的发展,送书下乡工程的继续等一系列配套措施的实施,为农民群众读书提供全方位的优质服务。

五是加强农村文化设施建设。坚持以政府为主导的县、乡镇、村文化设施,构建农村公共文化服务网络。到 2010 年,实现县有文化馆、图书馆,乡镇有综合文化站,行政村有文化活动室。县文化馆要具备综合性功能,图书馆要加强数字化建设。在学校布点整顿中腾出的闲置校舍,可改造为村文化活动基地。充分发挥农村中小学在开展农村文化活动方面的作用,提倡中小学图书室、电子阅览室定时就近向农民群众开放,把中小学校建成宣传、文化、信息中心。

六是加大文化资源向农村的倾斜。人民日报要加大农村和农业报道的分量,逐步创造条件开办农村版。农民日报等专门面向农村的报刊要不断提高质量,坚持为"三农"服务。从中央到地方的广播电台、电视台要增加农村节目、栏目和播出时间。市(地)党报和市(地)县广播电台、电视台要把面向基层、服务"三农"作为主要任务。

二、丰富农民群众的精神文化生活

首先,于个人而言,农村文化具有娱乐休闲功能。在劳累了一天之后,原始人要活动一下自己的肢体,以轻松的形式把自己的心情和感受传达给别人,表现一下自己的满足、适意和从原始生存中得到的欢愉。在农村文化发展史上,农民群众的精神文化生活贯穿于各种形式之中。如舞龙灯、耍狮子、划旱船、扭秧歌、对山歌等是农民群众的释放心情的方式。就农民群众的精神文化生活方面可以通过开展多种形式的群众文化活动,从而丰富和活跃农民群众精神文化生活的原则、活动的种类、活动的载体,以及活动形式的创新。于国家而言,随着全球化步伐的加快,国际文化竞争日趋激烈,我们的文化资源优势还没有转化为文化竞争优势,但民族文化的根在农村,农村不仅要抵抗国际竞争的强势冲击,要在强大的国际竞争中保持稳定并赢得发展机会,更为重要的是还要建设具有我们民族时代特色的农村文化,增强中国独具特色的农村文化实力,抵御国外强势的文化侵蚀。因此,丰富农民群众的精神文化生活成了新农村建设必不可少的内容。

其次,可以着力发展农村的特色文化。由于各个村落分布区域的不同而具有独特的自然环境和人文环境,尤其在文化方面,已形成独具特色的地域文化。因此,新农村建设具有先天的资源优势。新农村文化建设必须按照农村经济发展规律和自然规律办事,从实际出发,区别不同情况,充分考虑地域特色、生产生活水平、文化特点、社会发育程度等各个方面来确定不同的思路、采取不同的手段、运用不同的方法来建设。着力对农村优秀民族民间文化资源进行系统发掘、整理和保护,突出地域文化特色,繁荣地域特色文化,是中国推进新农村文化建设可以选择的一条现实路径。不仅如此,文化还作为逐步建立科学有效的民族民间的文化遗产传承机制,开发具有民族传统和地域特色的民间工艺项目,民间艺术项目和民俗表演项目。要善于利用农村丰厚的文化资源,充分挖掘农村颇具地域特色的民间文艺,努力营造浓厚的特色文化氛围。使之成为农民所享有的精神财富,通过焕发民间文化艺术的青春,活跃民间文化艺术的血脉,使具有民族特色、地方特点和时代特征的新农村文化蓬勃兴起。

再次,可以创造以农村为题材的文化产品,确保"更多"、"更好"之目标的实现,可向有关部门申请给予财力上的重点支持。比如可以授予秉承传统、技艺精湛的民间艺人"民间艺术大师"、"民间工艺大师"等称号,开展"民间艺术之乡"、"特色艺术之乡"命名活动;培育一批文化名镇、名村、名园、名人、名品。充分利用农闲、集市和民族民间传统节日,开展生动活泼的文化活动,以及对农村传统文化生态保持较完整并具有特殊价值的村落或特定区域进行动态整体性保护,逐步建立科学有效的民族民间文化遗产传承机制等都是可以考虑的措施。

三、创新农村文化建设的体制和机制

创新农村文化建设的体制和机制是新农村文化建设实施的重要保障条件。具体应从以下几个方面着手改进①:第一,加快公益性文化事业单位改革。县级文化馆、图书馆的改革主要是增加投入,转换机制。深化内部改革,建立健全岗位目标责任制,全面实行聘用制和劳动合同制。县文化馆、图书馆、乡镇综合文化站等属于公益性事业单位,不得企业化或变相企业化,不得以拍卖、租赁等任何形式,改变其文化设施的用途;已挪作他用的,要限期收回。加强对农村文化骨干和文化中心户的免费培训辅导,扶持并奖励民办文化。

第二,逐步推动经营性国有文化事业单位转企改制。根据试点先行、稳

---

① 韩美群.当代新农村和谐文化建设的体质障碍与创新刍议[J].华中农业大学(社会科学版),2011(1):70-74.

步推进的原则,推动电影公司、电影院、新华书店等经营性国有文化事业单位转企改制。转制企业按现行文化体制改革试点工作有关配套政策内容,给予3年财政税收等方面的优惠政策。加快产权制度改革,积极鼓励社会资本参与经营性文化事业单位的股份制改造。鼓励艺术团体以各种形式和企业合作。鼓励电影公司、电影院以"院线制"、新华书店以连锁经营形式进行文化资源整合,提高经营能力。

第三,大力发展农村民办文化。通过民办公助、政策扶持,开展各种面向农村、面向农民的文化经营活动。积极扶持热心文化公益事业的农户组建文化大院、文化中心户、文化室、图书室等,允许其以市场运作的方式开展形式多样的文化活动。大力扶持民间职业剧团和农村业余剧团的发展。引导文化专业户相互联合,进行市场化运作,开发文化资源,变资源优势为产业优势。扶持以公司加农户、专业加工户等形式,从事农村特色文化产品开发和文化服务。简化对农村个体、私营等非公有制文化企业的登记审核程序,在土地使用、信贷、行业政策等方面,与国有文化企业享受同等待遇。鼓励社会资本以各种形式兴办文化实体,形成以公有制为主体、多种所有制共同发展的文化产业格局。

第四,加强对拓宽农村文化市场的政策调控。按照市场准入、资格认定、价格调节、财税优惠等政策,引导各类市场主体在出版物发行、电影放映、文艺表演、网络服务等领域,积极开发农村文化市场。通过各种有效的调控,把发挥市场机制积极作用和构建公共文化服务体系有机结合起来,使广大农民群众享有更加充分、质优价廉的文化产品和服务。

第五,探索农村文化设施运行管理新机制、新办法。统筹文化、教育、科技、体育和青少年、老年活动场所的规划建设和综合利用,努力做到相关设施能够共建共享,着力解决农村文化设施分散、使用效率不高的问题。机关、学校内部的文化设施,有条件的要采取多种方式对农民群众开放。

第六,规范农村文化市场。大力加强农村文化市场管理,营造扶持健康文化、抵制腐朽文化的社会环境。加强和充实县级文化市场行政执法队伍,充分发挥乡镇综合文化站监管作用,健全农村文化市场管理体系,加强执法力量。整顿和规范市场秩序,重点加强对演出娱乐、电影放映、出版物印刷和销售、网吧等方面的管理,坚决打击传播色情、封建迷信等违法活动,确保农村文化市场健康有序发展。

第三节 新农村文化与新农村建设的联结

一、新农村文化建设发展需要新农村文化引领

加强农村文化建设,是全面建设小康社会的内在要求,是树立和落实科学发展观、构建社会主义和谐社会的重要内容,是建设社会主义新农村、满足广大农民群众多层次、多方面精神文化需求的有效途径。邓小平在1980年就强调指出:"我们要建设的社会主义国家,不但要有高度的物质文明,而且要有高度的精神文明。"我国是个农业大国,有近10亿人口生活在农村,农村社会的现代化水平直接影响着整个国家的现代化水平。从横向看,农村社会现代化建设的目标中,文化的发展是其中一个不可或缺的组成部分;从纵向看,农村文化建设是我国社会主义文化建设的主战场和重要组成部分。农村文化水平不仅直接影响着农村社会现代化的进程和水平,而且直接关系到整个国家文化建设的进程和水平。农村文化建设方面所取得的每一次进步,都会成为全民族的宝贵财富,极大地推动着我国整个社会精神文明建设的进程。同样,我国广大农村文化建设方面所存在的矛盾和问题,也必然会波及整个中国社会。没有农村文化的发展,也就不可能实现农村社会的现代化和整个社会的现代化。因此,无论从正面看还是从反面来看,我们都不能低估农村文化建设的重要性,必须切实把农村文化建设放到更加突出的地位,切实把农村文化当作新农村的重要特征和重要组成部分。新农村建设是一项浩大的系统工程。"生产发展、生活宽裕、乡风文明、村容整洁、管理民主"的20字总要求,包括了经济、政治、文化、社会和党的建设等多方面的内容,这些方面相互联系、相互促进、共同发展,是一个不可分割的整体。推进新农村建设,既要发展农村生产力,又要调整和完善农村生产关系;既要加快农村经济发展,又要加快农村社会事业发展;既要提高农民群众的物质生活水平,又要提升农民的科学文化素质和思想道德水平。"20字总要求"强调的是农村经济建设、政治建设、文化建设、社会建设的全面推进,是农村经济社会的全面、协调、可持续发展。我们要全面、系统、准确地把握其科学内涵,防止以偏概全、顾此失彼。任何忽视农村文化建设的倾向都是错误的,都会贻误农村社会乃至全国现代化的大局。然而,目前我国广大农村社会的发展状况实在难以让人满意,广大农村不仅经济、政治发展明

显落后,而且文化发展也相当落后,离新农村建设"20字总要求"相去甚远,可见,全面建设小康社会的重点和难点都在农村,新农村建设是一个长期的奋斗过程。因此,在加快经济政治建设的同时,必须切实加强新农村文化建设。

二、新农村培养需要新农村文化孕育

农民作为农村的主体,是农村生产力中最活跃的因素,是农村社会进步的主要推动者。正如胡锦涛同志指出的,"充分发挥广大农民群众的主体作用,是建设社会主义新农村成败的关键"。党的十六届五中全会明确提出要培育"有文化、懂技术、会经营"的新型农民。新型农民内涵丰富,体现了促进人的全面发展和进步的要求:"有文化"要求农民能说会写、崇尚科学、知法守法、自主自强;"懂技术"要求农民具有较高的科技素质,即要熟练掌握一定的生产技能和技巧、熟悉掌握农业生产的专业知识;"会经营"要求农民具有一定的经营和管理能力,能在以高效益、高效率为目标的前提下,合理配置手中的各种资源,有序地组织生产和参与市场活动,获得较高的经济效益。

然而当前我国农村中,农民基数庞大,素质相对偏低。据统计,在4.9亿农村劳动力中,高中以上文化程度占13%,小学以下文化程度占36.7%,接受过系统农业职业技术教育的不足5%。随着城市化、工业化进程加快,较高文化素质的农民大量流向城市和非农产业,留在农村的农民素质呈逆向发展态势。而且,大批转移出去的农村劳动力,因缺乏城市生活常识和就业技能而就业不稳,回流现象普遍。

因此,必须进行新农村文化建设,通过引领农村社会新风尚,来提高农民思想道德素养;通过宣传科技文化知识与职业技能培训,来提高农民科技文化素质和专业技能;通过丰富农村文体活动,来提升农民身心素质;通过弘扬开拓进取精神,来培养农民积极参与意识。通过多种途径,把农村巨大的人口压力转化为人力资源优势,并最终促进农村社会的全面发展。

三、新农村经济振兴需要新农村文化保障

马克思主义基本原理认为,经济基础决定上层建筑,上层建筑对经济基础具有重要的反作用。当上层建筑适合经济基础及其发展的需要时,就会促进经济基础的发展;反之,则会阻碍其发展。党的十七届六中全会指出,"文化复兴是中华民族复兴的重要组成部分,是中华民族全面复兴的标志。一个国家、一个民族若只有经济的发展而没有文化的发展,是不全面的。只

有精神文化和经济、政治、社会等各方面同步发展,才能真正实现繁荣昌盛"。因此,我们在自觉地发展农村经济的同时,要时刻牢记推动新农村文化建设,反对那种将农村的经济建设和文化建设割裂开来,甚至把新农村文化建设置于可有可无地位的错误观念。

改革开放和经济全球化的浪潮,使得现代农村经济也已经进入商品经济和市场经济的轨道了。市场经济是竞争性的经济,只有那些拥有自己的竞争优势,并深受百姓喜爱的商品才能生存下去。如果在商品生产、销售全过程中,相关人员没有创新精神,缺乏经营管理知识,不讲诚信,服务态度恶劣……那么该商品一定会被市场淘汰。所以,我们要特别重视新农村文化建设对农村经济建设的影响,充分发挥其积极作用。同时,从另一个角度来说,有的文化产品本身就是经济产品,它能直接带来经济效益,促进经济发展。

因此,在新农村建设中,我们一方面要大力发展文化产业,另一方面,要重视文化软实力在农村经济建设中的作用,提高农民(特别是商品生产、销售者)的思想道德和科学文化素质,使其与商品经济和市场经济的要求相适应,从而更好地促进商品经济与市场经济的繁荣。

四、新农村基层民主政治实现需要新农村文化推动

农村基层民主政治建设指的是:在中国共产党的领导下,广大村民以村民委员会为依托,直接参与和自身利益密切相关的村内重大事项的政治制度和实践。它主要包括四个方面:民主选举、民主决策、民主管理和民主监督。推进农村基层民主政治建设,是发展社会主义民主政治建设的必然要求;是广大农民行使民主权利的重要保证;是实现农村社会稳定和发展的重要环节;是实现农村长治久安的根本保证。①

然而,当前农村基层民主政治建设也面临诸多的问题,其中一个就是农民参政意识淡漠。由于受教育程度的限制,农民的文化水平普遍不高,他们中的许多人缺乏最基本的民主政治知识和民主政治观念。一些农民对自己应有的权利没有深刻的认识,更没有参与农村基层民主政治的动机和要求。另外,由于缺乏法律意识,绝大多数农民不会使用法律武器保障自己的合法权益。

新农村文化建设是实现农村基层民主政治的根本途径。我们可以通过

---

① 张群喜.农村基层自治与农村文化建设[J].湖南科技大学学报(社会科学版),2011(2):71-75.

提高广大农民的文化素质,提高他们的民主意识,使他们认识到自己应得到的民主权利,同时自觉和那些不合法、不合民主程序的错误行为做斗争,更好地行使自己的民主权利,实现农村基层民主政治的目标。

五、新农村和谐社会建设需要新农村文化重构

社会主义新农村的和谐社会建设,目标是民主法治、公平正义、诚信友爱、充满活力、安定有序、人与自然和谐相处的社会。然而,在当前的农村社会中,一些非社会主义的思想意识、价值观念有所滋长。一些地方封建迷信思想大行其道,黄赌毒现象充斥乡里。市场经济的负面影响,也使传统美德受到冲击,道德滑坡,诚信缺失。社会学家阎云翔在他的著述中是这样解释的:"集体化终结、国家从社会生活的多个方面撤除之后,社会主义的道德观也随之崩溃。既没有传统又没有社会主义道德观,非集体化之后的农村出现了道德与意识形态的真空。与此同时,农民又被卷入了商品经济与市场中,他们便在这种情况下迅速地接受了以全球消费主义为特征的晚期资本主义道德观。这种道德观强调个人享受的权利,将个人欲望合理化。"以上这些因素的存在,将严重威胁农村社会稳定、干扰新农村和谐社会建设。

新农村文化建设可以为新农村和谐社会建设提供方向导引、思想保证和精神支撑。我们可以通过加强社会主义新农村文化建设,提高农民的文化素质和提高他们对封建文化糟粕和资产阶级腐朽思想的判断能力,从而自发抵制不健康的文化思想侵蚀;通过新农村文化建设来弘扬优良传统,抵制不良文化,倡导健康文明的新生活,营造和谐社会的良好氛围。同时,也要求农民在不断提高自身文化素质修养和知识储备的同时,尽快去适应因新的生产方式、生活方式而带来的新的社会关系体系和文化规范等。

第四节　新农村文化建设需处理好的几对关系

文化本身是一个动态的概念,它随着历史的发展而发展。梁漱溟先生认为"中国的问题是文化失调的问题,那么在农村就是农村文化的失调问题"。在农村文化发展的过程中,现代文化、城市文化以及外来文化都对它产生了一定的影响。但这些影响,有的可以更好地促进农村文化的传承与发展;有的却是需要剔除的,否则会使农村社会的思维方式、价值观念和行为准则发生混乱,影响到农村的稳定繁荣。因此,必须通过新农村文化建设

来处理好农村传统文化与现代文化、农村文化与城市文化、农村本土文化与外来文化的关系,最终解决农村文化失调问题。

一、传统文化与现代文化的交流碰撞

中国是一个多民族国家,在长期的社会发展过程中,农村传统文化资源极为丰富,有民间工艺、民间音乐、民间舞蹈、民间美术、地方戏曲……这些丰富的非物质文化遗产扎根于农村的广阔土地,经过历史的沉淀,具有自己独特的魅力和价值。然而,随着现代化的进程,传统文化方面受到了极大的冲击。传统的民间文艺创作的热情减退了;民间工艺、技术等面临后继无人、无人问津的尴尬境地;传统的优秀价值观念也渐渐被社会上一些非主流的声音所淹没;传统的建筑也面临着旧城改造等政策规划即将消失。在中国社会主义道路的引领下,作为中西方的两大文化,传统文化与现代文化之间不可避免地具有一场猛烈的交流碰撞。

怎样才能在现代化这个时代潮流面前,保护好我们宝贵的农村优秀传统文化,使其能够"老树开花",焕发出新的活力,繁荣兴盛,更好地传承下去呢?一方面,农村传统文化在其形成与发展过程中,不可避免地存在陈旧过时的东西。我们要用社会主义新文化对农村传统文化中消极落后的部分进行涤荡消除,取其精华,去其糟粕;另一方面,我们要利用新农村文化建设的大好时机,注意保护和培育农村优秀的传统文化,健全文化管理机构,激发和培养农村文艺工作者对农村传统文化的创造力,抓好我国农村优秀传统文化的保护和挖掘传承工作,利用农民喜闻乐见的传统文化形式,开展丰富多彩、健康向上的群众文化活动,扩大农村文化建设的内容,做到文化的新内容与旧的民族形式结合。另外,我们也可以利用互联网、无线通信网等新兴传播载体,调动各方面力量开展农村文化建设。高度重视对传统文化的保护和利用,努力做到保护、利用和改造传统文化,通过传统文化与现代文化的融合,使之与现代社会相适应,实现以优秀传统文化为源头,以现代创新文化为汇聚,创造一番文化生机勃勃的景象。

二、农村文化与城市文化的双向互动

20世纪后期特别是改革开放以后,随着我国工业化、城镇化、现代化进程的加快,城市日益扩大它的文化影响,其文化地位日渐突出。20世纪90年代以后,在文化的商业化、通俗化、大众化趋势下,城市文化越来越显示出它的优势地位,并通过传媒、人口流动等途径对农村产生广泛而深刻的影响,对农村传统文化形成了巨大冲击。因此,正确处理城市文化和农村文化的关系,在快速城市化进程中保护好农村优秀文化,已成为亟待解决的问题。

一方面,我们要抓住新农村文化建设的大好时机,立足农村本土,立足农民需求和农村发展需要,寻求城市文化和农村文化的和谐结合点,建立城市对农村的文化援助机制来传播农村优秀传统文化,推进新农村文化建设,有选择地、有规划地推进城市文化反哺进程。在向广大农村腹地不断输送现代先进文化因子,扶持"老、少、边、穷"地区农村文化建设时,不可急功近利、生搬硬套。另一方面,充分调动农民参与农村文化建设的积极性,大力推进农村文化自我发展壮大的机制,培养来自农村的演出团、歌唱家、舞蹈家等。这样,新农村文化建设搞得好,农村就可以为城市提供高素质的劳动者和文明市民,从而减轻城市建设的压力,有利于城市的建设。通过以城带乡,以乡促城,达到共同发展。

三、本土文化与外来文化的交融

在经济全球化和世界多元文化交融的新形势下,中国传统文化既面临着发展创新的历史机遇,也承担着巨大的挑战。[①] 英国学者罗伯特·塞缪尔逊在《全球化的利弊》一文中曾一针见血地指出:"全球化是一把'双刃剑',它既是加快经济增长速度,传播新技术和提高生活水平的有效途径,但也是侵犯一个国家的主权、侵蚀当地文化和传统、威胁经济和社会稳定的一个很大争议的过程。"改革开放以来,西方的各种文化随市场经济破门而入,经济全球化加速了以西方文化为主流的外来文化的融入,对我国传统文化造成严重侵袭。越来越多的人,尤其是青少年沉醉在西方文化的氛围中,一些传统民族文化逐渐衰落。文化是民族的根,而中国农村文化的根只有深深扎入中国国情的土地,才能发芽、开花、结果。因此,农村文化重建必须立足国情,面向世界,包容海纳,做到消化吸收、兼容并蓄。民族传统文化是祖先留给我们的宝贵遗产,是中华民族得以继续存在的基础。

在新农村文化建设时,我们一方面不能闭关锁国、简单地将外来文化隔离起来,立足继承发扬优秀文化传统与充分吸收世界文化优秀成果的统一,积极借鉴,博采众长,择善而从。另一方面也不能一味被动地接受。应该以开放的胸怀和发展的眼光,正确的文化心态和我国民族文化所特有的包容性来积极吸纳外来的先进文化,在加强引导的前提下,坦然让不同民族、国家等之间的多种文化在相互冲突、碰撞、摩擦中,相互交流,相互促进。

---

① 余启才.积极应对文化全球化的挑战[J].湖北社会科学,2002(4):83.

第三章　农村文化建设的困顿

　　新农村文化建设是农村发展的新阶段、新要求,是落实科学发展观、全面达成小康社会的必经阶段,是推动社会主义和谐社会建设的基本方略,是对现有农村文化的重建和超越。然而,新农村文化建设过程并非一帆风顺,在取得成就的同时,仍然具有重重困难,影响着自身的发展和提高。

第一节　农村文化建设主体的结构性缺失

一、农村文化建设的脐带断裂

　　学校是乡村的文化中心,是一个农村社会发展的文化基础。在相当长的一个历史时期,我国的乡村学校在农村社会生活中扮演着"文化中心"、"文化堡垒"的角色,一直以来承担着为乡村教育和农村社会服务的社会责任。但近几十年来,乡村学校与农村社会的关系被逐渐"稀释",乡村学校逐渐成为农村社会运动中的"孤岛"。乡村学校发展中呈现的与农村文化建设相脱离的现象,我们这里称为农村文化建设中的"脐带断裂"现象。

　　农村文化是中华民族文化的母体,当然也应该是乡村学校的母体。最初的乡村学校与农村社会俨然是"鱼与水的关系"。① 教育与农村社会紧密相关,农民可以进入学校参与田野知识的传授,教师也可以带着学生直接去

---

　　①　刘和平.让乡村教育回归本色[J].江西教育,2014(1):29.

田野中开展活动,教师和农民的关系也十分融洽。但随着工业化与城市化进程的推进,乡村教育也逐渐进入现代化的轨道。今天的村落学校已经不再直接对农村文化做贡献,而仅仅依靠对学生实施现代文化素质的培养来作用于社区,这形成了它的"飞地"色彩。[①] 现在的乡村学校多是寄宿制学校,学生远离了家庭,农民也被关在学校教育的大门之外。而在教学内容方面,学校教育的内容与农村生活相脱离,或者仅有一些附带作用。教科书上多是有关城市生活的方方面面,而关于农村本土的农业、畜牧业种植业等生产和生活知识却少之又少。

乡村教育甚至成为农村人才的掠夺机制,也成为农村活力的剥夺机制![②] 远离了农村社会的乡村学校,削弱了学校在农村文化建设中的中心作用。乡村学校正在扮演着让学生"逃离乡土"的角色,使它"公共性"的文化角色堂而皇之地让位于"专业性"角色,最终导致它与农村文化建设的"脐带断裂"。

二、农村文化建设的主体缺席

虽然农民是农村文化建设的主体,但是乡村教师是新型农民的培养者,也是农民中的优秀知识分子,因而是农村文化建设中的重要主体。乡村教师应该是农村文化建设中最为活跃的文化因子,在投身参与文化建设活动中,应发挥着其设计、组织和引领作用。但是反观乡村教育的现状,乡村教师却存在严重的缺席现象。

乡村教师在农村文化建设中的缺席可以从两个方面来看,一是文化意义上的缺席,二是现实意义上的缺席。一方面,由于教师队伍的国家化,乡村教师逐渐从农村社区中脱离出来,成为一种游离农村文化之外特殊的知识分子群体。[③] 这些乡村教师将自己封锁在学校的围墙中进行学生的知识文化教学,而对墙外的乡土社会的情形置之不理。这就造成了乡土教师在文化意义上的缺席,他们忽视了自身在传递和发展农村文化中的作用。另一方面,乡村教师的流动,即"教师进城"现象,带来乡村教师在现实意义上的流失。很多学者都对其中的原因进行了分析,但是归结起来主要可以从

① 李强.中国村落学校的离土境遇与新路向[J].中国教育学刊,2010(4):29.

② 武晓伟,朱志勇.论我国"精英式"农村基础教育问题及其治理[J].南京社会科学,2014(2):141.

③ 娄立志,张济洲.乡村教师疏远乡村的历史社会学解释[J].当代教育科学,2009(21):8.

教师自身的原因和外部原因来分析。从教师的自身原因来看,一是教师专业发展的需要,城市可以给教师提供更好的福利和待遇,以及更好的教学环境。二是教师自身的价值取向,乡村教师接受了传统"进城"思想的教育熏陶,并且教师仍然将自己放在农村文化建设的看客位置,从而缺乏扎根乡土的意识和决心。从外部原因看,教师的社会地位比较低,而乡村教师的社会地位更低,并且与城市教师相比乡村教师的待遇也低得多,这些促使乡村教师的效能感很低。于是,教师向城市、向教育发达的地区流动,造成了农村文化建设队伍的缩减。

三、农村文化建设的空间压缩

在 2001 年 5 月《国务院关于基础教育改革与发展的决定》中提出,"因地制宜调整乡村义务教育学校布局。按照小学就近入学、初中相对集中、优化教育资源配置的原则,合理规划和调整学校布局"。因此,"撤点并校"被提到历史日程上来。这个决定是在城镇化的背景下提出的。从空间上来说,学校布局属于城镇基础设施规划的一部分;从长远角度来说,学校布局调整有利于促进乡村教育转型,积极发挥教育的文化功能。[①] 但是,城镇化以及学校布局的调整客观上也造成了农村文化建设的空间压缩。

为了加强对学校规模化的管理,许多小型的、相对落后的学校被拆除。这直接削弱了这些学校对周边地区文化发展的辐射带动作用。建成后的规模较大的乡镇小学靠近城镇,并多数是寄宿制学校。学生在围墙中学习与乡村知识无关的现代化知识,并接受着"逃离乡村"的教育。这意味着,乡村小学不仅是数减少,更是文化意义上的消失。

不仅如此,由于教育政策的调整,尤其是乡村学校布局调整的实施,使许多农村文化建设赖以生存的载体减少,导致大量的文化资源的流失。而且,大规模、大力度的"撤点并校"等布局调整之实施,尽管在教育资源的充分利用,教育、教学质量的提高等方面具有积极的作用,但是,在农村文化建设方面,尤其在对农村文化建设的引领、指导、组织等方面,我们不能低估了它所产生的负面影响。它所造成的直接结果是农村的文化氛围越来越淡薄,乡村教育与农村社区的发展出现断裂。更有甚者,学校的撤离使一些边远村落的社会文化与公共生活濒临瓦解,导致农村文化活动的主力削弱,割

---

① 张洪华.城镇化进程中的农村中小学布局调整问题及反思[J].教育理论与实践,2010(8):3-5.

裂了村落与学校的文化之根。

第二节 农村基础文化建设的集体性失语

一、农村公共文化投入匮乏

早在 2006 年,财政部教科文司与华中师范大学联合课题组组织了全国农村文化调查,对东部、中部、西部以及宗教地区和少数民族地区进行问卷调查和实地调研,总结出我国在农村公共文化投入体制上的不足:总量不足、重投轻管、个人为主。根据当时的调查,国家对于农村文化的投入主要集中在基础文化设施建设,许多都是一次性基建投入,几乎没有使经费得到合理使用,只注重初步建设,不注重后续管理。[①]

(一)农村文化事业财政投入

据文化部的统计结果显示,2010 年,全国文化事业费为 323.06 亿元,其中农村投入 116.41 亿元,占 36.0%;2011 年,全国文化事业费为 392.62 亿元,其中农村投入为 187.12 亿元,占 47.7%;2012 年,全国文化事业费为 480.10 亿元,其中农村投入 237.02 亿元,占 49.4%;2013 年,全国文化事业费为 530.49 亿元,农村投入 257.82 亿元,占 48.6%;2014 年,全国文化事业费为 483.44 亿元,农村投入 291.32 亿元,占 49.9%。[②] 自"十二五"以来,可以看到农村文化投入在全国文化事业费中占据越来越大的比重,这主要与国家对农村文化事业的重视有关,这是一个可喜的变化,但有一个更大的前提不能被忽略——全国文化事业费在国家财政收入中所占的比重。

虽然中央财政投入的比例逐年增加,但是从总体上看,国家财政对文化事业的支出在"十二五"期间的年均增长率低于同期国家财政收入的年均增长率。由于投入经费基数小,文化事业投入的经费占国家财政总支出的比重也呈现逐渐下降的趋势。"八五"是 0.50%,"九五"是 0.45%,"十五"是 0.39%,

---

① 财政部教科文司,华中师范大学全国农村文化联合调研课题组.中国农村文化建设的现状分析与战略思考[J].华中师范大学学报(人文社会科学版),2007,46(4):103.

② 中华人民共和国文化部财务司:《中华人民共和国文化部 2012 年文化发展统计公报》。

"十一五"是 0.38%。① "十二五"期间,2011 年是 0.36%,2012 年是 0.38%,2013 年是 0.38%,2014 年是 0.38%。② 近年来,文化事业费占财政支出的比重始终没有超过 0.4%,这个比重总体偏低,虽然国家在文化事业的经费投入上逐年快速增长,但是其他财政支出增长更加迅速,文化事业费相对落后。

(二)精神投入匮乏

近些年来国家对农村文化事业的投入力度逐渐加大,实施了"农家书屋工程"、"乡镇综合文化站建设工程"等其他文化工程,拉近了城乡文化事业的差距,但是从整体上看,城乡文化事业发展仍然不平衡。以 2012 年《中国文化文物统计年鉴》中的图书馆业和群众文化业的部分数据为例,当年全国乡文化站组织品牌节庆活动和公益讲座的次数为 0,县级图书馆机构数接近全国总数的一半,图书馆藏书总量大约占全国总数的 1/6,新购藏量不足全国新购藏量的 1/7。③ 由此可以发现,农村文化建设与农民群众的精神文化需求极不适应,农村文化生活的落后面貌并没有根本改变。早在"六五"时期,相关部门就提出了"县县有图书馆、文化馆,乡乡有文化站"的目标,由于各种原因,至今尚未实现。据调查,目前全国还有一部分县、乡没有建立自己的图书馆、文化馆。还有相当一部分的图书馆、文化馆有名无实、只持牌子而无馆舍。图书馆中,有很多建筑年久失修,破败不堪。一些乡镇文化站只是形同虚设,许多只有"一个位子、一个工作人员、一块牌子、一枚章子、一间房子",更有甚者连单独的房子都没有。文化活动的器材也十分缺乏,村办的图书室、文化活动室之类场所无图书、无活动器械的情况十分常见,有的甚至连场所也没有,只有一块牌子。

二、农村文化生活参差不齐

(一)农村文化生活公共性的缺失

我国农村地区的各个村镇都有世代沿袭的村落文化活动,逢年过节村民自发组织活动,既能丰富农村生活,又能增进村民之间的交流。对于一些生活范围一定的农民来说,这些文化活动代表的文化传统糅合了人们关于

① 文化部财务司.中国文化文物统计年鉴 2011[M].北京:国家图书馆出版社,2011:183.

② 中华人民共和国文化部财务司:《中华人民共和国文化部 2014 年文化发展统计公报》。

③ 文化部财务司.中国文化文物统计年鉴 2012[M].北京:国家图书馆出版社,2012.

社会、生活、历史的基本认识,同时也是关于以村庄生活为轴心的社区记忆的重要组成部分;是维护农村社会秩序的重要保证,也是个体人生意义、价值与伦理的重要源泉。① 但近些年来,随着电视通信技术和互联网业的不断发展、农村地区青壮年大量外出导致农村成人社会的不断衰落,以及村民对待民间信仰态度的转变,这些传统的民间民俗文化逐渐受到冷落。

不仅传统的农村公共生活走向衰落,对于现代化进程中的农村而言,公共性文化生活的缺失仍然是个现实存在并且非常严重的问题。改革开放以来,农村至少出现过 3 次建房浪潮,村落格局由原本的紧凑、封闭变成了零散、开放,有的甚至把房子建到公路旁。传统的农村村庄都会有自发形成的公共文化生活空间,人们汇聚于此交流信息、开展娱乐活动。村落格局的改变和人口的外流往往使留守村民之间的邻里关系松散、弱化,减弱村庄内部的信息沟通以及文化交流。②

农村公共文化资源的匮乏与公共文化活动组织数量稀少也是十分重要的原因。在一些农村地区,公共文化资源的供给主要停留在县乡一级,很少进入村庄内部;政府组织举办的公共文化活动主要限于节庆等特定场合,并非完全出于满足农民文化需求的考虑。农民正面的、健康的文化生活荒芜,必然会造成农民精神世界的空虚。一些负面文化纷纷"抬头",各种非正式的宗教迷信活动也在农村社会蔓延。

(二)私性文化生活的发展

随着农业机械化程度的提高,农民用在农业劳动上的时间越来越少,大部分农民拥有了大量空闲时间,加之公共性文化生活的衰落,除了看电视和打牌,农村并没有太多别的娱乐方式和集体活动。③ 在一家一户的生产模式下,加上城市文化和市场经济对农村全方位的影响,农民的文化娱乐活动日益呈现出私性化的特点,并且开始了提前理性化的进程。④

根据吴理财和夏国锋的调查,自改革开放以来,农民私性文化生活有了长

---

① 何兰萍.新农村文化建设中民间文化的传承与保护[J].开发研究,2008(2):34.

② 何兰萍,张雁.生活方式视角下的农村文化建设及其路径原则[J].安徽农业科学,2009(37):380-381.

③ 陈文胜.新农村建设进程中的现实困境——基于湖南省万户农户调查[J].中国农村经济,2010(5):40.

④ 何兰萍.公共文化生活空间与农村文化建设[J].江西师范大学学报(哲学社会科学版),2011(2):92.

足发展,私性文化资源日渐丰富,几乎每一户都有一台电视,有的还有 VCD/
DVD、电脑。农民私性文化活动也较丰富,主要有打牌、打麻将、看电视、上网
这几种文化娱乐活动,但也存在"自由有余,(政府)引导不足"的问题。①

三、农村公共文化服务体系滞后

农村公共文化服务体系的基本内涵是指:满足农村公民公共文化需求,
保障农民公民基本文化权利的公共文化产品生产和服务体系。其构成内容
主要包括:农村公共文化服务的主体和对象;农村公共文化产品与服务的内
容和提供方式;农村公共文化基础设施;农村公共文化服务的人才队伍;农
村公共文化服务的资金投入机制。②

农村公共文化服务体系的构建:一是要加强农村重大公益性文化工程
建设,认真组织实施广播电视村村通、全国文化信息资源共享、乡镇综合文
化站和基层文化阵地建设、农村电影放映、农家书屋建设等公共文化服务工
程;二要建立健全农村公共文化设施网络,充分发挥现有文化设施作用,积
极开展各项公益性文化活动;三要加大产业支撑和市场供给,增强公共文化
产品的生产供给能力;四要推进、加大农村文化体制改革,创新文化服务方
式、创新公共文化服务技术、创新公共文化服务运行机制。③

(一)地区建设不平衡

彭益民从统计年鉴采集农村公共文化服务的数据信息,运用赋权方法
分析,对全国各省市区的情况进行综合比较发现,在"农村文化建设投入水
平,农村文化消费水平、农村公共文化服务队伍建设水平、农村公共文化服
务设施建设水平、农村公共文化服务业绩水平"这 5 个二级指标和一级指标
农村公共文化服务体系建设总体水平上,东西部差距大,但中、西部地区在
少数几个指标上相对较强。④ 东西部地区差异大主要体现在以下几个方面:
文化建设投入水平、农村文化消费、农村公共文化服务设施建设水平。文化

---

① 吴理财,夏国锋.农民的文化生活:兴衰与重建——以安徽省为例[J].中国农村观
察,2007(2):64.

② 苏红.论农村公共文化服务体系及其构建[J].兰州大学学报(社会科学版),2009
(4):7.

③ 齐鲁.胡锦涛主持政治局会议,研究加强公共文化服务体系建设[N].人民日报,
2007(6):17.

④ 彭益民.全国农村公共文化服务体系建设的综合比较[J].湖南行政学院学报(双月
刊),2014(88):4.

建设与经济发展水平息息相关,地方经济实力强则对文化建设的投入也会较多,文化事业发展也会更顺利。

全国农村公共文化服务体系建设水平明显存在四个层次和等级:第一层次,上海、北京遥遥领先;第二层次从第 3 名到第 10 名,包括浙江、江苏、天津、山东、广东、吉林、湖北、重庆,其中前五个省市来自东部,还有 2 个中部省,1 个西部直辖市;第三层次,从第 11 名到第 25 名,包括 3 个东部省、6 个中部省、6 个西部省区,中部既没有很强的经济实力也没有享受中央财政的优惠扶持政策,主要依靠当地丰富的文化资源,大力发展演艺市场;第四层次,包括广西、甘肃、海南、贵州、青海、西藏,5 个西部省区、1 个东部省。[①]

(二)公共文化服务体系基本内容建设的不足

农村公共文化服务主体较缺乏。服务主体包括责任主体和实施主体,责任主体为政府,包括中央政府和各级政府;实施主体主要是政府的具体职能部门和文化事业单位、公益性社会团体与机构。目前,我国社会非营利性文化服务机构的力量比较薄弱,还处在成长阶段,但这一服务主体必将发挥越来越重要的作用。

农村公共文化产品及提供方式较单一。农民对于文化的需求已经越来越趋于多元化,不仅要增加设施投入,还要增加精神生活的建设。在社会主义市场经济的大背景下,仍有一些地区只是依靠政府提供的文化产品与服务,这样势必会增加政府负担又不利于发挥社会力量。

农村公共文化基础设施建设落后,也反映在我国区域之间、城乡之间的建设水平差距仍然较大,农村公共文化基础设施建设还是十分薄弱。这体现在人才培养中,则是服务人才缺乏。不仅是农村文化管理人才缺乏,农村文艺创作和表演人才更是缺少。

除此之外,在农村发展中,农村公共文化服务资金投入机制不健全,相比其他行业,农村文化事业投入资金较少,年度增长的份额也不大。整个的农村发展,也呈现出政府投入为主、"只投不管"的现象。

四、农民文化权益缺位

农民基本文化权益的内容包括:享受公共文化服务权、享受文化科技进步权、参与文化活动权、接受教育和培训权、文化创意权五个方面。

---

① 彭益民.全国农村公共文化服务体系建设的综合比较[J].湖南行政学院学报(双月刊),2014(88):4.

（一）农民文化权益保障水平地区差距大

各地区由于经济发展水平的差异、当地政府和基层组织对农民文化权益的重视不同，都会造成农村文化建设的巨大差异。在经济实力较强、当地政府重视的地方，农民文化权益获得保障的程度越高，农民文化素质相对较高。相反，在经济发展水平较低、当地政府不够重视的地方，农民文化权益被置于高阁，农民的文化生活也十分贫乏。

从总体来看，农村文化建设投入全国平均线以上的 16 个省中，东部有 7 个，西部有 6 个，中部只有 3 个。人均文化事业费、每万人群众文化事业财政拨款前 10 位的全部是东西部地区。中部与东部的农村文化建设投入差距大，比如湖南与浙江比，浙江的文化事业费占财政支出比重是湖南的 2.34 倍，人均文化事业费是湖南的 3.5 倍，乡镇文化站均年收入是湖南的 2～5 倍。西部地区得益于中央西部开发战略，财政的投入使得农民文化权益也得到了更好的保障。

（二）城乡"二元制"结构是根本原因

我国过去长期实行城乡二元社会治理模式，城乡割据政策，经济利益的分割形成巨大反差；城乡两种户籍，农民被划分为"二等公民"。近些年逐渐打破城乡分裂的格局，但不公平的利益分配仍然存在。有学者曾经指出，现阶段农民文化权益保障滞后的原因有三：长期的城乡"二元制"结构限制、政府行为的不当、农民认知的偏差①。

其中，可以看到，政府的管理权限以及管理思维并没有完全发生转变，有的地方仍然是"全能型"、"管制思维"，应向"有限型"、"服务思维"转变。农民的权利意识、参与意识、法制意识、自主意识都比较淡薄，普通教育并没有大面积落实，乡村的教育条件和质量严重滞后于城市，乡村教育人力资源注入不足且不断流失。而且农民的文化消费并没有随着收入的增加而增加，我国 2009 年人均 GDP 就达到了 5000 美元以上，但是农村文化消费在居民消费支出中还不到 3％的比重②。

可以说，城乡二元结构带来的城乡经济发展不平等、民众参与机会不均衡、国家年增长投入度有待提高等，是对城乡问题缺乏系统性、连贯性和一

---

① 宫敏燕，门忠民.论新农村建设背景下农民权益的保障[J].西北农林科技大学学报（社会科学版），2011(5):9.

② 联合国.国民经济核算年鉴[M].北京:中国科学出版社，2006:18.

体化的思考所出现的问题表征背后的深层次原因。

第三节　农村制度文化的习惯性脱节

一、熟人脉络的农村基层秩序

（一）"熟人社会"

费孝通在《乡土中国》中讲到："从基层上看去,中国社会是乡土性的"、"乡土社会在地方性的限制下成了生于斯、长于斯的社会……这是一个熟悉的社会,没有陌生人的社会"①。在他描述的"熟人社会"里,人们安土重迁,村落社会流动性低;血缘、地缘是构成熟人社会的基础;传统的熟人社会是"礼治"社会,从教化中养成;熟人社会人际交往是人情导向的。

"熟人社会"这一概念在新时代背景下也获得了发展与重构,一种在费孝通研究的基础上进行拓展,将在国家政权建设下的行政村社会定义为"半熟人社会"②,与自然村社会的"熟人社会"加以区别,此外还有"无主体熟人社会"、"弱熟人社会"的概念。另一种试图对现代中国农村社会关系结构进行重新解构。

（二）熟人脉络的农村基层秩序的转变

传统中国社会中,村庄构成了农村基层秩序的重要地域基础。村庄、家族及建立在地域和人户管理基础上的乡里组织,是理解传统中国社会秩序的关键③。

汪磊从农村基层政治制度考察我国农村社会秩序的变迁,主要有三个时期:一是民国时期保甲制度下的农村社会秩序,人民生活无序;二是人民公社制度下的农村社会秩序,国家权力发挥极强的作用,农村在巨大的政治力量的整合下建立起新的权威型的秩序;三是村民自治制度下的农村社会秩序,在国家和农村社会共同主导下建立。④

随着农村社会流动性增加,村庄的边界日益模糊,农村的人际圈子不再

---

① 费孝通.乡土中国[M].北京:人民出版社,2008:74.
② 贺雪峰.论半熟人社会:理解村委会选举的一个视角[J].政治学研究,2000(3):13.
③ 贺雪峰.中国传统社会的内生村庄秩序[J].文史哲,2006(4):47.
④ 汪磊.中国乡村社会秩序变迁研究[J].法制与社会,2009(3):11.

以血缘关系为基础，个人主体性为主要交往特征。由"法治"取代原先的"礼治"，农村基层政权建设逐渐推进和深化。在经济社会大背景下，现代农村生活越来越去伦理化，熟人社会日渐陌生化。[①]

二、亚细亚色彩的农村伦理范式

范式这个词用于科学领域，本质上是被一定领域的人广泛认可的一种理论体系。可以说它是被一群人接受的信念和思维模式，具有公认性。而这里所说的农村伦理范式实际上指的是农民在亚细亚生产方式的影响下形成的一种为他们所公认的伦理道德信念和由此衍生的思维方式以及行为方式。亚细亚生产方式的提法最早源于马克思的论述，是一种具有东方色彩的被置于古代的、封建的、先于资产阶级之前的生产方式，关于它的说法在学界曾一度出现争议。它大致具有以下的特征：(1)所有制形式方面，完全公有制所有制或者公有制占主导；(2)生产形式方面，农业和家庭手工业为主，自给自足；(3)社会组织形式方面，村社制度，地方居民自治，相对独立，比如中国古代社会的乡绅制度；(4)政治形式方面，社会结构长期稳定，"不为政治领域中的风暴所触动"。[②] 亚细亚方式在中国两千多年的封建社会中一直存在于广大的农村社会，深深地影响和塑造着农村人民的思维方式和行为方式。这种影响下，农民形成了所谓的"小农意识"或者"小民意识"。

在传统的小农意识中，小农经济的文化心态是最为根本的，它是封建意识的文化心理基础。[③] 小农经济是我国亚细亚生产方式的具体体现，它是以"家"为生产单位，是一种自给自足的经济形态。这就造成了小农意识中的狭隘、封闭和保守，他们的视野仿佛只有那四方农田的大小，这也阻碍了他们对新事物的认识。小农意识对新文化建设的消极影响主要表现在以下三个方面：

第一，固守传统文化中的糟粕。农村社会像一个细口的瓶子，外面的东西不易进去，里面的东西也不易出来。农村在现代化建设中不知不觉变成了落后的代表，它虽是中华文明的孕育者，却没能在改革发展中走在前面。在文化建设中，我们可以发现农村的封建迷信思想依然保留，对科学、对教育以及对文化都没有足够的重视。

第二，鉴别文化产品的水平较低。固守在土地上的农民还是像千年前

---

① 刘小峰."熟人社会"在当下语境中的检视与新构：滇西 Z 村社会形态为例[J].华中师范大学，2012(3)：42.

② 王立端.亚细亚生产方式问题争论研究(1949—1999)[J].福建师范大学，2011(9)：4.

③ 钟志华.小农意识是中国社会主义现代化事业的障碍[J].社科纵横，2005(6)：17.

一样"日出而作，日落而息"，并享受着这种生活方式。因此，他们没有主动寻求新文化和新思想的意识，只是被动地接受"文化下移"的洗礼。随着农村文化产业的发展，许多文化产品同时涌入人们的生活，面对参差不齐的文化产品，人们往往不假思索地全盘接收。

第三，接受新文化的能力较弱。农民保守封闭的思想，决定了他们在面对新事物和新文化时的接受能力较弱。这一方面是由于他们原有的思想太牢固，另一方面是因为新思想和文化与他们日常的生活可能格格不入，对他们来说缺乏吸引力。这种态度让他们缺乏对新事物的热情又进一步削弱了他们对新文化的接受力。

新农村建设的提出已经有十个年头了，这十年中村民的生产生活都发生了重大的变化。但由于亚细亚生产方式带来的小农意识的固化，对新农村的文化建设以及其他方面的发展无疑造成了重大的阻碍。

三、不健全的农村文化市场体制

农村文化市场是新农村文化建设的重要组成部分。我国的农村文化市场的总体发展经历了三个阶段：萌芽阶段、起步阶段和成长阶段。现阶段，一改政府包揽管理文化市场的旧体制，农村文化市场呈现国家、集体、个人三者共同投资与经营的多渠道、多元化和多层次发展的新格局。[①] 因此，农村文化市场变得繁荣和活跃，聚集了大量的文化产业形式，以及种类繁多的文化产品。然而在农村文化市场的发展的过程中同时存在着一些的问题。

第一，农村文化市场发展呈现不平衡性。

与文化市场相对稳定的富裕的农村相比，在经济发展较为落后的山区和偏远农村，由于地广人稀，人口分散，交通不发达以及原有基础设施相对不完善等原因，文化队伍建设就显得非常落后，并且发展的速度也较为缓慢。同时，在相对落后的农村社会，他们往往更加重视物质生活的发展，而对精神生活则缺少关照或者说是无暇顾及，所以在一些较为落后的地区文化市场甚至尚未启动。因此，贫困的农村的文化市场起步相对较晚，发展水平较低，发展的后劲也十分不足。贫困偏远的农村逐渐成为农村文化市场发展中薄弱的一环，进一步拉开了城乡文化发展的差距。

第二，农村文化市场监管机制不完善。

农村文化市场虽然比较活跃，但是缺乏有效的监管机制，因此存在诸多

---

① 董西明，苏洪志.农村文化市场问题及对策[J].商业研究，2003(14)：82.

的问题与隐患。我国的农村文化市场的监管中存在严重的缺位现象。乡镇综合文化站是政府举办的提供公共文化服务、指导基层文化工作和协助管理农村文化市场的公益性事业单位,是集书报刊阅读、宣传教育、文艺娱乐、科普培训、信息服务、体育健身等各类文化活动于一体,服务于当地农村群众的综合性公共文化机构。但是文化站不具有行政执法权,主要精力要服从于乡镇党委、政府的中心工作,管理上仅限于批评、教育和警告,对违法经营户处罚不到位,不能构成震慑。而工商、公安等部门要是互相推脱,与文化部门难以形成合力。县文化市场管理部门的人员相对也较少,管理困难且具有滞后性。这些都使农村文化市场在管理上出现了很大的漏洞,也极大削弱了监管的力度。同时,农村文化体制改革也是十分缓慢,无法针对文化市场监管中出现的问题及时做出调整,因而使得农村文化市场的监管中的问题形成积重难返的态势。这些都为文化市场主体提供了钻营的机会,使得文化市场充斥着大量的落后的文化产品。

第三,农村文化市场竞争机制不健全。

多渠道、多主体经营的文化市场给了农民发展文化的自主权,但是也造成了农村文化市场主体的不良竞争。反观农村文化市场,这里变成了一个鱼龙混杂的地方,聚集了一些纯粹以经济效益为目的,以低俗的文化来吸引观众的组织和团体。一些民间艺术团体,人员复杂、文化水平低、素质不高、专业水平差,表演节目随心所欲。除此之外,在不少的地方庸俗、低级、迷信的内容很充斥着文化市场,一些音像制品、书店盗版现象都十分普遍。由于农村文化市场这种媚俗之风的盛行,许多文化市场主体纷纷效仿。这种盲目的、无序的、不道德的竞争方式,使得市场主体在此过程中一举获利,但是却给人们的精神生活造成了侵害。

随着我国新农村文化建设的兴起与发展,给农村文化市场送来了一股清风。但与此同时,由于我国农村文化市场的无组织性和盲目性,也为文化市场的发展带来了严峻的考验。

第四章 新农村文化建设中乡村
教育改革的价值选择

乡村教育改革的发展，是农村文化的演进史，亦是现代化进程在乡村教育发展上的真实写照。在农村建设过程中，不管是以乡村教育为中心的农本主义价值取向下的乡村教育中心化道路，还是以城市为中心的城本主义价值取向下的乡村教育边缘化道路，都在特定的历史时期起着一定的作用。[①] 就当下而言，乡村教育改革已经从教育形式、教育内容深入教育体制之中，在深层次的文化机理和制度规约中埋下一颗决定乡村教育改革未来发展走向的种子。正如钱理群先生所言，"去发现、认识其中深厚的地理文化与历史文化，去与祖祖辈辈耕耘于这块土地上的父老乡亲们对话，共同感受生命的快乐和痛苦，成为自我生命的底蕴与存在之根；这就能为以后一生的发展，奠定一个坚实而丰厚的精神种子"[②]。言下之意，乡村教育改革应当着眼于本土本乡的农村特色文化，以"开门兴农"的方式，实现人文向度的价值重建。

第一节 乡村教育改革的功能性定位

培养什么样的人，这是任何教育改革所不可回避并致力于解决的一个

---

① 邬志辉，马青.中国乡村教育现代化的价值取向与道路选择[J].中国地质大学学报（社会科学版），2008（6）：58.

② 钱理群.追寻生存之根——我的退思路[M].桂林：广西师范大学出版社，2005：152.

核心命题。而对于当下处于发展新常态的乡村教育而言,我们需要培养的是能够为新农村建设提供智力支持和行动引领的新型农民,充分发挥信息化和自动化在农村建设中的巨大作用,保障新农村建设的顺利推进。

一、践行新农村文化的新型农民

随着我国社会转型、现代化进程加快,国家对新农村建设提出了更高的要求,即按照"生产发展、生活宽裕、乡风文明、村容整洁、管理民主"的总体要求,"培养造就有文化、懂技术、会经营的新型农民"。[①] 作为新型农民,不仅仅需要在头脑上武装新农村文化,更需要在实际行动上予以践行。

就"有文化"来说,农民需要首先了解本土本乡的传统、风俗、礼仪、地理、生活方式等,对"生于斯长于斯"的乡土环境有所了解。农民通过学习,掌握相关的理论性知识和实践性知识,在提升个人修养、完善个人学识的同时,能够将所学的知识创造性地应用于实践场景之中,以更好地为农村建设服务。就新型农民来说,除了具有一定的知识,还需要能够对有利于新农村发展的政策文本予以解读,既防止作出过度诠释,也同时避免理解不到位,造成政策执行偏差。

就"懂技术"而言,随着全球化后工业文明的到来,传统农耕时代下的技术工具使用的时代已经一去而不复返,如何将信息化、自动化与农村建设有机地融合起来,这是对新型农民培养的一大要求。与此同时,随着产业分工的不断增强,第三产业在农村中的地位与日递增,培养和造就具有一技之能的新型农民,也是我们当下时代的对新农民所提出的要求。

至于"会经营",则是指农民要掌握市场经济发展规律,能够根据供需矛盾和市场发展动态,生产自己的产品,并始终保持产品有市场、有出路。与此同时,农民也需要掌握一定的管理技术、具有一定的管理能力,以低成本高产出的方式,实现产品优化,进一步提高生产效率。作为农民,也需要有品牌意识和维权意识,能够在营销过程中打出自己的品牌,扩大销量;并且在销售过程中维护好自己的合法权益。

二、致力于做"乡土艺术家"的新型农民

新农村文化建设,不仅需要通过城市采用经济扶持、教育支援的方式,为农村"输血",促进农村发展;更为重要的是,农村要学会如何在自己的乡

---

① 郎荐辕.中共中央国务院关于推进社会主义新农村建设的若干意见[EB/OL].(2016-02-21).http://news.xinhuanet.com/politics/2006-02/21/content_4207811.html.

土大地上传承并弘扬优秀文化产品,激发潜在活力,培养了解农村、愿意为农村建设做出贡献的人才,以"造血"的方式推动农村建设。因此,新农村文化建设的迫切任务就是,"变'送'文化为'种'文化,培养和激励'乡土艺术家',保护大量民间文化的同时,激发农村自身的文化活力……最终建立一支乡土化、农民化和本土化的农村文化精英队伍,使之成为农村文化的承载者和传播者"。①

现代化进程的加快、城镇化步伐的迈进以及技术化操作的使用,侵蚀了质朴的乡村教育、遮蔽了原生态的农村文化,"农村"也逐渐成为在校学生所竭力去除的印迹或符号。而农村,对于我们农业大国来说,在我国的社会发展中一直有着举足轻重的位置。费孝通先生在《乡土中国》曾经谈到,"从基层上看,中国社会是乡土性的"②。刘铁芳教授也指出,"乡土社会的安宁、朴素、宽厚,更多地珍视生存本身的价值"③。由此可见,今日人们眼中的农村与农村应受世人所尊重的地位之间出现了不吻合。

自然而然,今天的乡村教育改革,担负起培养对农村有着强烈的文化认同感的新型农民的重任。他们可以是在农村各条战线上的"艺术家",虽然他们中的绝大部分人是在城市读书、甚至留洋海外,但是他们的心在农村,他们有着自己的心灵家园,他们在投入农村建设发展中,通过言传身教、口述笔著,将农村文化薪火相传,重新燃起农村人的文化自信和价值认同。乡村教育改革"绝不仅仅是比照城市化教育而进行的形式化的关注,而必须深入现代化、现代化教育的内在基础,反思现代化与现代教育的根本质素,重建我们对于农村社会和乡村教育的想象,激活农村社会与乡村教育的内在基础,一点点地激活农村社会与乡村教育的灵魂,同时也激活我们每个人与乡村社会、乡村教育的内在基础,一点点地激活农村社会与乡村教育的灵魂,同时也激活我们每个人与农村社会、乡村教育的内在精神性联系。唯有当我们与整个农村社会、乡村教育建立了内在的生命性联系,乡村教育才可能真正走上自觉的生长之路。"④

---

① 曾长秋.加强新农村文化建设是当务之急[N].光明日报,2009-04-03(07).

② 费孝通.乡土中国[M].北京:北京大学出版社,1998:6.

③ 刘铁芳.乡土的逃离与回归:乡土教育的人文重建[M].福州:福建教育出版社,2011:3.

④ 刘铁芳.乡土的逃离与回归:乡土教育的人文重建[M].福州:福建教育出版社,2011:12-13.

三、具有法治意识的新型农民

依法治国的提出,不仅要求人们知法、懂法,更要学会守法、用法,用法律来维护社会的和谐安康,而这对于新农村建设的今天,显得尤为重要。从某种意义上说,我国农村是一个以情感为纽带予以维系的乡土社会,人情血缘关系在其中占了很大一部分,在人与人的交往过程中,逐渐形成了以自我为中心,按照人际亲疏,以波纹状形式所建构出的"熟人"和"生人"的"差序图谱"。对此,曹锦清先生在对我国农村社会的考察中,也作出了如下描述,"中国人讲的是私情,行的是'关节'。习惯于用攀亲戚、拉关系、请客送礼等方式解决自己的事,故而在人们的习惯行为方式与人们的政治要求之间存在着深刻的矛盾。有法不依,执法不严,甚至徇私枉法,其病与其说在于人,倒不如说在于我们传统的习惯行为方式之中"①。

乡村教育改革旨在通过提升农民的文化素养,使农民自觉懂法守法,学会运用法律维护自身权益,在农村发展中树新风、塑新颜。"和谐新农村建设不仅需要内容良好、体系完备的法律法规和完善的立法、执法、司法、法律监督制度,更需要与现代法治相适应的法治文化……它既不是铭刻在大理石上,也不是铭刻在铜表上,而是铭刻在公民的内心里;它形成了国家的真正宪法。"②法治文化深入人心,有利于法治化的农村环境的形成,是为习惯了伦理关系层面的农民进行了制度上的规约,重新对自己的世界观、认识观和价值观予以考量和定位,学会知荣辱、弘正气,用法律规范自己和他人的行为,严厉打击农村传统文化中的陈规陋习及种种不良社会行为,将农村建设纳入照章办事的轨道上来,使农村秩序集道德、文明、诚信、进取、改革于一体,更好地体现为人民服务的社会主义核心价值观。

第二节　影响乡村教育改革价值选择的因素

乡村教育改革所具有的乡土情怀,是在为现代人重建精神家园的过程

---

① 曹锦清.黄河边的中国:一个学者对乡村社会的观察与思考[M].上海:上海文艺出版社,2000:23.

② 王西阁.法治文化:新农村建设的文化底蕴和支撑[J].东岳论丛,2010(9):136.

中,实现乡土价值的激活与重建。① 这是从以"农村"透视"教育"的视角,转向以"教育"审视"农村",自然,这里涉及了人、知识和环境的三维向度的考究。

一、主体性的人的取向

乡村教育改革中,促进农村适龄儿童的发展,这是无可厚非的。但关键是我们所培养的儿童,在发展过程中究竟走的是"为农"路径还是"离农"向度。有些儿童走进学堂,将所学知识应用于家乡建设、服务于乡村父老,传承着先辈文明;而有些儿童则一朝离开农村,便永不会回望家校,甚至加入蔑视农村发展的队伍之中。两相比较,我们会发现,教育成为一种工具,它使人不达目的不善罢甘休,人在受教育的过程中,其内在的主体性有所缺失,头脑中仿佛被安上了车轮,臣服于他者。

真正的教育是人的自我建构的活动过程,是将人的发展放于教育的中心地位,不是遮蔽人的存在,而是照亮人的光辉。因此,只有当人的心性、境遇和人的经历体验发生碰撞,自觉而自发地用教育指出人内心所存有的重重困惑、指明了人的未来发展道路时,人的能动性方能落于实处。具体来说则是在不同的学习情境中发挥以学生为主体的主观能动性,以学生的"德、智、体、美"全面发展为最终旨归。与此同时,在教师为主导的传授知识的过程中,综合而全面地考虑学生的特点,充分调动教师的智慧,避免出现追求认知的单一发展。人是有主观能动性的。人,选择了明天,也选择了所走的道路。

二、所传授的知识的取向

"什么知识最有价值"是一个永恒的话题,在新农村建设中,更需要一批具有知识武装的新型农民。然而,学校所传授的知识,真的是农村建设中需要的吗?学生所学习到的理论,真正能够应用于实践中去吗?答案往往是莫衷一是。

农村的教育改革沿着课程改革的步伐,要求学生所学知识与学生发展、社会进步相整合,"不唯上、不唯书、只唯实",鼓励学生做个实践人,灵活高效地处理日常生活事件,关注学生自我意识、发展自身潜能,培养学生成为有生活品位的现代人……这就要打破传统的教育理念,即不顾现实需要"一

---

① 刘铁芳.乡土的逃离与回归:乡土教育的人文重建[M].福州:福建教育出版社,2011:192-193.

刀切"地"齐步走"的观念,而是有层次、有步骤地"分步走",显示出较强的灵活性、能动性。在我们传统的乡村教育中,学生对许多脱离实际生活或生活中不可能存在的问题感到厌烦,这些问题犹如在"真空条件下"或"无摩擦力"的理想状态题一样。甚至有些学生会产生这样的疑问:这类题目到底有什么用? 为了应付考试、升学,他们陷入了无尽的题海中,而实际生活中需要我们运用科学知识解决的应用性的问题,学生却又感到无能为力,无从下手。这自然是没有注重知识的实践性所带来的必然后果。

因此在乡村教育改革中,"我们需要教育活动进入'场域',遵循'场域'逻辑,实现'场域'状态,从而使教育活动自觉地融入各种社会性、时代性制约因素的网络中,避免僵化的、孤立的、自发的'无关者'状态"[①]。在农村的广袤大地上,我们需要不同的人才,因而也需要有多元化的知识涌入。正如科尔曼教授所说,"我们必须承认国家的文化多元特性,这意味着必须承认社会的多样性并尊重来自不同文化的人们的价值观念,而不对任何一种文化作价值判断。为此,我们必须促使学生和家长与他们目前认为'另类'的知识进行有意义的接触"[②]。

三、教学生活的环境取向

当我们宣称在培养新型农民的时候,我们却发现孩子的学习场所却与他们的实际经历渐行渐远。李书磊曾在《村落中的"国家"》中这样描绘乡村的学校面貌,"进校门是宽阔的操场,学校的楼前红砖铺地,有少先队员擎举着星星火炬的雕像。楼前还整整齐齐地砌着花池,栽种着盛开的十样锦,这是普及'花园式学校'的结果。当然也有菜地与厕所,但却设在楼背后的后院里……从操场眺望可以看见不远的荒山,与学校比邻而建的有些凌乱的农舍……丰宁希望小学的教师没有一位是本村人,他们只同自己的学生而不同村子发生工作关系,校门一关,完全自成一体……学校有它看得见与看不见的围墙,它只是通过农民的子弟才同乡村社区发生关系。丰宁希望小学在成片的农舍与田野中间显得既特别又孤单,它居于乡村、为乡村而设,却又不属于乡村,农民们从学校边走过,总带着关注而又疏远、陌生但又无

---

①　郝德永.课程改革:愿景与可能[J].高等教育研究,2009(8):101.

②　Colin Greer. Community Education and Education for Community[M]//Frank Pignatelli, Susanna W. Pflaum. Experiencing diversity:toward educational equity. Thousands Oaks,Calif:Corwin Press,1994:2.

不艳羡的眼光看着那漂亮的楼房与高高飘扬的国旗。"①就这样,高墙所阻挡的不仅仅是孩子交流的空间,更重要的是孩子面向乡村田野的心灵。

　　学校高墙不应该成为阻挡孩子亲近自然的阻碍。人类的文明来源于大自然,来自于生活。文明让我们从动物世界中独立出来,也是我们远离了亲近自然的感觉。庄子曰:"子非鱼,安知鱼之乐?"教育也是如此,若是不能置身于周遭的环境,如何能体验它特有的地位文化? 因此,教育是改革还应是教学生活的改革。学校、教师等通过带领孩子们投身到大自然中,调动孩子们的各种情感,体会自然,感受生活、热爱生命。将教育与生活形成统一的整体。培养学生教育来源于生活,生活中蕴涵教育的理念。

第三节　乡村教育改革发展的新逻辑②

一、"内卷化"概念简述

　　"内卷化"(involution)既可以指一种机理,也可以指一种现象,"它源于拉丁语 involuntary,原意是'转或卷起来'"。③ 据韦森考辨,康德早在《判断力批判》一书中提到了"内卷理论"(convolution theorie),并将之与"演化理论"(evolutions theorie,又称"进化论")相对比,称之为"锁入理论"(die Theorie der Einschaehtelung)。④ 有学者考辨,involution 是由 involute 一词抽象而来,指内卷、内缠、错综复杂、纠缠不清的事物,复杂的事物,以及退化和复旧等含义。⑤ 由此而见,这个概念所指涉的"锁定化状态"与金观涛用以形容社会发展停滞的"超稳定结构"、诺斯用惯性形容制度变迁所沿用的"路径依赖",有着极大的相似性。

　　① 李书磊.村落中的"国家"——文化变迁中的"乡村学校"[M].杭州:浙江人民出版社,1999:7-12.
　　② 于翠翠,朱成科.农村基础教育培养目标"内卷化"解析[J].现代教育管理,2010(3):50-53.
　　③ 郭继强."内卷化"概念新理解[J].学术评论,2007(3):194.
　　④ 孙远东."内卷化"机理与中国农村——以安徽一个小集镇的变迁为例[J].粤海风,2007(4):41.
　　⑤ 孙远东."内卷化"机理与中国农村——以安徽一个小集镇的变迁为例[J].粤海风,2007(4):41.

"内卷化"①的传播,是随着黄宗智《华北的小农经济与社会变迁》一书的问世而在中国农村研究中名声大噪的。黄宗智通过一般微观经济学的理论来对内卷化进行解释分析,一方面,他用劳动的边际产量递减或劳动的边际报酬递减来界定内卷化;另一方面,他尝试运用企业行为理论和消费者选择理论来解释内卷化,换言之,即认为"不可简单地用追求最大利润的模式来分析",而是通过边际产量和边际效用的对比分析来予以论证解读。②

近年来随着"内卷化"概念在中国社会各个领域的广泛运用,影响度日益深远。然而,也就是"内卷化"在对其周延的跨越过程中也招致了诸如"概念定义失真"和"分析导向模糊"等批评。

为了暂避争论,笔者在此只是在综合各类文献的基础上,从"内卷化"的词源,即"卷起来"加以引申,并将此概念引入教育领域,解读乡村教育改革在价值取向的选择上所面对的两难困境。并再次强调,"内卷化"是指一种"转或卷起来"的现象,一个系统或模式如果表征出这种现象,便陷入积重难返的"自我锁定"状态,并对原有的路径僵化循环,不断地在自身内部精细化、复杂化,从而日渐丧失其内部制度创新和根本变革的可能性。

当下,对于乡村教育改革在价值取向的选择上所出现的"内卷化",主要表现为"离农"和"为农"两种悖论的自我复制,这种停滞并封闭的延续又反过来使"内卷化"问题不断被固化和加强,造成乡村教育的方向性悖论,使得原本就左右摇摆的乡村教育改革越发无从抉择,只好沿着旧有的轨迹机械运作,两种僵持的文化圈进一步加固,导致乡村教育改革最终囿限于这种"离农"与"为农"的正反"内卷化"当中,难以超越。

二、乡村教育改革价值取向的"内卷化"表征

正反"内卷化"的相向交织,使得乡村教育改革越发游离于现代化的边缘之外。乡村教育改革,并不是定格在狭隘意义上的地域性的县、镇、村一级的教育,而是随着社会政治经的发展,表现出了明显的动态性。乡村教育改革,已经从 20 世纪 80 年代致力于乡村教育秩序的恢复和建设、过渡到对 20 世纪 90 年代对"双基教育"的青睐,进而对 21 世纪以来对农村中小学布局结构调整、农民工子女入学问题的关注……从对乡村教育形式、教育内容的改革向乡村教育制度的改革转变。目前,我国乡村教育改革价值取向所

---

①　孙远东."内卷化"机理与中国农村——以安徽一个小集镇的变迁为例[J].粤海风,2007(4):41.

②　黄宗智.华北的小农经济与社会变迁[M].北京:中华书局,2000:6-10.

表现出的"内卷化"与反向"内卷化"只是相互强化,不能相消解(各自都有内在的刚性),"内卷化"加剧强化反向"内卷化"自缠,反向"内卷化"自缠又强化"内卷化"加剧,表现为为农教育和离农教育的向度摇摆和意愿冲突。

(一)"内卷化":为农教育

自改革开放以来,我国教育政策对乡村基础教育发展的定位逐渐明细化,在功利主义和工具主义驱使下,百般重视乡村教育发展的教育政策中潜藏着"为农"的暗流。通过对教育政策发展脉络高屋建瓴的把握,不难发现我国乡村基础教育的价值取向整体走向"内卷化"的轨迹。我国教育改革与发展的一个基本思想是教育为本地经济服务,因而城乡发展教育的价值取向不一样,于是便会理所当然地认为乡村教育主要为当地农村经济和社会发展培养适用人才。而且这些教育大致可以归为两点:教育要与农村经济相适应,与生产活动相结合,并使学生掌握服务农村的基本技能;其次是在精神层面培养学生热爱农村、扎根农村。

"为农教育"希望通过发展乡村教育事业,改变农村社会面貌,提升农村现代化建设水平。因此,这种教育方式的出台,往往是借助政府官员的力量,以政策文本的形式出台相应的法律法规,赋予其合法化和正式化的地位。在此,我们可以从国家颁布的一系列政策窥见一斑。1978年全国教育工作会议报告为乡村教育服务农村指明了方向。此后的相关政策指令也都热衷于此提议,时至2001年《国务院关于基础教育改革与发展的决定》中提出深化"农科教相结合"和"三教统筹"等项改革,并于2003年在《国务院关于进一步加强乡村教育工作的决定》中对服务"三农"进行了重申和强化。

乡村教育价值取向如此定位的宗旨是服务农村,纠正教育脱离生活实际、远离农民生活等偏颇。这种愿景固然是好的,但却不自觉陷入了"内卷化"陷阱,法国社会学家布迪厄把教育看作是文化和社会再生产的工具,具有维护社会不平等关系的功能。"如果乡村教育只面向农村劣势文化圈,那么只能导致农村孩子的低地位的社会再生产,农民永远摆脱不了悲惨的命运。"①典型的宗法制、熟人社会结构的伦理本位式交往方式仍然是今日农村基本的社会运行方式,官本位思想、等级思想形式的小农意识尚未消除,精神文明建设的步伐远远落后于物质文明建设,从而使得封建迷信、毒赌行为

---

① 余秀兰.中国城乡教育差异——一种文化再生产现象的分析[M].北京:教育科学出版社,2004:34.

在农村中有着常态化驱使,并严重影响着农村中先进文化的建设,人们的意识信念淡薄,人生观、世界观、价值观出现了扭曲,金钱至上、唯利是图、小富即安的观念有增无减……凡此种种,落后的农村文化的存在和泛滥,只会使孩子的价值观念和行为方式严重偏离社会发展对人才提出的基本要求,使得乡村教育所产生的边际效能递减,进一步加深农村的贫穷和落后。

另一方面,"为农教育"理念的提出和价值定位,由于相应的配套措施和制度保障的及时跟进,往往会使"为农教育"等同于"落后教育改造",缺少真正着力于为农村建设服务的内涵。有研究者从教育公平的视角,从学理意义上对"三农"问题做出深入探讨发现,"我国在明确提出农村普通学校应承担为'三农'服务功能的同时,没有考虑到农民在教育体制及分配结果中应得到同等的对待,没有考虑到农民的教育需求,没有给予农村学生和城市学生相等的教育资源和机会,农民自身的愿望被公共的意志所取代……这不仅造成乡村学校相对于城市学校在培养目标上不公平的一面,而且还使乡村义务教育阶段学校应该为学生打下坚实的基础文化知识的职能不断削弱,让本来就薄弱的乡村学校承担了过多的重任,对办学方向愈加模糊"①。由此我们可以看到,机会的不平等、资源的不平等,使得乡村教育改革在"为农服务"的道路上越走越远,使得农村发展滞留于恶性的漩涡循环中,难以自拔。

(二)"反向内卷化":离农教育

国家级的教育政策和理论界的学者的"为农"情结,并没有改变乡村教育在实践中的"应试取向"、"学而优则仕"的教育价值观在实践中悄然取代了乡村教育的内在本质,致使一轮接一轮的课程改革只是表面化修补,根本没有实旨性的变革,在为"内卷化"奔走呼号的同时,"反向内卷化"悄然破壳而出,并作为一种新的发展模式在乡村教育现代化中发挥着越来越重要的作用。

"实际上,'留农'教育和'离农'教育反映了政府的教育意愿和民间教育意图的两种不同的冲突,这种冲突在城乡二元对立的社会结构框架内是不可调和的。"②对农民而言,改变农民身份、过上城市生活、得到社会认可,是最体面的、最完满的生活状态。而"鲤鱼跳龙门"式的"应试"是逃离农村的

---

① 陈坚.内卷化.乡村教育研究的新视角[J].教育发展研究,2008(17):33.

② 王本陆.消除"双轨制":我国乡村教育改革的伦理要求[J].北京师范大学学报(社会科学版),2004(5):21.

唯一途径,所以一代代的农村教师和家长竭才尽智地让孩子争夺这个社会升迁的机会,这就加剧了乡村教育的离农性和城市性。正如梁漱溟在对我国城市和乡村的考察时所说的,"有钱的人多半不在村里了……有能力的人亦不在乡间了,因为乡村内养不住他,他亦不甘心埋没在沙漠一般的乡村"①。坚持城市导向的"精英式"教育培养机制成为主要的"反向内卷化"。

离农教育与应试教育"相得益彰"使"内卷化"分化出的"反向内卷化"为广大人民所接受。受各方面因素制约,农村孩子只能通过应试流入城市,而这些孩子进入城市后,无论学得好还是坏,都不大可能流回农村,这就进一步壮大、巩固了城市优势文化圈,加剧了城乡二元结构。依靠教育真正走出去的农村孩子毕竟寥若晨星,所以苦读的一大部分学子将被城市拒之门外,这些"失败者"面对理想与现实之间的巨大落差,不禁感慨心比天高、命比纸薄的现实境遇,从心理上对自身生长的农村心生怨恨,对教育开始抵触,他们非但没有为建设社会主义新乡村发挥余热,反而成为勾勒乡村蓝图的败笔。本来质量就不乐观的农村基础教育,在功利主义的驱动下和力不从心的绝望中被再次边缘化,乡村教育一直被俯视观照,处在苟延残喘的劣势依附地位。长此以往,固化了农民的心态,而且使原本就画地为牢的乡村教育的外围进一步萎缩,不知不觉中便进入了与为农教育殊途同归的样态:"内卷化"—"反向内卷化",这种"内卷化"的直接结果是人才外流,其最显著的影响是加剧了"内卷化",对原本就在贫困线上挣扎的乡村教育来说,无疑是雪上加霜。

三、乡村教育改革的价值选择"内卷化"的归因

乡村教育改革的价值选择"内卷化",很大程度盖缘于我们预设农村可以脱离城市孤立发展的假设所致,这种二元思维背离了教育改革的内在品性,抹杀了乡村教育向前发展的可能性。

(一)基础教育内涵的情境背离

基础教育顾名思义是指接受教育是每个公民的权利和义务,没有城市或农村取向的问题,即不论是城市孩子还是农村孩子都平等地拥有这一权利,而以农村或城市为定语的基础教育,只是一种区域性、地域性的区分,也许在办学水平上存在着一定的差异,但就普及性质而言是没有任何区别的。《中华人民共和国教育法》第九条规定:"中华人民共和国公民有受教育的权

---

① 梁漱溟.梁漱溟全集(第4卷)[M].济南:山东人民出版社,1991:896.

利和义务。公平不分民族、种族、性别、职业、财产状况、宗教信仰等,依法享有平等地接受教育机会。"在基础教育普及化的背景下,农村孩子不断的因教育权利被剥夺而难以享有体面的、有尊严的生活,从本义上背离了基础教育的神圣内涵。

社会现代化特别是在知识经济全球化的历史背景下,狭隘地把农村基础教育的价值选择定位于服务农村,只会在城乡之间筑起一道不公平的壁垒,使农民处于更加不利的地位,加剧城乡二元结构关系推向敌对。"强调农村基础教育'为农服务'实质上强调的是为经济社会发展服务的工具性功能,赋予农村基础教育阶段过重的工具性功能是一种功利色彩太浓的做法。"①将农村基础教育自限为"留农"性质,明显削弱了基础教育的基础性。

农村基础教育的"为农服务"将学生圈在围墙之下,我们能够听到的只是围墙一边的学生琅琅读书声,他们所接触的是自己未曾见过的虚构景象,而土生土长、来自田间地头的带有乡土气息的畜牧业、种植业等伴其成长的地方知识则日渐消弭。正如李书磊在《村落中的"国家"》中所描绘的乡村学校面貌,"进校门是宽阔的操场,学校的楼前红砖铺地,有少先队员擎举着星星火炬的雕像。楼前还整整齐齐地砌着花池,栽种着盛开的十样锦,这是普及'花园式学校'的结果。当然也有菜地与厕所,但却设在楼背后的后院里……从操场眺望可以看见不远的荒山,与学校比邻而限的有些凌乱的农舍……丰宁希望小学的教师没有一位是本村人,他们只同自己的学生而不同村子发生工作关系,校门一关,完全自成一体……学校有它看得见与看不见的围墙,它只是通过农民的子弟才同乡村社区发生关系。丰宁希望小学在成片的农舍与田野中间显得既特别又孤单,它居于乡村、为乡村而设,却又不属于乡村,农民们从学校边走过,总带着关注而又疏远、陌生但又无不艳羡的眼光看着那漂亮的楼房与高高飘扬的国旗"②。就这样,农村的基础教育与农村生长起来的孩子所接触到的现实生活渐行渐远。对于他们所接受的教育,与城市孩子相比,尚显精湛不足;而就当地发展来说,又毫无"用武之地"。

（二）农村基础教育的静态理解

城乡一体化的构建所孕育勃勃生机的气息正是在于城乡之间教育资源

---

① 周晔.从"二元割裂"走向"一体化"[J].教育学报,2009(2):19.

② 李书磊.村落中的"国家"——文化变迁中的"乡村学校"[M].杭州:浙江人民出版社,1999:7-12.

的双向流动。令人费解的是,农村人口的转移不仅没有给农村现代化建设带来一股春风,反而在加速城市化进程的同时,使农村发展悄无声息,隐匿于社会主旋律之中。"我国现在农村人口占总人口的 62.3%,到 2050 年,农村人口会降到 20% 以下,城市人口则增加到 80% 以上。"①庞大的数据有如僵化的冰冷冷的符号,以农村人口状况考察农村基础教育思维方式的静态化处理,令我们难以把握乡村教育发展过程中遇到的症结。

很多为农教育的辩护者以"脱离生活实际"为托词,提出乡村教育改革的方向应以满足农村生活需要、致力于以农村生活改造为旨趣。这种声音基本脱胎于陶行知的教育思想。诚然,20 世纪 30 年代,陶行知、梁漱溟等一代学人,开创了乡村教育改革的先声,但是他们在乡村教育改革实验中的失败也留给我们深刻的教训。事实证明,那次浩大的乡村教育改革所采用的方案和策略等存在着诸多有待商榷之处,"简单地斩断乡村教育与城市的联系,实现乡村教育与乡村生活的自我循环,通过对农村既有生活的发扬与改造,在农村与农业现状基础上是否可以'催生'出农村的现代化呢?"②中国的现代化若没有中国农村的现代化是不可想象的,面对浩浩荡荡的全球化浪潮,可以说选择了孤立就等于被淘汰出局。

"著名的'纳瑟姆曲线'曾经描述出,发达国家城镇化大体经历两个拐点:当城镇化率低于 30% 时,代表该国尚处于农业社会;当城镇化率超过 30% 时,出现第一个拐点,代表该国进入工业社会;城市化率最终将稳定到 70%,此时,该国最终实现工业和农业现代化。而中国目前城镇化率为 50%,要达到 70% 的城镇化水平大概还需 20 年。而这 20 年也将是农村劳动力继续向城镇转移的时期,'离农'教育在相当一段时期仍然会主导乡村教育的发展。"③"离农"的目的是为了更好地"强农"。面对我国城镇化水平不高的现实国情,如何提升农民这一劳动力群体的教育水平,从而实现产业结构升级、推进农村现代化水平,消除"用工荒"等现实问题,值得我们深思。而由此我们也可以看到,乡村教育现代化的实现,不能仅仅停留于农业现代化改造的碎片化、片面性的静态理解上,统筹全局的系统化、全面化思维路

---

① 鲍传友.论现代视域中的农村基础教育取向[J].教育理论与实践,2005(2):29.

② 李书磊.村落中的"国家"——文化变迁中的"乡村学校"[M].杭州:浙江人民出版社,1999:273.

③ 杜育红.乡村教育:内涵界定及其发展趋势[J].华南师范大学学报(社会科学版),2013(1):20.

径在农村基础教育的理解中是一种必然趋势。

（三）城乡二元割裂的思维模式

在整个教育体系中，乡村教育总是扮演一个叨陪末座者的角色，各种努力和奉献，都无法从根本上逆转乡村教育边缘化的历史宿命。凡此种种，究其原因，都是由城乡二元割裂的思维模式所致。城乡二元对立结构是我国存在多年的社会特征。① 在二元化的映衬下，农民生活苦、收入低的双重困境压迫让更多人滋生了"离农离乡"的价值取向。"当我们言说乡村教育之时，实际上也是在用一种心中默许的标尺来言说一种区别于城市教育或允许落后于城市教育的教育。"②

从家长的角度出发，"望子成龙"是无可指责的选择，由于城乡二元结构作祟，在人们心目中，城市代表着先进、富裕，改变农民身份，像城市人一样的生活一直是多少代农村人的夙愿。实践中的"离农"渊源正是始于这种心态。然而，众所周知，农村的升学率本来就比不了城市，大部分被高考淘汰下来的学生对乡村教育做出的最大"贡献"就是坚定地确立了下一代人"跳农门"的教育信念，而且由于自身学校教育的城市化标准使这一批批不得已而留下的学生对农村只剩下深深的消极和厌烦，一旦陷入这种无奈循环，乡村教育改革也只能是因循守旧的路径依赖。

可以说，城乡二元割裂的思维模式使得城市和农村之间，无论在办学条件、师资队伍建设，还是在教育经费投入、教育资源配置等方面，存在着极大的不平等性，造成了城乡之间"富者愈富、穷者愈穷"的马太效应，而这进一步造成孩子远离农村接受精英教育，学成后留在城市，而回到农村的则绝大部分是学习相对不好难以在城市生活的孩子；与此同时，农村优秀教师的流失现象有增无减……长此以往，乡村教育异化现象日益明显，不利于良好的乡村教育生态结构的形成。

四、乡村教育改革的价值选择

对教育改革的价值取向的思考必须兼顾现实和未来两个维度，并且求得两者的统一。"在现实与未来这两个维度中，矛盾的主要方面往往是后

---

① 注：城乡二元对立与城乡二元结构不同。城乡二元结构是每个国家经济发展的一个必经阶段，是在经济超越过程中形成的；而城乡二元对立是城乡二元结构的极端形式，不再只是一个城乡发展差距的概念而是城乡间的割裂与分化。

② 张天乐.重新解读乡村教育[J].教育发展研究,2003(11):19.

者。教育改革倘若缺乏国际与未来的'教育视界',因而缺失全局性、前瞻性、战略性的思考,那就只能拘泥于技术性问题的就事论事的范畴,'头痛医头,脚痛医脚',那么化解现有矛盾的目标、动力、机制也将丧失殆尽。"①

（一）坚持基础教育质量的全局性

既然是基础教育,就不应该存在地域性、区域性的差异,无论在哪里基础教育都是为儿童全面发展打基础的教育,根本不可能有打折扣的道理,也没有"为农"抑或"离农"的偏差。而当今我们谈教育改革,总是着眼于发达地区,虽说相关的教育政策出台了不少,但并非说明乡村教育问题受到了重视,充其量只能算是关注而已。数年来,我国基础教育发展差距不仅没有消解,反而越来越大,难道不说明问题吗？由于条件、师资不到位,乡村教育质量的提高一直难以实现。

消除教育价值取向选择的悖论,基础教育的质量是一道不可逾越的关隘,教育视界的全局性是为每一个孩子提供全面发展的教育,也许在教育内容上带有"为农"或"离农"的倾向,但教育改革的路径选择和质量标准是绝不可以分化出两种尺度。虽说教育不可能有绝对的公平,但只有同质量的教育才会打造相对公平的竞争平台。诚然,乡村教育质量的提高不仅仅是硬件的改造和资金的拨入,但这些都是提高乡村教育质量的可能性前提。高质量的教育培养既可"为农"亦可"离农"的人才,它没有具体的指向,而是以提高全体人的素质为旨归,着眼全局,发展整体。唯有如此,才能从根本上为乡村教育培养目标的正反"内卷化"找到一种可能性的解脱。

（二）坚持主体性教育的前瞻性

"我国城市化过程就其实旨而言乃是现代工业文明和农业文明的对抗过程。这种过程也决定了农村基础教育的城市取向和农村取向的共时性,而绝非两者相继发生。"②农村城市化进程固然是不可逆转的趋势,随着城市的界线不断地向农村蔓延,也许农民作为一个群体或者消失,或者变得更加微不足道,但农村人口永远不会消失,所以农村基础教育问题也不会不了了之。

长期以来,由于功利主义观念的影响,乡村教育的价值选择要么为农,要么只想离农,教育总是作为一种达到手段的工具被利用。而与此同时,其

---

①　钟启泉.教育的挑战[M].上海:华东师范大学出版社,2007:14.

②　鲍传友.论现代视域中的农村基础教育取向[J].教育理论与实践,2005(2):30.

对人身心发展的内在品质工具性所遮蔽，一味地追求"实用价值"，最终成为制约农民发展的瓶颈，仅仅作为一种工具的乡村教育不可能成功，只能失败。所以乡村教育改革的价值选择的关键是变工具性教育为主体性教育，因为教育是一种培养人的活动，人的活动本质上是自主的、自觉的、能动的主体性活动，这种主体性是与动物区别的根本特征。

教育中主体性的缺失，导致农民中较多的只是"臣民"，而非"公民"，加之农村天然的封闭性、孤立性和保守性，使教育体制和教育目标更易依赖定势，对权力依附，形成农村劣势文化圈的刚性外延，农民缺乏能动性和冒险精神，抵制改革。难怪二三十年代改革先驱们发出如此感叹，最理想的乡村运动是乡下人主导。事与愿违的是，他们不仅不想当"领导者"，反而和我们采取"不合作的日常抵抗"。

（三）坚持"城市包围农村"的战略性

根据布东的"顶点效应"（ceiling effect）和 MMI 假设的饱和定律[①]，当基础教育推广到一定程度，若优势阶层子弟在这个既定教育层次上机会达到了饱和状态，教育不平等将出现一定的下降。

由此推之，基础教育扩展到饱和程度后，人才外流便不再有明显的负效应了，也进入不了"内卷化"状态，因为在相对宽松的条件下，城市具备了精力和财力反哺农村。而且从"推拉理论"中，容易得出农村人口外流是流出农村的推力（实然状态）和流入城市的拉力（应然追求）共同起作用的结果，是合力作用下的人口流动。若一味固守为农教育而淡忘农村城市化的大趋势，便会导致一种偏狭的文化实用主义，造成低社会对位的文化再生产，制约和阻碍了农村人口的代际流动。"到 2020 年有约 1.2 亿～2.3 亿人口要从农村转移到城镇，这将是人类历史上最大规模的人口转移过程。"[②]这种巨大的城乡结构变化，标志着农村人口在未来的几年内会急剧下降，而且在这庞大的转移人口中，当下农村基础教育适龄儿童占据着相当比重。这就要求我们要以动态的眼光和复杂性思维去考虑农村基础教育培养目标的定位。在提高质量和关注主体的前提下，切实施行新式的"燎原计划"——以

---

①　MMI 假设即"不平等最大化维持"，该假设认为伴随着教育机会的扩展，不平等将最大程度的维持。具体详见：刘精明.中国基础教育领域中的机会不平等及其变化[J].中国社会科学，2008（5）：102.

②　中国教育与人力资源问题报告课题组.从人口大国迈向人力资源强国[M].北京：高等教育出版社，2003：48.

城带乡共同发展。力图使农村基础教育进入全面、协调、可持续发展的良性轨道。

　　乡村教育的"内卷化"与"反向内卷化"双向"强化",为农与离农二维冲突,在现代化与全球化并驾齐驱的冲击下,已到了不得不重新考虑的关口,挑战是不言而喻的,正如麦克拉伦(McLaren)所说的,"要不断地突破边界线,尽管它们会不断地卷土重来或愈加的顽强"①。

---

① ［美］威廉・M.雷诺兹,朱莉・A.韦伯.课程理论新突破——课程研究航线的解构与重构［M］.张文军,译.杭州:浙江教育出版社,2008:37.

第五章　新农村文化建设对乡村学校的呼唤

众多以往的实践与经验告诉我们,新农村文化建设必须被视为一项复杂的系统工程来对待。在其中,不同的建设主体需要拥有各自的精准定位,并在此基础上确认各自的具体责任与使命,只有这样才能做到有的放矢,促使每个主体都能够各在其位、各司其职,进而保证整个系统工程的良好运转。因此,在分析完乡村学校在新农村文化建设中的定位问题之后,我们还需要对乡村学校的具体使命给予明确。可以说,探究乡村学校在新农村文化建设中的具体使命,既要基于新农村文化建设的需要和召唤,也要结合人们对乡村学校的记忆和期待,最终还需落到当前乡村学校和农村社会的具体现实之中。

第一节　乡村学校的归途之旅

之所以要在新农村文化建设中强调与凸显乡村学校的地位与作用,绝不是出于偶然,而是基于新农村文化建设的现实背景与未来需要。乡村学校曾作为农村社会的文化中心,为农村文化发展做出了诸多贡献;农村社会也曾作为乡村学校的文化母体,滋养着乡村学校。但由于种种原因,现实中的乡村学校与农村社会不断地走向背离,这也使得二者的各自发展都陷入瓶颈。对现实问题的深刻反思让我们意识到,乡村学校必须要回归乡土社会,因为这不仅是新农村文化建设的实际召唤,也是乡村学校的一场自我救赎。

一、"迷茫乡村"的心灵求助

文化在为人类实践活动提供基本场所的同时,也在为其提供一种精神的保护机制。任何个体或群体的精神安全感与人生意义感的产生,都来源于其所置身的文化。当一种文化处于稳定、和谐的状态时,生活于其中的个体或群体就能从中获取足够的安全感与意义感,而当一种文化充满了不确定性乃至自我矛盾之时,其笼罩下的个体或群体便会不由自主地产生精神的恐惧感以及生命意义的缺失感。当前的乡村社会由于充盈着外来文化与本土文化的交锋、传统文化与现代文化的碰撞而呈现出一种骤变、混乱和矛盾的文化样态,这使得乡村人陷入了集体的迷茫、挣扎与无助。

(一)青少年的进退两难

城市取向的乡村教育为乡村青少年提供了两条出路。一条出路是经过应试教育的筛选与过滤,一部分青少年在自己勤奋与天分的双重支撑下,费尽气力而最终如愿以偿地获得接受高等教育的机会,进入城市的大学。另一条出路则是那部分被筛选下来的青少年,在刚刚脱离校园生活,还没有经过任何的职业技能培训之时,就被"打工潮"卷入城市之中。两条出路虽然造就了两拨不同的青少年,但他们其实面临着同样的困处——他们不停地游走于城市与农村之间而陷入进退两难的境地。

前一条出路被视为乡村青少年的最理想选择,"努力读书—考入大学—毕业留城"是这条出路的简单流程。虽然这条出路看似美好,但结果却并非完全如人们所愿。受困于各种教育资源的匮乏,乡村青少年为了考上大学,必须要比城里孩子付出更多的努力。很大程度上,他们的"金榜题名"都是以放弃其他方面的发展换来的。进入大学以后,他们会发现自己在综合素养上与城里孩子几乎有着天壤之别。几年的高等教育之后,他们仅仅拿着"一纸文凭",根本无法和那些有着更好综合素质和更多社会关系资本的城里孩子在社会之中去竞争。大学生"毕业即失业"的例子其实更多的是发生在农村孩子身上。正如有学者所描绘的,"如果你在这里看见面色苍白、人瘦毛长、目光呆滞、怪癖不群的青年,如果你看到他们衣冠楚楚从不出现在田边地头,你就大致可以猜出他们的身份:大多是中专、大专、本科毕业的乡村知识分子"①。这批有幸考入大学的孩子承载着乡村的集体期望,但却不能在城市之中将这份荣耀化为现实,他们找不到理想的工作,而一些卑微工

---

① 钱理群,刘铁芳.乡土中国与乡村教育[M].福州:福建教育出版社,2008:5.

作又满足不了他们"读书人"的清高心理。他们在城市受困,但却没有多少勇气,也没有多少余地能够退守乡村。

而被迫选择另一条出路的乡村青少年虽然没有如前者那般的"远大理想",但由于受"离农"取向乡村教育的影响,他们体悟的是城市的文化,因此也怀揣着"走出去闯一闯"的梦想。进入城市以后,由于既没学历又没技能,他们只能干着最底层的工作,拿着卑微的工资,无法成为自己所期待的光鲜的城里人。他们似乎还有回去的退路,但这条退路却也变得狭窄,一则感受过大城市生活的他们实在不愿重走父辈的农耕之路,二则仅靠守着家里的那一块田根本无法再维持他们想要的现代生活。最终他们还是需要进入城市打拼,尽管成为城里人的希望仍然渺茫,但这已经被他们视为最好的选择。

陷入这种进退两难的境地,对于一个个涉世未深的青少年来说,确实是一个莫大的难题。如果没有老一辈人的规约与指引,这些意志尚未成熟的乡村青少年,在羡慕现代城市的种种美好与精彩,却又窘于自己的贫困之时,很容易产生对生活乃至人生的迷茫与挫败感,甚至有可能产生一些不良心理而误入歧途。

（二）中年人的精神贫困

中年人的精神危机可谓是现代社会中的一种普遍现象,而其在农村之中表现得尤为明显与剧烈。农村中年人是家庭责任最重,当然也是思想包袱最重的一类人。农村青年人或许可以长年累月在城市打拼,但他们却不行,因为在农村还有一家老小在等待着他们。他们需要不停地奔波于城市与农村之间,农忙季节回家干农活,农闲时又立即返回城市打工。在城市中,面对着流光溢彩的现代社会,他们无暇顾及,对周围的一切由初始的惊讶,逐渐转为无奈和麻木,他们只是低头干活,以便能够挣更多的钱带回家。他们只是城市的匆匆过客,无心也无法享受到城市的现代文明生活。而在农村里,他们也不能再像以前那样每天日出而作、日落而息,因为每次的回家之旅也是短暂、匆忙的。本该有的天伦之乐,他们也只能暂时忍痛割爱。他们中的许多人或许已经自感体力有些不支,但仍然坚持着,因为他们想在自己不能再干活之前挣下更多的钱,以应对那个充满了未知与不确定的将来。

如果说对自己小家庭未来的精神危机,农村中年人还可以通过自己的辛勤劳动予以暂时的化解,那么对农村社会大家庭未来的精神危机,便成为他们挥之不去的梦魇。对于农村社会近年来的急剧变化,农村中年人是感受最深的。因为他们既长期经历过传统农村社会的生活方式,又见识过现代城市社会的高速变化、剧烈竞争的生活节奏,他们亲眼见证了农村文化在现代城市文化面前的不堪一击、节节败退。或许正是由于这种深刻的感受所致,他们在面对农村社会的未来——这个本该由他们所创造出来的未来时,显得茫然无措,也似乎变得越来越懦弱,没有了最起码的勇气、决心或者仅仅是意识,而是将希望寄托于政府的扶贫工程、外界的援助之手。

(三)老年人的无奈守望

当前农村社会变化的一大特征,便是老年人渐渐被遗忘了。随着农民外出打工潮的兴起,越来越多的乡村成为"空心村"——大量的农村青壮年劳动力在外务工长期不在家,只留下一些老人看家。他们还过着以往的乡村生活,但却很少有人去介入和关心。他们成为农村社会中的孤独守望者。

某种程度上,农村老年人就是乡村社会传统文化的化身与代言人。"乡村社会的少变化性和文化的稳定性决定了年长者的生活经验在世代生活中的有效性,他们的经历本身就是一种文化。"①在传统的乡土社会里,几乎所有的生活舞台都少不了老年人的身影。因为他们有着丰富的生活阅历与经验,日常生活中的大事小事大多都需要事先征求他们的意见和建议。如果某件事没有老年人带头发话,一般是很难令人信服,也无法办成的。"家有一老,如有一宝"在乡土社会里表现得尤为明显。然而随着现代文化的侵入,农村社会原有的生产生活方式、伦理结构和价值体系都遭到破坏。在新型的农村生活中,老年人的生活阅历与经验似乎没有了用武之地。农村社会一下子成为青年人的天下,他们不断从城里带回新的思想观念、新的生活习惯和新的价值取向及标准,在无形之中成为城市文化碾压乡村文化的帮凶。

农村老年人的存在似乎成为乡村文化应对现代文化冲击的最后一道屏障。面对现代城市文化,当少年在憧憬着、青年在努力着、中年在奢望着时,只有老年人无动于衷,仍在默默守护着乡村。但他们的守望与其说是一种倔强,不如说是一种无奈。外面的现代世界再精彩,却不属于他们。乡土社会本来是属于他们的,但舞台已被现代化的疾风吹去,他们只能靠不断地诉

---

① 于影丽.社会转型期乡村教育与乡村社会隔离问题研究[J].当代教育科学,2009(15):40.

说着记忆来找回真正属于他们的时空。面对乡村文化的破败,他们暗自神伤却又无能为力。

二、乡村学校与农村文化的背离

从历史源流来看,乡村学校是现代学校在乡村社会的移植,其自诞生起就带有一定的现代化气息。所以,严格说来乡村学校本身就与传统的农村文化存在一定的背离。在一定程度上,这种异样的背离对农村文化而言并非坏事,它反而能使略显沉寂的农村文化活跃起来。在与乡村学校所带来的现代化气质进行碰撞与角力的过程中,农村文化能够逐渐焕发出新的生机。但乡村学校的背离一旦超出农村文化所能承受的范围,就会加剧农村文化在面对现代化冲击时的无力与无助,进而加速农村文化的破败与衰落。就当前来看,由于历史、政治、经济与社会等各种因素的交互作用,乡村学校已经在背离农村文化的路上越走越远。

（一）乡村学校教育的"离农"取向

现代意义上的乡村学校,作为城市现代化与农村社会相遇并结合的产物,其文化基因中本身就带着一种"离农"倾向。而随着社会现代化的不断推进与发展,这种倾向也变得越来越外显化。

首先,从学校的组织与管理来看,乡村学校已经从农村社会中脱离出来,几乎成为一个独立机构。按照某些学者的说法,其已经变成了"深入村落的国家机构"。[①] 现代学校教育由于其重要性而被赋予了更多的国家意志,政府不断加强对学校教育的监督和管控,特别是义务教育阶段。这种由政府主导的"国民教育"模式,打破了长期以来民间自行管理教育的方式。在此模式下,乡村学校虽然仍被设置在乡村,但学校的教学管理、人事任免等却主要由国家和地方各级教育行政部门负责,学制、课程和教材也都由其统一规定,而乡村只对校舍修建、日常维护负有一定的责任。这样,乡村学校与乡村就已经没有了多少直接的联系。

其次,从学校课程的设置来看,乡村学校课程中几乎没有了农村文化发展的空间。学校课程的设置,即教育内容的选择,其实也是在反映着学校教育对不同文化的选择。随着国家标准化教育的推行与深入,如今的学校教育内容中已经很难嗅出多少的乡土气息。在国家或地方统一编定的教材之中,有关城市文化的教育内容是绝对的"主食",而有关乡土文化的教育内容

---

① 李书磊.村落中的国家[M].杭州:浙江人民出版社,1999:5.

则是"辅料",仅仅起到"点缀"和"调味"的作用。尽管国家也颁布了三级课程管理政策,鼓励地方课程与校本课程开发,但由于乡村学校缺乏足够的文化自觉,在具体实践中并没有真正努力去挖掘农村特色教育资源,因此导致了农村文化始终无法在乡村学校中找到合适的土壤。

最后,从学校教育的实然目的来看,乡村学校虽身在乡村,但却并没有真正为农村社会发展服务。在国家教育总方针的指导与规约下,与城市教育一样,乡村教育也致力于培养"社会主义事业的建设者和接班人"。但令人遗憾的是,乡村教育所培养出来的"建设者"和"接班人"似乎只适合于城市社会事业,他们被输送到城市之中,支援着城市社会的发展。乡村教育倾其所有,最终却只是在为其青年学子离开乡土家园做准备,不断地"为他人作嫁衣"。

这就如同,乡村学校为农村社会与外界的沟通搭建了一条通道,奈何这条通道却是一条单行道,目的地永远地指向着外界。在这种情形之下,乡村学校实质上已经演变为帮助外界汲取农村社会资源的工具,此时乡村学校的"离农"取向自然更是暴露无遗。

（二）乡村教师与乡村社会的脱离

乡村教师,作为乡村社会中少有的知识分子,本应成为乡村社会文化传承与创新的领头羊。但现实中,乡村教师却在不断地脱离乡村社会。这首先体现在乡村教师外在身份的变化。以往的乡村教师中大部分是代课教师或者民办教师,他们几乎都是土生土长的乡村人,生活于乡村,熟悉乡村也热爱乡村,与乡村文化融为一体。而现在大部分的乡村教师成为国家公办教师,完全吃上了"公家饭"与"商品粮",在人们心目中似乎就与农村脱离了关系。以往的乡村教师课余时间会干些农活,每年在农忙时学校还会专门放假,而现在的教师都成了专职教师,一直待在校园中,与外界的农民几乎没有什么联系。他们不再具备农业生产技能,也不再关心农业生产。他们虽仍在乡村生活,但却似乎不再属于乡村,而成为乡村中少数象征国家意志、散发国家气息的代言人。

其次,乡村教师的内在思想与乡村社会也在不断地疏远,特别是一些新进教师。在这些新教师当中,其实大多也是乡村人,但他们借助着乡村教育的力量,通过自己的努力,进入了城里的大学,学习到了城里的知识与技能。在短暂地体验过城市的热闹与精彩之后,出于各种主客观的原因,他们又回到了乡村。然而等他们回来时,面对曾经熟悉的乡村,他们却有一种抹不去的陌生感。他们虽回到乡村,却已经习惯于用城市人的眼光、思维与价值取向来看待周围的一切,而无法真正融入乡村生活之中。有些过于单一、平淡的乡村生活节奏,似乎无法维持他们在城市中被点燃的生活激情,而略显微薄的待遇不足以让他过上自我满足的生活,因此他们虽然身在乡村,但却时刻惦念着城市生活的美好。他们中的大部分人不满于乡村的落后与闭塞,对乡村生活中美好的一面却熟视无睹。他们一有机会还会想着离开乡村,重新回到城市,哪怕只是县城,近年来乡村优秀教师的不断流失便根源于此。这些"心思在外"的教师自然也就不会有意地为乡村少年传播优秀的乡村文化,与之相反,他们会有意或无意地疏远着乃至回避着乡村文化,如在课堂上他们会更多地给学生描述城市的美好画面,会用"跳出农门"、"成为城里人"等话语来鼓励学生学习。

(三)乡村学生与农村文化的疏离

在"乡村学校与农村文化的背离"这一整体倾向之下,一个最明显也是最危险的表现便是乡村学生与农村文化的不断疏离。这首先体现在乡村学生所习知识与农村文化无关。农村文化是社会文化心理一致性的重要组成部分。而这"一致性"的实现需要我们年青一辈人向上辈人进行不断地学习、模仿。传统的农业,留在人们心中最深刻的烙印就是乡土文化,也就是被我们称作为乡情的东西。那是一种世世代代劳作的农民们对家乡、对故土的深深眷恋,同时它也是中国千千万万农民们永远也解不开的心结。这种农村文化使得农村社区具有天然的凝聚力和稳定性。而如今乡村学习的知识,大多与农村文化无关。这就使得这种文化的传承受到了威胁,长此以往,必定不利于农村文化的培养。更有甚者,可能使得这种农村文化消失。

受现代科学主义的影响,当前乡村学校中所推崇和传授的乃是一种"普适性"知识,即所谓的科学文化知识,它大多来源于现代大工业生产与城市社会生活,与农村社会生活没有多大关系,而与乡土社会密切相关的地方性知识则没有真正地进入学校教育内容之中。这造成了农村文化不仅没能成为乡村学生习得知识的灵感与实践来源,反而成为他们在理解"普适性"知识时的累赘。久而久之,乡村学生就会产生对农村文化的不自信和不尊重之感。

其次,乡村学生的活动空间也在逐渐远离农村生活。20世纪90年代后期以来开展的大规模撤点并校运动与农村寄宿制学校工程,使得乡村学生过早就过上寄宿制生活。在校学习时间占据了学生日常生活的大部分,学生的课余活动也大多都被限定在学校之内。学校的围墙把学生隔离于农村社会之外,农村生活无法再轻易地进入学生的生活空间中。受此影响,乡村学生对农村生活的亲近感与依赖感便越来越淡化了。最后,也是最为可怕的是,乡村学生在态度与价值观层面也逐渐地脱离农村文化。"实际上,当我们在让农村接受我们设计的、他们并无多少选择余地的教育模式的同时,我们也把城市取向的价值预设渗透其中,使之成为乡村教育的主导性价值取向与价值目标。"①乡村学生在此种乡村教育模式的潜移默化之中,逐渐接受了来自"陌生世界"的强势价值预设,而对"自己世界"的价值体系产生漠视和鄙夷之情。对于乡村学生而言,受教育就是为了摆脱自己当前的生活世界,进入那个"美好"的陌生世界,而乡村学校给了他们这样的机会。每一个乡村学生,在踏进学校的那一刻,就开始背负着父辈和老师们的"离土"、"离农"期待。越是在学校教育中表现优秀的学生,越是被灌输了更多的"离土"、"离农"思想,乃至这些思想成为支撑学生继续苦学下去的唯一理由。

总之,"乡村少年置身教育之中,却触摸不到乡土价值的深层滋养,导致自我存在文化自信心的缺失与生命根基的浅薄化。这使得乡村少年身处乡土之中,却触摸不到真实的乡土,反而是越来越疏离"②。

三、乡村学校的救赎之路

(一)问题何在:乡村学校的反思

当现代化的浪潮涌入乡村社会中,其迅猛之势使得乡土文化猝不及防,现代化所到之处,传统的乡土文化便一片狼藉。在当前的农村社会之中,由于受现代城市文化的挤压,传统乡土文化的生长与活动空间已日渐萎缩,各种传统习俗与民间仪式不断被简化乃至被取消,不少民间工艺也正濒临失传。在这一大背景下,乡村学校作为乡土文化的重要载体,不仅没能起到"止血疗伤"的作用,反而也在无形之中加剧着对乡土文化的破坏。首先,如前文所说,现代的乡村教育把乡村青少年都集中在学校里,但却不为他们提供有关乡村社会的本土化知识,剥夺了他们学习与感受乡土文化的机会,这也使得传统乡村文化失去了传承人。其次,城市取向的乡村教育使得乡村少年更加地倾向城市文化,期望进入城市生活。乡村学校就犹如矿工一样,

---

① 刘铁芳.乡村教育的问题与思路[J].读书,2001(12):36.

② 刘铁芳.回归乡土的课程设计:乡村教育重建的课程策略[J].现代大学教育,2010(6):23.

不断地开采着乡村社会的人才资源,把乡村社会的优秀人才筛选和提炼出来,然后输送到城市当中。乡村教育的这一错位,直接导致了农村建设主体的虚空化。① 乡村社会就像一个被逐渐掏空了的人,步履蹒跚,随时都有倒下的可能。

其实,乡村学校在侵蚀乡土文化的同时,也是在进行着无形的自我戕害。尽管乡村学校被纳入现代国民教育的大体系之中,有着国家意志的支撑与扶持,但乡村学校之根仍存在于乡土社会的厚重土壤之中,乡村学校仍需要从乡土文化之中汲取营养。因此,对于乡村学校而言,脱离乡土社会就无异于斩断自己的生命之根,也类同于对自己的未来发展进行"釜底抽薪"。现实之中乡村学校发展的式微与衰败便是对其的残酷印证。这首先表现在乡村学校数量的大幅削减。"这是 2000 年到 2010 年十年间中国发生的现象,平均每一天,就要消失 63 所小学、30 个教学点、3 所初中,几乎每过 1 小时,就要消失 4 所乡村学校。"②虽然人们一般认为这种现象主要是由 20 世纪末国家主导的大规模撤点并校工程所造成的,但考虑到撤点并校中的基本原则,即被撤并的往往都是一些师生数量极少、办学行为几乎难以维持的乡村学校或教学点,因此这些惊人的数字在很大程度上也能反映出乡村学校的衰落。其实,即便是经合并后壮大的乡村学校大多也面临着基础设施陈旧、办学资源紧张以及办学经费捉襟见肘等困难,遭遇着招不到新教师而优秀教师又不断外流的窘境。其次,乡村学校办学质量的日益下滑,也是乡村学校衰败的明显特征。当前乡村学校里应试教育仍"持续高温"、"唯成绩至上"风气不减,加上课堂教学形式仍单一、僵化,这些问题又导致了学生厌学比例不断上升、教师职业倦怠加剧。同时,由于乡村教育质量的下降,农村孩子考入重点大学的比例越来越小,这进而导致了在乡村学校里"读书无用论"风潮再度兴起、中学生辍学率呈现大幅回升趋势。从总体来看,尽管有着国家财政的不断补贴、民间力量的不断支持以及社会舆论的不断呼吁,但仍无法阻抑乡村学校不断颓败的趋势。而这与乡村社会发展的现实境况又极其相似。

严峻的现实催促着我们不得不思考,一直困扰着乡村学校与乡村文化

① 罗建河.试论乡村教育的错位与农村建设主体的虚空[J].教育学术月刊,2009(11):75.

② 21 世纪教育研究院.消失中的乡村学校——乡村教育布局调整十年评价报告[J].社会科学报,2012(12):29.

发展的根本原因是什么？为什么一直刻意追随现代化风潮的乡村学校反而与城市学校差距越来越大？乡村学校在乡村社会中是否还有新的发展选择？自现代化彻底涌入乡村社会以来，乡村学校似乎把现代化视为自己发展的唯一出路，为了迅速搭上现代化的快车，不惜把自己原有的许多宝贵资源抛去，乃至渐渐忽略了时刻哺育着它的土地，忘记了将自己的根往更深处扎。在现实中，乡村学校把自己与乡村社会隔离开来，不与社区人员或组织进行互动交流，似乎怕沾染上"落后"与"低劣"的农村气息。乡村学校的"自觉隔离"自然也导致了农村社区与乡村学校的疏远与陌生：社区组织认为教育就仅是乡村学校的职责与任务，与他们无关；社区人员对乡村教育的关注则仅限于对自己孩子成绩的关心，而学校整体的长远发展被他们认为是"公家"的事。在此种氛围之下，乡村学校的日常办学自然也就得不到当地社区的实际支持。众所周知，学校的现代化发展必然是要基于充足的办学经费与资源。仅靠教育财政的基本资助与补贴，而无当地社会力量的支援与帮助，乡村学校根本就无法满足快速现代化发展的基本条件。此时的乡村学校，如果仍一味地追求所谓的现代化发展，将不会得到明显的发展成效，反而只会耗尽其本来就贫瘠的办学资源。这种现象在当前其实是比较普遍的，如许多乡村学校尽管没有足够的经费，但为了追求表面的现代化发展，不惜挪用其他办学经费乃至向银行贷款，也要重修校舍、更换设备，结果使得学校的长远发展受到严重抑制。若是要对上述现象打一生动比喻的话，其实是可以这样说的：乡村学校为了追逐现代化的阳光，不惜脱离自己的乡土之根，最终却遭到了现代化的"灼伤"。

乡村学校现代化发展的受挫及其负面影响在警示我们：对乡村学校未来发展之路必须要有新的规划，并且尤其要把对乡村学校与农村社会之间关系的重新考量纳入其中。制约乡村学校的未来发展不是简单的"要不要现代化"的问题，而是"如何真正使乡村学校真实拥有的教育资源发挥最好的教育效用"的问题。乡村学校不应该只是艳羡于城市学校的种种优势，而更应该对自己所拥有的教育资源予以深度挖掘与审视，探寻自己的独特优势予以充分利用，从而建构出适合自己的发展模式。

（二）出路所在：乡村学校的回归与救赎

承前文所说，乡村学校未来发展应该聚焦到"如何充分挖掘并利用自己真实拥有的教育资源"。那么乡村学校所真实拥有的教育资源在哪里？无疑，它不会来自于某个遥远陌生的世界，而只会存在于乡村学校所处的具体时空之中。因此,乡村学校所拥有的教育资源,必然是潜藏于有着厚重历史沉淀的乡村社会文化土壤里。对乡村社会教育资源的重新挖掘,应该算得上是乡村学校的一场寻根之旅。

"乡村教育的目的是回家,而非向上流动,是家园共建,而非无家可归。"①这场寻根之旅,意味着乡村学校向乡土社会的回归,它无论对于乡村学校,还是乡村社会,都是一次救赎。长期以来,乡村学校和乡村社会就是同呼吸、共命运的,即乡村社会的延续离不开乡村学校的参与,而乡村学校的发展也更离不开乡村社会的支持。只是随着社会现代化的急剧扩张,在其威逼利诱之下,乡村学校和乡村社会才各自陷入了自我迷失。二者均迷失于对城市现代化的过度追逐之中,而逐渐忘了彼此,甚至互相伤害。乡村学校在无形之中加剧了现代化对乡村文化的侵蚀,而乡村社会则对乡村学校的困境不予理睬。这直接导致了乡村学校与乡村社会之间的背离与疏远,并最终造成了二者的发展都陷入混乱与停滞的状态。因此,乡村学校向乡村社会的回归,既是为了弥补乡村学校曾经对乡村文化的伤害,并帮助乡村文化重新振作起来,同时也是在悬崖勒马、自我拯救。

当然,这里的回归,并不是要向乡村社会与乡村学校各自的传统样态回归,在现代化高度发展的今天,这既不切实际,也非我们所愿。乡村学校向乡土社会的回归并不意味着对现代化文明成果的拒斥,也不是对现代化的无奈退守。回归是为了找回乡村学校与乡土社会之间那种旧有的共生状态,实现彼此更好的融合与滋养,从而促使二者都能在现代社会之中焕发出新的生机与活力。这种回归置于当前现实之中,就是乡村学校要抓住新农村文化建设这一时代机遇,自觉拾起应有但已放弃的文化担当,提升自己在农村社会中的地位,努力从边缘走向中心。这既是新农村文化建设的真实需要与召唤,也是乡村学校未来发展的必由之路。

第二节　记忆与期待中的乡村学校

由于新农村文化建设的需要,人们在不断召唤着乡村学校的回归。这种召唤不是迫于现实的无奈而做出的"病急乱投医"式的选择,而实质上是

———————

① 徐湘荷,赵占强.生态区域主义视野下的乡村教育哲学[J].外国教育研究,2009(4):63.

起源于人们心中的一个夙愿——那个记忆与期待中的乡村学校形象。曾几何时,在人们的记忆中,乡村学校和乡村社会是融为一体、相互滋养的。恬静、和谐的乡土社会如母亲般孕育和滋润着乡村学校,而乡村学校则"知恩反哺",为乡土社会源源不断地输送新鲜血液,为乡村文化增添着光彩与活力。当乡村社会由于受到外力遭到破坏,或者自身发展陷入瓶颈导致停止不前时,乡村学校又总是会被人们寄予厚望,企图通过重建乡村学校来改造乡村社会的设想总是不断地被一代又一代有识之士提起并践行着。其中最有力的明证便是,饱受期待的乡村教育实验虽几经挫折与失败,但却从未有过真正的停止。

一、历史记忆中的乡村学校

历史记忆中的乡村学校形象,集中承载着人们对乡村学校的态度、倾向与印象。通过对其的回顾,我们便可以理解在人们心目中乡村学校和乡村社会缘何有如此无法割舍的联系。

对乡村学校的历史记忆,甚至可以追溯到其诞生之前。在现代意义上的乡村学校诞生之前,乡村教育就存在于乡村社会,并与其形成一种"内生型嵌入"关系[①],这种内在的嵌入不仅表现为二者在"时间"和"空间"上相遇,更表现为它们在价值取向、运作逻辑和文化气质上的相通。这一时期乡村教育的主要组织形式为私塾和社学。它们扎根于乡土社会之中:学校的校舍被置于乡村之中,生活空间被乡村包裹,时间节律与乡村生活一致,教师也大多来自本村或邻村,与村民有着相同的价值观。同时,它的运作与发展也深受乡土社会影响,这一时期的乡村教育大多并不是由政府管控,而往往由乡土社会中的宗族团体和民间士绅资助并支配着。不难看出,这一时期的乡村教育有着十分明显的乡土特性,它应乡土社会的客观诉求,既传播着政治—伦理经典,又"教劝农桑",传承着富有乡土气息的"地方性知识",从而使得传统乡土社会的结构与秩序得以延续与再生产。尽管私塾和社学与现代意义上的乡村学校有着十分鲜明的差异,但乡村教育与乡土社会的"共生"传统就此奠定,这对后来乡村学校的历史变迁产生了深远影响。

清末民初"新学"运动的兴起开启了我国传统教育向现代教育转变的历程,这使得现代学校制度开始向乡村社会传播和移植,从而产生了现代意义

---

①　姚荣.从"嵌入"到"悬浮":国家与社会视角下我国乡村教育变迁研究[J].清华大学教育研究,2014(8):54.

上的乡村学校。由于"新学"是由民间、朝廷和国家等不同力量推动，所以这一时期兴办的新式学堂无论是在制度还是在理念上都有着明显的"非官方"特征，这在乡村社会里尤为明显。"许多村落社区在建设新式学校的过程中，带有的关怀并非是教育现代性建构者设计的那种新文化蓝图，而毋宁是重建地方象征的关怀。"[①]需要指出的是，在这一时期，虽然"新学"兴起，但以私塾为主要代表的"旧学"并未完全退出乡村社会舞台，而是在与"新学"进行持续不断的博弈，甚至在初始阶段还占据上风。如有研究者所说，"20 世纪的前几十年中，尽管政府大力提倡新学教育，一再改良和取缔私塾，但新式学校踪迹仅限各县城区，大部分乡村儿童仍在私塾势力支配之下。可以说，活跃在乡村文化舞台的主角仍然是私塾"。

自 20 世纪 30 年代后，国民政府开始通过颁布一系列教育政策法规，加强对农村基础教育的控制与管理，新学开始由民间运动转向正规化，从而得以实质性确立。但很快由于受抗战与内战影响，刚稳定下来的社会秩序又遭到打破，地方政府对乡村学校的管理开始名存实亡，此时的乡村学校基本上处于各自为政的状态，随意性很大，也正是因为这种"无人管"的状态，使其萌生于乡土，并任其自然生长或淘汰。但这一时期，乡村民间社会仍表现出对乡村教育的极大热心。如有学者通过调查发现，"现代式的学校已经与村庙、祠堂等传统公共事业的象征结合为一体"、"倘若别的村庄、别的家族有自己的新学校，而'本村'却没有，也是一件'集体丢面子'的事情"。[②]

新中国成立以后，受国家主义导向，乡村教育发展受国家政治意志影响颇大，"村村办小学"被作为政治理想而得到执行。但由于国家教育经费不足，"人民教育人民办"、"两条腿走路"成为建国初期我国乡村教育发展的基本思路。在农村社会，"民办公助"模式成为乡村学校的主要办学模式。"在国家制定的指导方针下，乡村大多管理和维护着自己的学校。很多学校雇用自己的教师，其工资起码一部分由集体工分来支付。农村的民办学校和城市的精英学校在质量上虽然有明显的差距，但是这个民办体系成功地为

---

① 王铭铭.教育空间的现代性与民间观念——闽台三村初等教育的历史轨迹[J].社会学研究,1999(6):34.

② 王铭铭.教育空间的现代性与民间观念——闽台三村初等教育的历史轨迹[J].社会学研究,1999(6):35.

绝大多数农村人口提供了免费的小学教育。"①这一模式一直延续到 20 世纪 90 年代后期,其间虽经历"文革"的混乱,以及改革开放初期的教育财政供给体制的多次改革,但并没有改变其主流地位。至此,近百年的"文字下乡"运动,使得乡村学校逐渐遍布整个乡村社会。"国旗升起的地方就有琅琅的读书声,伫立在村头的学校成为乡村的一道风景,乡村教育与乡村文化深深地融入彼此。"②

综观乡村学校的演变历史,我们不难发现,乡村学校的发展一直受到乡村社会力量的支持,而乡村学校也一直在推动着乡村社会的发展。经过历史的沉淀,在社会记忆中乡村学校已经成为乡村社会的地方象征。乡村学校生活也渐渐成为乡村社会生活中不可缺少的一环,几乎融入每一个乡村人的生命之中。

二、饱受期待的乡村教育实验

按理说,对乡村教育实验的回忆本来也应该出现在对乡村学校的历史演变之中。但由于这些乡村教育实验是如此的特殊,以至于它们有着超越时空的价值——虽然这些教育实验大多集中在同一时期,但其具体理念及行动在当前乃至以后仍有着诸多可借鉴与深究之处。因此,有必要将其单列出来进行阐述。

20 世纪二三十年代,在中国出现了一场令人惊叹的乡村教育运动,其发起者是一批学贯中西的知识分子,他们怀着赤诚的爱国心和教育心,从城市走向农村,积极致力于乡村教育和乡村社会改造。他们在全国各地办起了一个又一个的乡村实验区,将自己的教育理想与理念付诸实践。其中,有黄炎培领导的昆山徐公桥实验区,晏阳初领导的河北定县实验区,梁漱溟领导的山东邹平实验区和陶行知所创办的南京晓庄师范学院。这些实验区虽然名称不同,具体做法也不一致,但都秉承着同样的实验思路,即以重建乡村教育为先,落脚于乡村社会的彻底改造乃至中国社会的改良。如晏阳初主张对农民进行文艺教育、生计教育、卫生教育和公民教育等四大教育,以解决农民中普遍存在的"愚、穷、弱、私"四大病症,乃至"培养民族新生命";梁漱溟主张要建立乡村学校,并以此为主要机构,对所有农民实施精神陶冶、自卫训练和生产知识等方面的教育,以改进社会治安,净化社会风气,重建

---

① 黄宗智.集权的简约治理——中国以准官员和纠纷解决为主的半正式基层行政[J].开放时代,2008(2):56.

② 万明钢."文字上移"——渐行渐远的乡村教育[J].教育科学研究,2010(7):12.

乡村社会被破坏的秩序,乃至"挽救民族生命的危机"。

　　同时,尽管他们对当时西方现代教育理念极为熟悉与推崇,也主张要彻底改变中国传承了千年的传统教育,但在具体实践中却并没有完全照搬西方现代教育模式去重建乡村教育,而是基于当时农村社会的现状、农民的特质,结合时代的需求,着眼于乡村社会的长远发展去构建乡村教育模式。如晏阳初在批判"新教育"时曾说,"现在的'新教育'并不是新的产物,实际上是从东、西方抄来的……现在的学生是在学日、学美、学英,弄得一塌糊涂。学非所用,用非所学,人找不着事,事找不着人,这是充分去模仿外国的结果,整个教育因此破产"[①],因此他主张,"凡满足需要解决困难的方法,即是教育应有的内容,我们要运用四大教育以求问题之解决,并且要在生活里实地试验,要看是否真能帮助农民的生活"[②]。再如陶行知通过对当时乡村教育现状的系统调查,认为"中国乡村教育走错了路",并指出其症结所在——乡村教育对乡村社会和农业发展需要的无视,因此他主张要"建设适合乡村实际生活的活教育",认为"活的乡村教育,可叫人生利。他要叫荒山成林,叫瘠地长五谷。他要叫农民自立、自治、自卫。他要叫乡村变为西天乐国,村民都变为快乐的活神仙"[③]。

　　如果单从历史事实角度来看,彼时轰轰烈烈的乡村教育实验无一例外地走向沉寂或失败,但这主要是由当时社会的混乱、剧变以及教育相对于政治、军事的软弱性所致。最终的失败并不能就此覆盖那一批知识分子的努力,也不能遮挡其中散发出的理性与真知的光芒。每当乡村社会发展遭遇困境之时,曾经的乡村教育实验总是又会被人提及,其理念也总是不断给后人以启迪。其实,在当前就有许多学者在不断思考着乡村教育实验的现实意义及启示,而在全国各地逐渐兴起的农村建设研究院,一定程度上也是在秉承并践行着这一遗志。

　　概而言之,通过对乡村学校形象的历史回溯和对乡村教育实验的再反思,我们不难发现,乡村教育发展与乡村社会建设在人们心目中始终是有着莫大的关联。乡村教育的目的是指向乡村人的发展,而乡村社会的彻底改造必然也是体现在乡村人的思想、素质、精神风貌的改观,二者是同归宿的。

---

　　① 　马秋帆,熊明安.晏阳初教育论著选[M].北京:人民教育出版社,1993:160.

　　② 　李济东,李志惠.晏阳初与定县平民教育[M].石家庄:河北教育出版社,1990:192-193.

　　③ 　中央教育科学研究所.陶行知教育文选[M].北京:教育科学出版社,1981:57.

乡村教育改革若不指向乡村社会发展，或者乡村社会改造若不利用乡村学校的功能，都将会是十分奇怪的事情。因此，可以说，以乡村教育之发展来谋乡土社会之改造，是人们的夙愿所在。反观当前，人们之所以在新农村文化建设中对乡村学校抱有如此厚望并充满期待，便也是由于这一夙愿使然。

第三节　乡村学校建设的机遇与使命

在向现代社会过渡的转型时期，乡村社会文化的迷失似乎是一场宿命。从全世界范围来看，任何发达国家在城市化推进、现代性发展的过程中，乡村文化发展都曾不可避免地出现过衰落的趋势。可以说，当前我国农村社会中所出现的种种颓势，不是偶然，而是社会现代性发展必然要经历的阵痛。我们必须要清醒地认识到这一现实，愤懑不平不足取，刻意回避更要不得。当然，这并不是在规劝人们去悲观接受或冷漠对之。认清乡村社会发展的现实状况，既是为了唤起人们的忧患意识，增强责任感，更是为了让我们去坦然面对，用理性的思考替代感性的冲动。在人类社会中，任何盲目的重建不是即刻流于失败，便是在短暂成功之后便又陷入无尽的痛苦挣扎之中。当前的新农村文化建设中无疑也会存在着这样的危险与挑战。

迷茫乡村的无助呼唤，渴盼着乡村学校的回归之旅；而受心中夙愿的驱使，人们期待着乡村学校教育能够再造乡土社会与乡土文化。如果讨论仅止于此，乡村学校在新农村文化建设中似乎要被推到一个无以复加的地位，从而有着无所不在、无所不能的影响。然而，我们终归清楚，对于新农村文化建设而言，尽管乡村学校教育在其中有着无可替代的作用，但它毕竟是一个复杂的社会问题，它不能也不应该完全依赖于乡村学校教育。这意味着，对于乡村学校究竟能够为新农村文化建设做些什么，也即乡村学校的具体使命，我们必须要表现出足够的理智。这种理智无论是对新农村文化建设，还是乡村学校自身发展都是至关重要的。

基于上文对乡村学校和乡村社会关系的历史梳理与现实描绘，并结合之前对乡村学校在新农村文化建设中定位的分析，笔者认为乡村学校的具体使命有以下几点：

一、承袭乡村社会的传统文化

"乡村文化的重建，其核心是要恢复乡村文化的自信心，重建乡村作为社会文化有机体存在的尊严。"①那么,乡村文化的自信心又来源于何处呢?无疑,它只会来源于乡村文化异于或优于城市文化的地方,这些地方将会集中体现乡村文化的精神内核,散发出乡村文化的独特魅力,吸引着人们去体验与融入。在社会现代化高度发展的今天,乡村社会之所以还受到人们的留恋与青睐,很大程度上是因为其仍保留着一定的中国传统文化,延续着中华文化的精神生命,能够为渐渐迷失于现代化中的人们提供一个心灵得以退守与安抚的精神家园。人们期望着这些传统文化能够一直存在下去,但现实却是这些传统文化在乡村社会中由于缺少足够的传承者而即将断层。鉴于此,乡村学校在新农村文化建设中的首要使命就应该是承袭乡村社会的传统文化,具体内容则包括对传统伦理的重整、民俗文化的弘扬和田园生态的回归。

（一）传统伦理的重整

中国传统社会是一个讲求伦理格序、恪守道德习俗的社会。而乡村是中国传统伦理精神孕育与发展的基本场所,在中国传统社会结构和伦理文化的演变过程具有典型意义。古语有云"礼失求诸野",即是说,在乱世之时,官方礼崩乐坏,就可以到民间社会寻找遗失的道统。这就说明在民间乡村社会里一直存在着较为稳定的囊括礼俗、道德等的传统伦理价值体系,这套价值体系可以成为乡村社会乃至整个社会价值重建的来源与基础。具体说来,乡村社会中存在的公共伦理是指规约乡村社会传统生活的价值体系,它立足于血缘家庭和农耕社会的现实根基,涉及婚姻家庭伦理、乡村政治、人伦规范等方面,广植于乡村民众的日常生活之中。它在传统小农经济社会形态下,具有极强的稳定性。它维持着乡村社会的基本结构与日常秩序,使得乡村社会不会因地域广阔而变成"一盘散沙",也不会因远离政府监管而陷入混乱。更为可贵的是,乡村人能够在这无处不在的公共伦理之中悟到人生的意义与价值,也能探寻到实现自我价值的途径与方法。

其实,当前乡村社会文化中的种种乱象,就根源于传统伦理的逐渐瓦解。而传统伦理的瓦解则是由来自城市社会中现代伦理观念的侵入所致。但是现代伦理观念在瓦解传统伦理之后,却并未能在乡村社会中真正落地生根。它就像一场飓风一样,把传统伦理吹得七零八落,然后就消失得无影无踪。现代伦理观念在乡村社会中的"无法落地",一定程度上说明了同城

---

①　钱理群,刘铁芳.乡土中国与乡村教育[M].福州:福建教育出版社,2008:97-105.

市社会相比,乡村社会存在着某些本源上的异质性,同时也在反证着部分传统伦理具有对乡村社会的永恒价值。因此,新农村文化建设中,必须要涉及对传统伦理的传承。鉴于教育一直就有着传承社会伦理的优良传统,乡村学校就应该主动承担起这一任务。首先,乡村学校在向乡村少年传授现代公共道德知识时,也要注重为他们讲授传统伦理知识,如"入则孝,出则悌"、"谨而信,泛爱众"、"老吾老以及人之老,幼吾幼以及人之幼"等,要求他们在日常生活之中切实践行,适时地给予监督与引导。其次,乡村学校要充分挖掘和利用乡土资源的伦理教育元素,引导乡村少年培养传统美德。如乡村学校可以组织学生进行社区服务活动,主动去关心孤寡老人,培养他们尊重长辈、关心邻里的优良品德。当然,乡村社会传统伦理中也存在着一些糟粕元素,如对女性的不尊重、君臣观念等。对此,乡村学校应该明确地加以抵制和抛弃。

(二)民俗文化的弘扬

民俗文化即民间风俗文化,它是在广大普通民众的生产生活过程中所形成的一系列物质的、精神的文化现象。在众多社会文化形式之中,民俗文化是一种基础文化、底层文化,是最为贴近人的生活的文化。民俗文化有着明显的地域性特征,不同民族及地区都会有着自己独具特色的民俗文化。对于我国这样一个幅员辽阔的多民族大国,民俗文化原本是非常丰富多彩的。但由于受我国近代以来的社会现代化冲击,以及多次的社会变革与动荡影响,再加上其间几次政治运动所造成的人为故意破坏,民俗文化的传承与发展遭到严重破坏。而民俗文化在人们的社会生活中其实是有着十分重要的作用,特别是在农村社会之中,它一直以来都是教化村民的重要手段,也是增强农村社会凝聚力的重要途径,更是丰富农民文化生活的重要形式。因此,弘扬民俗文化、促进乡风文明被视为新农村文化建设的重要内容。由于教育是文化传播与弘扬的最有效手段,所以乡村学校在弘扬民俗文化方面也是可以大有作为的。

首先,乡村学校可以为传统节日习俗的弘扬贡献力量。传统节日习俗作为民俗文化的重要内容,最能体现一个民族或地区的历史底蕴与风土人情,对于丰富生活、凝聚人心、促进团结具有十分重要的价值,曾是民间社会中最受重视的风俗习惯。然而,在当前乡村社会中,这些传统节日习俗却越来越不为人们所重视,越来越走向"形式化"。尤其是青少年一代,普遍表现出对传统节日习俗的冷淡与无知。由于人们对传统节日习俗的不断简化,使得传统节日逐渐失去了原有的意味,其文化内涵大为削减。许多青少年对节日习俗的理解仅仅停留在"吃喝玩乐"上,而对其背后所蕴含的文化情感没有多少体悟,自然也就无法形成对传统节日习俗的高度认同感。鉴于此,乡村学校应该为学生传授关于传统节日习俗的知识,使他们了解这些节日习俗的形式、由来及内涵,并与家庭、社区组织合作,恢复和再造传统节日习俗的相关仪式活动,让学生充分参与其中,促使他们产生对传统节日习俗的尊重与喜爱之情。

其次,对于民间工艺的传承,乡村学校也可以发挥重要的作用。从广义上来说,民间工艺,泛指民间的美术、音乐、戏曲、舞蹈的总和,是乡村社会传统文化的重要存在形式。它在我国有着十分悠久的历史传统,也曾有着十分丰富的类别与形式。但随着现代工艺的快速发展,许多的民间工艺遭遇了发展困境,而今它们虽然仍散布于乡村社会之中,但却渐渐无人问津,濒临失传的危险。尽管有着不少民间艺人及有识之士的奔走呼吁,乃至政府的官方保护,但民间工艺在当前乡村社会之中还是遭遇着"围观热闹、传承冷清"的窘境。其实,民间工艺的传承,关键在于要使其真正进入人们的文化生活之中,要让更多的人去关注它、了解它和喜欢它。乡村学校于此有不少可为之处,如乡村学校可以搜索和挖掘当地的民间技艺,如剪纸、雕刻、泥塑、编织等,将其引入学校之中,开发出相应的校本课程,邀请民间艺人走进课堂,让学生从小就能接触到这些民间工艺,激发他们对其的兴趣,并培养相关技能。另外,乡村学校也可以在举办各种文艺活动时,引导和组织学生学习民间歌曲、戏曲、舞蹈等,这样既丰富了学生的学习生活,又起到了对民间技艺的传承作用。

(三)田园生态的回归

从文化的外部气质来看,乡村传统文化区别于城市现代文化的一大特征就是其所呈现出的恬静、自然、和谐的田园生态。在这种田园生态中,春华秋实、四季更替,人们根据大自然的节律来安排自己的生活——日出而作、日落而息,春种夏长、秋收冬藏。平日里农民在田间劳作,孩童在路边玩耍,小猫小狗四处跑来跑去,空气中夹杂着泥土和花草的气息,处处都是一片祥和、宁静的景象。田园生态暗合中国传统哲学中"天人合一"思想,讲求人与自然的和谐相处,由中国几千年来自给自足的农耕文化所沉淀和营造出来,其一直就被中国古代的文人雅士所推崇,歌颂田园的诗词也传诵不衰。可以说,对田园文化的迷恋已经注入国人的精神生命之中。现代的都市人虽然远离乡村,但只要曾感受过乡村的田园风光,大多也都会有梦回田园的时刻。然而,当前的乡村由于受现代化和工业化的驱使,一心向着城市化发展模式看齐,为了追求最大的经济效益,不加节制地开采乡村资源,使得曾经的青山绿水渐渐变成了穷山恶水。而大量的农民进城务工又造成了大片农田的荒芜。曾经充满生机的田园生态由此变得奄奄一息。田园生态的破坏,加重了农民精神上的"无家可归",也加剧着农村文化的衰败。正因为此,新农村文化建设将农村田园生态文明建设列为重要内容。

尽管对于农村田园生态文明的建设来说,其关键应在于农业产业结构的调整与优化,但乡村学校其实也可以为此做出许多重要贡献。首先,乡村学校在校园建筑规划、景观美化设计时,可以注重对田园生态的回归。乡村学校不应过分地去追求现代气息,痴迷于"高楼大厦",而应该利用周围的自然风光,打造田园校园,如可以用温馨的青砖石瓦来替代冰冷的水泥瓷砖,用当地的花草树木来替代昂贵的城市景观树,还可以在校园里专门开辟一小块地来种植一些瓜果蔬菜,让师生在课余时间去管理。当学校充满了田园气息,师生长期生活于其中,就会在潜移默化之中形成对田园生态的认同与喜爱。其次,乡村学校应该让学生有更多时间走出校园,感受乡村的田园风光,帮助他们真正了解与熟悉这片一直滋养着他们的土地,从小就培养起他们对乡土田园的热爱之情,激发他们建设家园的决心和勇气。

二、传播城市社会的现代文化

一般说来,所谓的现代文化是起源、发展并成熟于城市社会的,但这并不意味着现代文化就不适用于乡土社会,不能在乡土社会中生根发芽乃至开花结果。现代文化并不是对传统文化的绝对超越,两者的区别不是完全的高下、好坏之分,更多是由性质不同而表现出的内容与形式上的差异。城市的现代文化与乡村社会的传统文化不是相互对立、格格不入的,二者有着许多可以互补、融合的地方。乡村社会的发展,也急需城市社会中现代文化的传入与散播,为其增添生命的活力。因此,新农村文化建设之中就有着传播现代文化的任务。乡村学校本身作为社会现代化的产物,在传播现代文化方面具有得天独厚的优势,其自然应该自觉担负起这一使命。由于现代文化的内核在于民主意识、法治观念与科学精神,所以乡村学校在传播现代文化层面上的具体使命也就包括对民主意识的唤醒、法治观念的散播和科学精神的宣扬。

（一）民主意识的唤醒

　　尽管民主的思想与理念由来已久,并在某些历史时期的部分地区曾有过较好的体现,但都从未有像现代社会中的人们这般强调和重视民主。民主几乎被视为是现代社会的首要特征。它对于现代社会而言有着十分重要的意义。如杜威所说:"民主不仅是一种政府的形式,它首先是一种联合生活的方式,是一种共同交流经验的方式。人民参与一种有公共利益的事,每个人都必须使自己的行动参照别人的行动,必须考虑别人的行动,使自己的行动有意义和方向"①。这意味着,民主不仅应成为一种政治上的架构,来保障公民的基本权利,更应成为每个公民的生活态度,来促进社会公共利益的实现。在现代社会中,民主不仅事关国家政治的稳定、社会生活的有序,更是决定着每一个现代公民的幸福人生。

　　长期以来,在乡村社会中,维系人们日常生产生活的是经代代相传沿袭下来的伦理习俗。由于受传统儒家伦理思想的影响,这些伦理习俗内含着"仁义礼智信"式的优良传统,但同时也夹杂着"君为臣纲,父为子纲,夫为妻纲"类的封建专制文化。这些糟粕文化在当前的农村社会中仍有余威,仍在无形中毒害着部分村民的思想,影响着乡村社会的稳定、和谐与发展。当前村民们民主意识淡薄的最主要表现,便是对于自己基本政治权利的无知以及对乡村公共事务的漠视。如在进行村民选举时,大多数村民并未认识到这项基本权利对于乡村发展以及自身生活的重要性,投票表决时的盲目、随意现象比比皆是。而平时在处理事关乡村发展的公共事务时,村民们也基本抱持"观望"态度,所有决策与决定都交由村长与村支书来"独断"。当前农村中许多村官的专制专权与贪污腐化现象也与此不无关系。

　　众多的理论与现实告诉我们,乡村社会各项事业的发展,特别是新农村文化建设,必然需要村民组织的有效合作,而村民组织的有效性则取决于其民主的程度。因为只有充分的民主,民心才能得以凝聚,民智也才能得以充分利用。因此,如何唤醒村民的民主意识,成为当前农村社会发展中的一大关键。而无论在任何时代、任何地区,民主与教育都有着莫大的关系。尽管有着各式各样的民主理念与形式,但它们都离不开教育的支持。对于个体而言,民主的观念并不是生而知之的,都需要后天教育的培养以及民主实践的积累。由此推之,乡村学校对于村民民主意识的提升有着重要的影响与

---

　　①　[美]杜威.民主主义与教育[M].王承绪,译.北京:人民教育出版社,2001:97.

作用。鉴于此,乡村学校必须主动担起这一重任。在教育价值取向上,乡村学校要着力为乡村少年传播有关民主的基本理念,从小培养他们健全的民主意识和态度,引导他们在平时学习生活中形成一定的民主生活能力,逐渐树立起民主信念,最终促使他们成长为合格的民主公民。在教育管理层面,乡村学校要以身作则,充分体现办学民主化的理念。乡村学校要鼓励村民参与学校的各项管理事务,在相关事务上要广泛征求村民的真实意见,调动村民参与公共教育的兴趣与热情。在平时的教育教学活动中,乡村学校也可以根据需要邀请村民参与其中,让村民走进学校与课堂,与教师和学生互动交流,充分发挥村民的智慧与力量。

　　(二)法治观念的散播

　　法治是社会走向现代文明的核心标志。法治观念是作为现代公民的基本要求。但在中国传统社会中,一直是"礼治"和"人治"思想浓厚,而法治观念淡薄。梁漱溟先生曾说,"我们过去的社会组织构造,是形著于社会礼俗,不形著于国家法律,中国的一切一切,都是用一种由社会演成的习俗,靠此习俗作为大家所走之路(就是秩序)"。当前的农村社会至今仍在一定程度上保留着这样的特征。农村社会所沿袭下来的习俗主要表现为"熟人社会",即村民之间一般有着宗族、亲缘和地缘等错综复杂的关系,其平时为人处事就视这些关系的亲密或疏远程度而定。在村子里办事,熟人关系比其他任何因素都重要。因此,人际关系是村民日常办事主要考虑的因素。在遭遇困难或矛盾纠纷时,农民会主动寻求和借助人际关系来解决问题,而非借助法律途径和手段。在农民心目中,人的权威性远远高于法律,相信人比相信法律更重要。破坏熟人关系、有悖道德情感甚至比触犯法律更令村民感到可耻。因此,在农村社会里会较多出现"为人情而规避法律"或者"仗势欺人、罔顾法律"的现象。再加上农村社会传统伦理的日渐式微,村民日常行为的道德约束大大削弱,在这种情况之下,就更容易出现各种违法犯罪行为。因此,在新农村文化建设体系中,法治文化建设显得尤为迫切。

　　在农村社会,法治文化建设的核心就在于培养和增强村民的法治观念。不过由于农村地区的信息闭塞,农民了解、认识法律的途径一般很少,这就需要有懂法律的人或组织来为其传播法治观念。对此,乡村学校应当担负起一定的职责与使命。一方面,在学校内部,乡村学校要特别重视对乡村学生的法律教育,要向他们有效地传授现代社会的基本法律知识,培养法律意识,引导他们逐渐学会如何辨别违法行为,以及如何用法律来保护自己的合法权利。另一方面,在学校外部,乡村学校可以联合其他组织对村民进行普法工作,宣讲法律常识,既要让农民意识到违法行为的危害性以及触犯法律的后果,从而自觉地遵守法律,又要让村民体会到法律对自己的保护作用,从而提高运用法律维权的勇气和信心。

(三)科学精神的宣扬

最初,科学精神仅被认为是"有感情情调的一套约束科学家的价值和规范的综合"①,是科学工作者所应具有的意识和态度。后来随着人们对科学活动认识水平的提升,科学精神的内涵不断丰富,也越来越受到推崇,逐渐被延伸和推广到人类的其他实践活动之中。现代意义上的科学精神是求真、务实、批判、创新等人类精神的综合体,不再为科学家所独有,而被视为合格的现代公民的基本素养。从整体来看,当前我国的广大农民普遍缺乏科学精神。这从农村社会仍残留着一些迷信、愚昧、庸俗的落后文化就可以看出。如许多农民仍把改变命运寄托在鬼神之说:遇到难事只会想到去算命卜卦;身体有恙不去医院救治却去请巫医神汉;想发财致富,不去辛勤劳动却去求神拜佛。再如,大多农民在生活中有很强的迷信和盲从心理,对人对事缺乏理性思维与辨别能力,非常容易听信谣言并散播谣言。这些现象严重影响着农村社会的整体风气,也给农民生活带来很大困扰。因此,新农村文化建设需将宣扬科学精神作为主要内容。作为传播科学文化知识的基本场所,乡村学校对此责无旁贷。首先,乡村学校要扎扎实实地对学生开展科学教育。乡村学校不仅要为学生传授书本上的科学知识,更要充分利用农村的自然优势,开展科学探究活动,如观察动植物、分辨岩石土壤、制作标本等,激发学生对科学的真正兴趣。同时,乡村学校要着重培养学生的质疑精神、批判意识和创新能力,教会学生用科学、辩证的眼光来看待生活中所遇到的现象。其次,乡村学校要联合其他组织对农民开展各类科普活动,向农民普及科学知识,帮助农民识别与破除封建迷信,引导农民培养科学意识、掌握科学方法。

三、连接与整合不同类型的文化

由于现代科学技术的发展,逐渐打破了种种时空限制,文化传播具有了前所未有的速度与广度,这使得现代社会的每个角落都有可能存在着多种不同类型的文化。虽然从整体而言,文化的多样性对于社会发展是有利的,

---

① R.默顿,林聚任.科学的规范结构[J].哲学译丛,2000(3):35.

但这种"有利"的实现却是有条件的，它需要不同文化间的有效连接与整合。因为不同类型文化之间既有着作为人类文化的共通性，也有着彼此的差异性。文化的共通性使得不同文化存在着交流与融合的可能，但文化的差异性则有可能导致交流过程中的冲突与矛盾。当不同文化间的冲突与矛盾得不到疏解时，文化的多样性只会带来社会的混乱与不安。因此，如何连接与整合不同类型文化成为社会文化发展中的关键问题。当前的新农村文化建设中，其实也正面临着这一严峻问题。以往受地理位置影响，农村社会是一个相对封闭的社会，呈现出稳定少变的文化样态。但随着各种现代化工具拓宽了农村社会与外界交流的通道，各种类型文化纷纷进驻到农村之中，文化间的交流与碰撞变得频繁。如果从长远来看，这种现象的出现是社会现代化发展的一种必然，同时它对农村社会的未来发展也是有益的。但是由于当前农民群体整体文化素质的相对低下，他们并不具备足够的文化整合能力。面对这一"文化乱象"，农民群体表现出明显的不适应，他们要么游走于众多文化之间而找不到归属感，要么是固守原有文化而不愿做出改变。社会发展虽有大趋势，但无法靠等待来实现。因此，新农村文化建设必须要找到连接与整合不同类型文化的有效途径。

众所周知，教育本身不仅具有延续、更新、普及文化的作用，也有着交流、整合不同类型文化的功能。那么，乡村学校自然就应该担负起连接与整合不同类型文化这一使命。乡村学校作为农村社会中主要的文化热源，不停地吸收着农村内、外部世界的种种文化，经过一定的过滤与筛选，然后再输出给农村社会。因此，一定意义上讲，乡村学校也是在充当着农村社会与外来文化交锋的缓冲地带。出于对自身以及农村社会未来发展需要的考虑，乡村学校应当吸纳和传承不同类型的文化，但这种吸纳与传承不能是"囫囵吞枣"式的，而应该经过仔细辨别、慢慢消化。在乡村学校里不同类型文化之间不应是简单的相遇与叠加，而应是深度的交融与共生。乡村学校既要成为连接不同文化的纽带，更要成为协调不同文化的中介，实现不同文化的最终整合。这意味着，乡村学校最终向农村社会所输出的文化既不能仅是某种单一的强势文化，也不能是混沌不明的杂烩文化，而应当是有着"一主多元"格局的和谐文化。

那么，乡村学校应该如何连接与整合不同类型文化呢？对此，首要考虑的应该是文化选择问题，即乡村学校应该选择哪些文化，这实质上也就是在追问乡村学校教育的价值取向。对乡村学校教育价值取向的争论，主要集中在"离农"与"为农"两种取向的选择。"离农"取向的乡村学校教育旨在培养能够适应现代社会生活的"城市人",鼓励学生走出乡土、远离乡土,为未来的城市现代生活做准备。因此,它会更加倾向于传播城市现代文化,对农村的乡土文化视而不见,甚至将乡土文化作为反面教材,来反衬城市文化的先进。"为农"取向则主张乡村学校教育要回归乡土,体现乡土特色,要为农村经济社会发展服务,培养农村建设所需人才。因此,这种取向更加关注乡土文化,对"离农"取向乡村教育所带给乡土文化的破坏持严肃的批判态度。一直以来,乡村学校教育就是陷入了这二者的双重悖论之中。"乡村教育在教育目标即为城市发展还是农村发展服务的问题上左右摇摆,缺乏明确的指导思路,经常陷入非此即彼的怪圈。"[①]价值取向上的含混不清,直接限制了乡村学校的文化整合能力,当然也最终影响着乡村学校对不同文化的整合效果。因此,当前极有必要对乡村学校的价值取向进行重新思考与定位。乡村学校作为现代国民教育体系中的一分子,在社会属性上与城市学校并无区别,他们都肩负着培育现代社会合格公民的重任,理应向学生传播各类优秀文化。在当前,城市文化和乡土文化是社会的两大主题文化,围绕二者又各自有一系列的亚文化产生。这二者都有着各自明显的优势与劣势,现代社会需要它们的相互包容与融合。乡村学校应该摆脱以往的二元对立思维,跳出传统"离农"和"为农"的思想悖论,在进行文化选择时,既不能盲目趋从城市文化,也不能固执死守乡土文化,而应坚持以传播社会优秀文化为准绳,同时立足乡村实际,坚持基础性的教育方向,为现代社会培养各类合格人才。

其次,就是要思考文化连接与整合的方法问题。文化连接与整合的关键是要寻找到合适的切入点。对于乡村学校而言,其对不同文化的连接与整合必须要与实际教育教学紧密结合。乡村学校要避免任何形式化的文化传播与融合方式,杜绝"面子工程",如不能说有了新的教学楼或教学设备就算营造了现代文化,让学生死记几首古诗词就算注重了传统文化。乡村学校所追求的文化连接与整合,不应是这些外在的"貌合",而更应是内在的"神合"。为此,乡村学校必须要坚守教育的基本立场,在学校教育的每个环节中去寻求文化融合的切入点,如可以通过开发多元文化课程资源,从而将不同文化的知识有机地整合到学校的教育内容;也可以通过转变教学方式,从而将不同文化的思维方式融汇到教学活动之中;还可以通过优化学校管理方式,从而将不同文化的价值观念和谐地融入学校公共生活之中。

---

① 王勇.城乡文化一体化与乡村学校的文化选择[J].中国教育学刊,2012(3):92.

四、引导与催生农民的文化质变

任何形式的文化归根都是由人的实践活动创造的。新文化往往都是由具备新思想、新素质、新视野的人来创造的。就新农村文化建设而言,其自然需要一些有理性、有良知的知识分子的引导与支援,但更需要有一批有理想、有胆识、有智慧、有技能的现代农民的亲力亲为。因为他们才是农村社会发展的真正希望,才是新农村文化建设的真正主体。因此,在一定程度上,新农村文化建设问题,其实也可以简化为农民问题,即农民的转变与发展问题。

以往受国情影响,农民问题的焦点集中在"如何彻底解决农民的温饱问题",如何引导农民发家致富,即所谓的"富民"问题。而如今,随着国家一系列利农政策的颁布与实施,加上农民自身的辛勤劳动,农民"富民"的短期目标基本实现,"教民"的长期追求必然要提上日程,此时的农民问题便提升为"富而思进"的问题。借用梁漱溟的话,就是一个如何让农民"向上学好求进步"的问题。

相比"富民"问题,"教民"可以算得上是农民的文化质变,而在当前的社会现代化背景之下,其具体表现就是从"传统农民"向"现代农民"的转变问题。因为,随着农村与农业现代化的推进与发展,"传统农民"已不适合也无法担当建设农村社会的主力军,必须要有一批新型的"现代农民"来接下这关键的一棒。而何谓现代农民?现代农民意味着其在生产方式、生活方式、思维观念、人生态度等方面能够适应现代社会的发展,为社会的进步贡献自己的特有作用。现代农民不再是一种身份,以便与城里人区分,而是成为一种职业,供所有社会成员选择;现代农民不再像传统农民那样仅与黄土、汗水为伴,与知识、信息绝缘,而要同其他职业人一样成为知识的生产者和享用者;现代农民也不再是被动的"靠天吃饭者",而成为主动的生活创造者;现代农民将彻底摆脱消极的"待拯救者"形象,恢复积极的"自强自立者"形象。现代农民要对自己"生于斯长于斯"的乡土都有高度的敬畏感和责任感,敢于和乐于为自己的家乡建设付出心血和努力。

无疑,农民的这一文化质变需要乡村学校的引导与催生。乡村学校首先应该着眼于改变农民保守的思维方式、落后的思想观念和消极的生活方式。通过各种形式与途径向农民宣传社会现代化的基本理念,让现代化的春风吹进每一个农民的心坎,使农民能够在现代化气息的浸润下逐渐学会"睁眼看世界"。其次,乡村学校要为农民传送更多先进的科学文化知识,帮助其更新农业生产技术和其他谋生技能,以增强他们置身乡土的生存能力与自信。另外,还要让农民掌握现代市场经济的基本规律,帮助其在经济社会中更好地巩固和发展自己的利益。再次,乡村学校要引导农民正确地认识农村社会,了解农村社会的优势与劣势,熟悉农村社会的独特魅力所在,从而帮助农民找回对农村社会的认同、对乡土文化的自豪以及对家乡故土的热爱,促使其切实体会到作为农民的自尊,激发其为家乡建设大干一场的信念与勇气。最后,乡村学校要关照农民的精神生活,关心农民的生命状态。在当前,农村社会文化发展正处于过渡时期——传统信仰土崩瓦解,新型风尚与价值标准又尚未形成,"未见过多少世面"的农民最易于陷入迷茫与消沉之中,这时就亟须乡村教育为他们指点迷津,帮助他们重塑价值观与人生观,使他们能够在新的价值体系中寻得安全感与意义感。

五、重构与拓展农村公共生活空间

文化不是悬置于理念世界中的一种抽象概念,由人在书斋之中刻意创造出来;而是充盈于生活空间的一种活生生的实在,由人类的各种实践活动自发呈现出来。不同类型文化的产生与发展需要依附于不同的生活空间,如私性文化的发展需要足够的私人生活空间,而公共文化的成长则取决于公共生活空间的大小。在前面的章节中曾有论述,新农村文化建设的困顿之一就是农村公共文化的凋敝。究其原因,其实就在于农村社会公共生活空间的衰落。

公共生活空间,也被称为公共空间,是社会内部业已存在的一些具有某种公共性且以特定空间相对固定下来的社会关联形式和人际交往结构方式。① 在公共生活空间之中,人们可以自由进入并进行各种交流,几乎可以涉及一切社会活动,包括宗教信仰、政治议事、生产活动、商品交换乃至生活娱乐等等。所以,公共生活空间是促进社会互动、实现社会整合的基本结构,也是孕育和滋养公共文化的基本场所。传统乡村社会在其漫长的历史发展过程中,形成了独具特色的公共生活空间,如传统乡村聚落中的寺庙、宗庙、集市乃至田间地头、场院等公共场所。这些公共生活空间曾经承载并维系着乡村社会的公共文化生活。但在中国近现代化进程中,由于农村社会曾遭遇了多次社会动荡,也经历了国家行政力量的数次"进"与"退",如今

---

① 曹海林.村落公共空间演变及其对村庄秩序重构的意义——兼论社会变迁中村庄秩序的生成逻辑[J].天津社会科学,2005(6):61.

又承受着现代市场经济的冲击,这使得传统的农村公共空间不断受到重创。"在乡村社会由封闭、静止、同质走向开放、流动、异质的过程中,个体逐步从原有的宗族、家庭、阶层、社区、集体中抽离出来,不再依附于传统意义上的集体和组织。传统意义上的乡村公共空间在个体化进程中逐渐趋向衰败。"①乡村公共空间的衰落,使得农民的文化需求得不到满足,从而逐渐转向私人领域。然而相比公共空间,私人领域更加隐蔽、私密,缺少外在约束,很容易滋生出一些不良文化。在当前农村社会中,不良私性文化的兴起其实也成为严峻的现实问题。因此在新农村文化建设过程中,必须着力于重构并拓展农村公共生活空间。

在公共空间的形成及延续过程中,核心组织或人物的号召与引领起着关键作用。传统乡村的公共空间就曾一度由村里的部分"权威人物"或者活跃分子所领导与维持。但随着农村社会结构和生活方式的不断变革,以往的权威人物逐渐失去影响力,无法再发挥核心作用,公共空间也由此萎缩。因此,重构农村公共生活空间,关键在于重新寻找合适的核心组织或人物。而相比乡村社会中的其他组织,乡村学校无论是在活动场地、基础设施等硬件方面,还是在组织氛围、人员素质等软件方面,都有着十分明显的优势,因而也最为适合担当这一角色。所以,乡村学校应该自觉承担起重构与拓展农村公共空间的重要使命。首先,乡村学校应主动打破其与农村社会的隔离状态,加强与农村社会的互动交流,构建学校资源与社区资源的共享机制。在不影响日常教学的情况下,乡村学校要尽量为农村的日常文化生活提供便利。如在学生放学后,学校的体育设施可以对村民开放;在周末,一些科普活动、扫盲运动或者文体活动等都可以在学校场地中进行;学校图书馆可以与乡村图书馆合作,建立借阅共享平台。其次,乡村学校要努力成为农村文化生活中心,形成对农村社区、家庭的文化辐射。乡村学校应该成为农村文化的来源与窗口,通过各种形式为村民传播各种文化信息,如可以利用自己的文化资源优势,联合家庭、社区共同开展各种文化活动,丰富农村的文化生活,为农村营造浓厚的文化氛围。另外,乡村教师要自觉成为农村公共生活中的主导力量,担起核心人物的角色。乡村教师作为农村社会里的主要知识分子,应该树立起公共精神,培养乡村文化自觉意识,以"主人翁"的心态去关心并融入农村生活。乡村教师要主动与村民互动,为村民服

---

① 张良.乡村公共空间的衰败与重建——兼论乡村社会整合[J].学习与实践,2013(10):29.

务,彻底改变自己在乡村生活中的原有"边缘人"形象,同时要充分利用自己在知识与文化传播中的影响力,抵制农村社会中的不良风气,引导村民健康的公共文化生活。

六、修复与重建农村社会文化生态

文化生态学理论认为,每一种成熟的人类文化都可以被视作一个有序、开放、动态的生态系统。文化生态对于文化的发展来说有着十分重要的作用。只有当处于良好的文化生态之时,文化本身才得以不断地与外界环境进行物质、能量和信息的交换,实现新陈代谢,从而才能长期存在并持续发展。一旦文化的生态性遭到破坏,文化的发展就会陷入困境,而若文化生态长期得不到修复,文化便会逐渐走向衰败乃至灭亡。农村文化作为一种有着悠久历史的人类文化形态,在其不断发展过程中逐渐形成了良好的文化生态。独特的农村自然生态环境、农业生产方式和农民生活方式之间相互影响、相互契合,共同构成了一个完整、开放、动态的文化生态系统。[①] 在这种文化生态之中,农村文化能够不断与周围环境或者其他文化进行良性的互动交流,也得以始终保持着持续发展的活力与动力。然而伴随着我国社会的现代化转型,大量外来文化的急剧侵入,逐渐打破了农村社会原有的文化生态。更为令人担忧的是,农村文化生态似乎丧失了自我调节能力,以致久久得不到恢复。在这种形势下,农村社会中的传统文化越来越枯萎,而新进文化却又一直无法真正扎根,农村社会逐渐变成了"文化荒地"。这种现象也在严重阻碍着新农村文化建设的进展与效果。因此,对农村文化生态的修复与重建已经迫在眉睫。

在自然生态系统中,被破坏了的生态平衡之所以能够恢复,主要得益于其有着良好的自我调节能力。同自然生态系统一样,文化生态系统本身也具有一定的自我调节能力。但不同的是,自然生态系统的自我调节依靠的是大自然的固有运行规律,只要给予足够时间,自然生态就会自动恢复,而文化生态的自我调节依靠的是文化主体的实践活动,这无法靠消极等待来实现,而只能通过文化主体的不断积极努力才能促成。这样看来,农村文化生态的修复与重建最终要归于农村文化主体的自觉与自为。同时也意味着,每个农村文化主体都应担负起修复与重建农村文化生态的重任。对于乡村学校来说,这更是自不待言。

---

① 仰和芝.试论农村文化生态系统[J].江西社会科学,2009(9):81.

首先,乡村学校需要树立起文化主体意识。文化主体意识的树立是农村文化生态修复的前提。因为只有当农村社会组织或个体都树立起文化主体意识,明确自己所承担的文化使命,进而付诸相应的文化实践活动,农村文化生态恢复才会有实现的可能。对于乡村学校来说,树立文化主体意识包括两层含义:其一是乡村学校要深刻认识到自己不仅是知识选择和传递的场所,而且还是社会文化传播与改造的主阵地。乡村学校办学活动要充分体现出教育的文化特性,即乡村学校教育不应是单纯的"知识育人",向学生传递各种支离破碎的知识,而应更加注重"文化化人",将学生置于一个有着丰富内涵的完整的文化场。其二是乡村学校应该清醒地体悟到自身在农村文化生态中的主体地位。尽管现代乡村学校带有了更多的国家气息,但仍不能脱离农村社会。乡村学校的根基仍然在农村社会的文化土壤之中。乡村学校不能游离在农村文化生态之外,去另辟新的文化,而应该充分地融入其中,成为农村文化生态的有机分子。

其次,乡村学校需要唤醒自身的文化自觉与危机意识。文化自觉与危机意识的唤醒是农村文化生态修复的关键。在农村文化生态修复与重建过程中,农村本土文化能否在与外来文化的碰撞与交锋之后仍然能够屹立不倒并有所发展,很大程度上就取决于农村文化主体是否具备高度的文化自觉与危机意识。对于乡村学校而言,文化自觉与危机意识的唤醒不仅要反映在对农村文化的整体把握之上,也要体现在对自身学校文化的具体感知之中。一方面,乡村学校要对自身所处农村文化的由来、内涵与特性有充分的了解,对其优势与劣势有清醒的认知,进而对其功用与价值做出客观、理性的判断。乡村学校要认识到农村文化与城市文化的区别并非落后与先进之分,而只是类型与特质的差异,从而消除对农村文化的悲观情绪与轻视心理。同时,乡村学校还要意识到农村文化的兴衰与自身发展休戚相关,觉察到农村文化的危机也必然会成为对乡村学校发展的挑战,从而自觉地与农村社会携手应对困境。另一方面,乡村学校要对自身文化特性有自觉感知,要警惕对城市学校的文化模式的过度推崇与模仿。乡村学校的校园文化建设应该基于自身学校实际,从周围文化环境中挖掘优秀教育资源并加以充分利用,逐渐形成自己的特色。在引入异质文化时,乡村学校需要有坚定的立场,不能盲目地"为之所动",而要灵活地"为我所用"。

最后,乡村学校需要提高文化创新能力。文化创新能力乃是最终制约农村文化生态重建的决定性因素。因为文化发展的实质就在于文化创新,而农村文化生态重建的过程,也即是农村文化不断创新的过程。所以,文化主体创新能力的提高对于农村文化生态重建也就有着不言而喻的重要性。就乡村学校而言,其文化创新能力的提高,需要着眼于以下两个方面:

其一,乡村学校要注重对农村文化的改造。乡村学校回归与亲近农村社会,并非意味着要全盘地接受或顺应农村文化,其最终目的应该是在传承与批判的基础上,促进农村文化的创造性发展。因此,乡村学校要理性审视并以批判态度来对待现实中的农村文化,既要辨别和剔除其中的糟粕内容,也要传承与弘扬其中的精华成分,同时还要赋予其新的内涵与意义,不断为其注入新鲜元素,实现农村文化的持续更新。[①] 其二,乡村学校要注重对文化新人的培养。农村文化生态的修复与重建,最终必然需要由一批文化新人来承担。为此,乡村学校应该采取各种途径与方法,拓宽乡村学生的文化视野,增强其文化鉴别与批判能力,培养其跨文化的思维方式与生存技能,使其既能对农村文化保持自信,又能以开放的心态去接纳和融入其他文化。

一言以蔽之,乡村学校应该通过树立文化主体意识、唤醒文化自觉、提高文化创新能力等方式来实现自身的文化改造,进而去影响和带动农村文化生态的修复与重建。

---

① 王明,李太平.重建精神家园:乡村学校的文化使命[J].当代教育科学,2012(1):73.

第六章 乡村学校在新农村文化建设中的定位

乡村学校作为地区的文化中心,是新农村文化建设的重要载体。乡村学校通过加强与当地农村的文化对话,可以在传统文化的保存、传递与创新以及现代文化的引入、传播和融合等方面发挥重要的引领作用,从而优化农村文化场域,提高村民文化自觉意识,丰富人民群众的精神世界,有效促进新农村文化建设。在新农村文化建设的过程中,乡村学校占据了举足轻重的作用,乡村学校应该以主人翁的精神来承担起新农村文化建设的责任。与城市学校相比,乡村学校除了要传授现代知识,还应该充分发挥教育的文化功能,弘扬优秀的传统文化,把农村知识和农村生活作为教育教学中不可缺少的一部分。从而推进新农村文化建设的进程。

第一节 乡村学校特色文化的创建

中共十六届五中全会提出了建设"生产发展、生活宽裕、乡风文明、村容整洁、管理民主"的社会主义新农村的目标和要求,而农村文化建设是新农村建设的重要组成部分,是新农村建设的关键,在新农村建设中起着重要的作用。乡村学校是农村文化的主阵地,在农村新文化建设中发挥着重要作用。

著名教育家陶行知先生在 20 世纪二三十年代的农村建设运动中,把推广"乡村教育"作为改造农村的出发点,1926 年在为中华教育改进社起草的《改造全国乡村教育宣言书》中写道:"本社的乡村教育政策是要乡村学校做改造乡村的中心,乡村教师做改造乡村生活的灵魂。"①这种观点在今天仍具有较强的实践意义。新农村建设赋予乡村学校重大的文化使命,乡村学校要紧紧围绕"生产发展、生活宽裕、乡风文明、村容整洁、管理民主"社会主义新农村建设的要求,进一步深化改革,转变教育价值观、教师观、课程观和教学策略观,为完成新农村建设赋予的文化使命而不懈努力。②因此,在建设社会主义新农村及新农村文化的过程中,应重视学校教育的重要作用,创建乡村学校的特色学校文化,为新农村建设服务。

一、乡村学校特色文化创建的意义

2003 年《国务院关于进一步加强乡村教育工作的决定》指出,乡村教育在全面建设小康社会中具有基础性、先导性、全局性的重要作用,是加强农村精神文明建设,提高农民思想道德水平,促进农村经济社会协调发展的重大举措;2010 年颁布的《国家中长期教育改革和发展规划纲要 2010—2020年》也指出"树立以提高质量为核心的教育发展观,注重教育内涵发展,鼓励学校办出特色、办出水平,出名师,育英才";2014 年教育部《关于培育和践行社会主义核心价值观,进一步加强中小学德育工作的意见》中指出,校园文化建设是培育和践行社会主义核心价值观、改进中小学德育的关键载体,各级教育部门和中小学校要挖掘地域历史文化传统,因地制宜地并开展校园文化建设,将社会主义核心价值观融入校园物质文化、精神文化、制度文化和行为文化之中。因此,创建乡村学校的特色文化,办特色学校,意义重大,不仅是教育发展的要求,也是新农村文化建设的要求。

（一）乡村学校特色文化创建是乡村学校实现特色发展的必然要求

学校文化是学校的灵魂,独特的学校文化是学校发展的标志,也是影响学校向纵深发展的重要影响因素。学校文化是关乎学校组织的前途和命运,是决定组织内部活力和焕发成员生命活力的关键因素。组织文化是决定教育组织品质的根本因素。改变组织表现的唯一关键因素就是改变其文化。③与城市学校相比,乡村学校在建筑设施、教学设备等物质层面较为落后,因此,乡村学校实现特色发展,必须在"文化"上下功夫,创建特色学校文

---

①　陶行知.中国教育改造[M].合肥:安徽人民出版社,1981:78.

②　肖正德.新农村建设中乡村学校的文化使命及其变革[J].国家教育行政学院学报,2008(3):8.

③　[美]欧文斯.教育组织行为学(第 7 版)[M].窦卫霖,译.上海:华东师范大学出版社,2001:46.

化,学校特色文化的创建是学校高位发展的标志。因此,乡村学校在抓好基础设施等硬件建设的同时,更要做好学校特色文化的创建,特色文化才是乡村学校发展的突破口,是乡村学校发展的方向和目标,是乡村学校办出水平、办出特色的关键,能够促进学校的教育质量和水平的不断提高。近几年来,随着乡村学校在基础设施建设的逐渐达标,乡村学校建设和发展的重心,应转移到以学校文化为核心的内涵发展上来。加强乡村学校特色文化建设,增强学校发展和变革的内驱力,提升学校文化品位,满足学生个性发展的要求,积极创造适合不同学生的教育,以满足社会对人才培养的多样化需求,这样才能避免乡村学校同质化发展。

（二）乡村学校特色文化创建是新农村文化建设的重要组成部分

农村文化是相对于城市文化而存在的,是与农村的现实生活方式和条件紧密结合而存在的一种文化形态,是农村文化生活的一个总体的描述,主要包括农村生活习俗、乡风民约、农民的文化素质、农村文化设施建设等等。首先,乡村学校作为农村地区的文化中心,是新农村文化建设的主阵地。乡村学校除了传授现代知识之外,还要充分发挥教育的文化功能,弘扬优秀的传统文化,把乡村知识和乡村生活作为教育教学中不可或缺的组成部分,通过传播当地传统文化,培养乡村青少年热爱乡村、尊重乡民的思想感情和价值信念,增进新一代农村人对乡村的认知和体悟,唤醒他们对家乡的爱恋,从而促使乡土文化得以延续、乡土情怀得以生长。乡村学校作为农村主要的文化中心,是信息共享与文化传承的服务平台,具有潜在的文化熏陶功能。① 其次,乡村学校担负着改善民风、净化社会的责任。党的十七届六中全会通过的《中共中央关于深化文化体制改革推动社会主义文化大发展大繁荣若干重大问题的决定》中明确提出,鼓励教育机构等开展公益性文化活动,采取多种措施加强农村地区的文化建设。农村学特色文化建设肩负着促进社区文化发展的重任。乡村学校的特色文化创建不仅是为了学校自身的发展,作为所在地区的重要的文化教育机构,乡村学校还肩负着带动社区文化共同发展的重任。学校文化就像部落或宗族观念一样植根于人们内心深处,拉近人们之间的关系,使每天的生活因价值观和传统的赋予而变得丰富充实。② 乡村学校本身就承担着传承和发展地方文化和乡土文明的职能,

---

① 吴惠青,王丽燕.新农村文化建设中乡村学校的使命[J].教育发展研究,2011(19):73.
② ［美］特伦期·E.迪尔,肯特·D.彼得森.校长在塑造学校文化中的角色[M].王亦兵,译.北京:中国青年出版社,2006:34.

教育就是要淳风化俗,教化一方。

（三）乡村学校特色文化创建是保存和传承农村传统文化的有效手段

中国优秀的传统文化、民风民俗很多都保留在农村地区,在现代化进程中,很多处于失传的境地,乡村学校作为农村地区正规的教育机构,理应担负起保存和传承农村传统文化的重任。学校教育在保存和传承农村传统文化方面尤其具有独特的优势,比如有固定的学习场所、教职人员,能够把学生集中在一起,有充足的时间保障。农村优秀的传统文化、民间风俗习惯等,除了靠农村的家庭教育和社区教育外,农村的学校教育也是重要的途径之一。首先,农村的学生有足够的时间保障学习本地区的传统文化;其次,通过学校教育的传授,学生可以获得系统的传统文化知识;再次,通过传统文化的学习,可以激发农村学生热爱家乡、服务家乡的热情。

（四）乡村学校特色文化创建是促进学生全面发展的要求

与城市孩子相比,农村学生拥有相对较少的课外教育机会,农村地区缺少科技馆、博物馆、少年宫等教育场所,除了家庭教育之外,学校是他们主要甚至是唯一的教育渠道,这极大地限制了学生的全面发展。因此,乡村学校必须为农村学生提供其他途径,弥补由于上述条件造成的缺憾。学校不仅是客观的物质存在,更是一种精神和文化存在,学校必须是有助于学生成长的教育组织,文化是一个组织是否具有凝聚力以及是否能够有出色表现的关键因素。[①] 独特的学校文化是一所学校的灵魂,学校文化的熏陶对于农村学生正确价值观的形成、思想观念的完善、行为方式的改变都有重要作用。在农村地区,良好的校园文化对学生的人生观、价值观有着潜移默化的影响,健康向上、内容丰富的校园文化对学生优良品行的形成具有渗透性,对于提高农村学生的人文道德素养、拓宽学生的视野、培养跨世纪的人才具有现实意义。一所好的乡村学校,一定是因校制宜,凸显学校的特色文化,发展学生个性的学校。作为一所乡村学校,要因地、因时、因人制宜,打造乡土气息浓郁的办学特色,让农村孩子在立体的、多彩的校园中发展个性、快乐成长。

二、乡村学校特色文化创建的原则

乡村学校特色文化创建要结合农村地区的实际,从服务农村经济建设出发,因地制宜,制定自己的发展规划,明确自己的发展方向,合理利用农村

---

① ［美］特伦期·E.迪尔,肯特·D.彼得森.校长在塑造学校文化中的角色［M］.王亦兵,译.北京:中国青年出版社,2006:20.

特有的资源,包括经济资源、教育资源、人文资源等等,把这些具有农村特色的东西内化为学校发展过程中的力量,不断提高发展层次,积极拓展发展空间。因此,乡村学校特色文化创建应遵循以下原则:

（一）本地化原则

不同的地区有着不同的文化积淀,蕴藏着独特的文化教育资源。乡村学校的特色文化创建应该从农村自然存在的本土文化中汲取营养,培养学生热爱家乡、热爱自然、尊重传统的价值观念,把传承农村优秀文化传统、培养农村学生的文化自信心和自豪感放在突出的位置,体现鲜明的本土性。乡村学校虽然条件较艰苦,但也有其得天独厚的优势,有良好的自然环境和淳朴的民风民俗。因此,乡村学校特色文化创建应具有本土性,突出"本土化的色彩"、"本色化的个性"和"本真化的内容",因地制宜,遵循教育性、艺术性、科学性、经济适宜的四大原则,营造出具有乡土特色与自然生态的校园环境,为孩子的全面成长提供更好的人文条件。

（二）群体性原则

乡村学校特色文化创建的主体应该是多元的,是一个群体,不仅包括乡村学校的校长和教师,当地干部、群众和民间社会精英也应该参与其中。当地的群众、干部和社会精英比教师更了解本地的传统文化资源,他们也是农村新文化建设的主体。乡村学校的特色文化创建受益的不仅仅是学校的学生,当地群众也会从中受到影响。因此,学校的教育教学改革应该取得他们的支持和帮助。校长和教师要从当地群众中发现具有地方特色的传统文化,经过适当加工整理,凝聚成学校文化。民间社会精英可以直接参与乡村学校特色文化的创建,提出自己的意见供学校领导和教师参考。因此,乡村学校特色文化的创建不是校长和几个老师的单打独斗,需要群体的通力合作,共同努力。

（三）时代性原则

乡村学校特色文化的创建不能仅仅从农村土壤中汲取营养,还要吸收现代文明的成果。乡村学校的特色文化创建是农村新文化建设的一个有机组成部分,并担负着建设农村新文化的重要使命,整个学校文化的创建都应该体现农村新文化的要求,体现出鲜明的时代性。虽然乡村学校的特色文化创建需要根植于农村的社会经济发展水平、文化传统和学校历史,但是,不可否认的是,部分乡村学校师生缺乏现代文明素质,缺乏现代人文精神。农村特色文化的创建并不是意味着要排斥现代文明的渗透。因此,在乡村学校特色文化创建的过程中,我们要摈弃农村传统文化中落后的成分,把优秀的传统文化带进学校,传授给学生。同时,注重吸收现代文化,让现代文明走进校园。

三、乡村学校文化创建的路径

乡村学校的特色文化创建需要在统筹考虑学校办学起点、学校未来的发展方向、学校所处的地理位置、区域环境、当地政府、社区、家长、生源等诸多因素的基础上,综合论证然后明晰定位,以学校的可持续发展为指向,提出学校发展的价值取向和发展愿景,创建学校的特色文化,并通过实践将其内化为师生学习、生活和工作等行为方式。具体路径如下:

(一)回到学校历史

乡村学校特色文化创建离不开学校的历史文化传统,因此,特色文化创建应回到历史,关注学校的历史传统、敬重学校的文化积累。学校文化是客观存在的,不同的学校有不同的历史文化积淀和传统,蕴藏着丰富的文化资源。乡村学校的“学校文化”同样客观存在着,只是它的存在方式也许是模糊的,不太明晰,只是隐隐约约地存在于人们的头脑中,需要学校的校长和教师进一步挖掘和提炼,才能服务于教育。学校在发展过程中,蕴含着丰富的文化教育资源,形成了学校自身的文化资源,如学校在发展过程中的办学特色和办学成绩、学校热心公益事业的事迹、学校出现的历史名人、本校校友的优秀事迹等,都构成了学校的历史文化资源。因此,在创建学校特色文化的过程中,应通过多种渠道在广大师生中进行宣传,从而取得良好的文化作用。

(二)关注农村地方文化

2014年教育部印发《义务教育学校管理标准(试行)》提出,义务教育学校要树立尊重差异的意识,尊重不同民族文化和地域文化,营造多元包容、和睦相处的环境。乡村学校特色文化的创建离不开其所在地方的文化支撑,应该从自然存在的农村文化中汲取营养,培养学生热爱自然、珍惜生命、关爱他人的文化价值观。因此,学校特色文化的创建应关注地方文化。地方文化包括地区特色、社会环境、社区成员素质和传统文化特色等,这是构建学校特色的“社会土壤”。与城市学校相比,乡村学校的特色文化资源存在于其所处地区中长期繁衍的农村文化。在学校特色文化创建过程中,首先要对农村社区的经济、社会、文化等方面进行分析和选择,其次要关注农村所在社区的风俗习惯、历史名人等,最后还要关注农村正在进行的社会变迁。关注地方文化,需要重新发现农村,不仅是对农村有什么的重新整理与审视,更是对农村正在发生什么的关注与把握,只有重新深入地认识了农村,洞察了农村社区的变迁,才能消解文化断裂的问题。对农村社区的发现,应当是主动,并且是批判的。①

(三)乡村学校校长是学校特色文化建设的核心

一个好校长就是一个好学校,同样,一个有思想、有想法、有创新精神和实践能力的校长是学校特色文化建设的关键。教育部 2013 年制定了《义务教育学校校长专业标准》,提出了校长的专业职责和要求:"尊重学校传统和学校实际,提炼学校办学理念,办出学校特色。"、"绿化、美化校园环境,精心营造人文氛围,建设优良的校风、教风、学风,设计体现学校特点和教育理念的校训、校歌、校徽、校标。"对义务教育阶段的学校校长的标准和责任提出了要求,这对乡村学校的校长要求更高。首先,乡村学校校长要热爱其所在的学校,努力了解其所在地区,扎根其所在学校及地方社会。现在的教师实行公开招聘,使许多"外乡人"成了当地的学校老师,不同于以前乡村学校的教师都是本地人,而当这些外地的老师走上学校的领导岗位之后,由于不了解本地的风土人情,对学校的特色文化创建往往找不到门路,容易走向特色文化创建的误区。因此,乡村学校的校长应主动深入社区,与当地群众打成一片,了解当地的风土人情、传统文化,寻找学校特色文化建设的门路。其次,农村中小学的校长,需要有这样的素质,既要能深刻体味学校历史,敬畏学校历史,传承、创新优秀文化,又要能从历史的积淀中,要把乡土特色与现代精神统一起来,凝练出本校学校文化,促进学校文化的发展。

(四)加强乡村学校与社区的互动

农村地区丰富的自然资源和历史文化资源促使乡村学校的特色文化创建要与农村社区产生互动。乡村学校不仅在地理位置上与所在地区有关联,而且乡村学校的学生来自于本地区,学生每日往返于学校和社区之间,深受本地文化的熏陶,因此,学校特色文化的创建要立足于所在地区,与社区互动,充分挖掘地区资源,为农村学生提供较为熟悉的文化氛围。这种互动不是单方面的乡村学校从社区获取教育资源,而是双向的,乡村学校也应该对社区的发展产生一定的示范带动作用,以促进农村地区经济社会的发

① 段会冬,莫丽娟.农村社区:农村特色学校建设的文化源泉[J].现代教育管理,2012(6):20.

展。英国的 SDP(School Development Plan)学校发展计划对乡村学校特色文化创建具有一定的启示作用。SDP 学校发展计划是指在学校层面基础上,通过自下而上的方式,广泛征求社区群众的意见,由学校和社区自主制订关于学校未来的发展计划。学校发展计划是根植于学校自身发展愿望和社区群体需要基础上一套学校管理模式,对促进我国乡村学校的可持续发展具有深刻的现实意义。① 因此,乡村学校在进行特色文化创建的过程中,需要在一定程度上呼应农村地区人民群众的需求,与他们互动,既要利用他们的智慧,又要为其服务,以创建具有地方特色的学校文化。

乡村学校特色文化创建是促进新农村文化建设的一个主要任务,更是深化基础教育改革、持续推进学校变革、凸显学校特色、提升学校竞争力的重要手段。乡村学校特色文化的创建,应当根据本校的地域、历史、传统、师资等条件,结合学校实际和当地社会经济发展水平与文化特色,确定适合学校实际的文化建设内容,不搞形象工程,不好高骛远,不求功利,充分发挥教育主体的积极性、主动性和创造性,为农村学生的健康、全面发展和地方经济社会发展而服务。

四、乡村学校文化建设应避免的几个误区

由于对"学校文化"理解出现偏差,加之受"应试主义"以及教育评价制度的影响,现实中乡村学校特色文化创建过程中出现了如下误区,应该引起乡村学校校长和教师的反思。

(一)表面化

随着乡村学校标准化建设的进行,乡村学校的硬件设施不断完善。但是,由于对"学校文化"理解的偏差,当下乡村学校特色文化建设往往注重物质层面的建设,模仿城市学校,如有的学校建古朴的教学楼、精巧的绿化、漂亮的墙壁,当然这些都是学校特色文化建设的重要一部分,能反映学校的一部分特点,但是这些特点只是在表面上下功夫,并没有抓住"乡村学校文化"的内涵,与其他农村地区的学校没有差异,也比不上城市学校。乡村学校特色文化的创建不止体现在学校的建筑、墙壁、教学设备及绿化上,还包括全校师生所共同享有的价值、信念等,这些东西是不能外显的,只能内化于师生并表现为具体的行动,更要体现农村的文化和特点,不能一味与城市学校

① 陈向明.学校发展计划与学校自主发展:"西部基础教育发展项目"的经验与反思[M].北京:北京大学出版社,2008:206.

相比。因此,乡村学校特色文化的核心是学校的办学思想、教育理念、价值观念和思维方式,体现在全体师生和历届校友普遍认同并经过历史积淀稳定形成的正确价值取向上。

乡村学校特色文化创建表面化的另一个原因即是乡村学校与农村文化的断裂。长期以来,由于乡村学校所代表的文化与其所在社区的文化不同,并且处于强势的地位,学校被称为"村落中的国家",因此,学生进入学校时,必须放弃其所熟悉的文化,学校传授的知识也与社区生活毫无关系。不仅导致了学校文化与农村社区文化的断裂,在一定程度上也中断了农村社区文化的传承。这就使学校文化建设往往缺乏当地农村的特色,学校的文化建设无法完全照搬其他学校,但是基础建设却是可以被大面积模仿,并且能够在短时间内取得显而易见的成效。因此许多学校往往选择后者,殊不知这根本不是乡村学校的文化建设,而只是表面工程而已。正是由于乡村学校文化与社区文化的断裂,导致了学校特色发展成了无源之水、无本之木。

(二)同质化

乡村学校特色文化创建同质化一方面体现在乡村学校文化"存在"的同质化,另一个表现就是"虚无"的同质化。农村特色文化"存在"的同质化即是指各个乡村学校虽然提出了自己的"学校文化",但是缺乏特色,不能起到应有的作用。如在学校理念和愿景设计上,各个学校充斥着大大小小的雷同概念,让人不知所云。最常见的如学校提出了"争创一流"、"办人民满意的教育"等奋斗目标,缺乏特色,实用性不强。由于学校教育与社区文化的断裂,学校校长和教师与社区群众的疏离,导致了农村小学与农村社区之间的联系较少。因此,乡村学校的特色文化建设不能从农村社区获取资源,即不能获取具有地方特色的文化资源,只能照搬照抄城市或者其他学校的学校文化,稍作修改,成为本校的特色文化,造成了乡村学校特色文化创建的同质化。同质化的学校文化仍然是与当地的农村社会相脱离,既不能满足当地农村社会发展的需要,也不能激起教师和学生共同认同的热情,不能发挥其应有的作用。

乡村学校特色文化"虚无"的同质化即是指由于过度追求升学,导致学校特色文化缺位,学校充斥了应试主义的风气。在农村,学生家长对学校教育抱有极大的期望,教育被赋予促进社会流动的功能。农村家长和孩子迫切地希望通过学校教育来改变自己的社会经济地位,走出农村。因此学校教育往往被赋予了一种目的和手段。在这样的功能期待下,乡村学校也开始轰轰烈烈的应试主义教育,加上现有的教育评价制度的缺陷,学生成绩甚至成为评价一所学校、一个校长、一个教室的唯一指标,导致了所有学校共同追求统一目标——学生成绩。自然学校的文化建设和特色发展就被丢在了一边。只有在需要其发挥作用的时候才被想起,而更多的时候,替代它的是成绩、排名、升学率。因此乡村学校特色文化就变得"虚无"。

(三)功利化

功利化的乡村学校特色文化创建指的是将学校文化创建看作是学校的形象工程或者是应付上级检查的政治工作,如大张旗鼓地张贴标语、悬挂横幅等,甚至有的校长把它作为自己的政绩工程,不惜人力、财力、物力建校园雕塑、修文化墙等,偏离了乡村学校特色文化建设的最终目的。乡村学校的特色文化需要一些基础建设,但是这并不意味着仅仅是基础建设,更加不是表面工程、形象工程。学校文化的创建必须根植于农村地区的实际,而农村地区丰富的自然资源、历史文化资源等需要认真挖掘、提炼、分析、统合,才能为学校所接受,凝聚成学校的特色文化,这是一个长期积累、不断提炼的过程,应该摒弃急功近利的心态,要有耐心,不能脱离实际,好高骛远,盲目追随。

因此,乡村学校的特色文化创建有自己的特殊性,它不是应付上级领导检查的应景之作,不是形象工程,而是需要全校师生共同努力转变思想认识,付诸实际行动并长久坚持的活动。农村乡村学校特色文化的创建要杜绝形式主义和虚假繁荣,要有前瞻性的、发展性的眼光。乡村学校特色文化的创建是在创建一种理想的教育氛围,追求一种应然的教育,而不是为了图一时好看的形象工程。应该正确理解乡村文化建设的内涵,重新审视文化建设的价值。建立科学的文化建设目标,构筑建设的整体框架,并且建立健全的管理制度,杜绝出现乡村学校建设的功利化。

第二节　乡村学校在乡村教育改革中的文化发展[①]

乡村学校建设作为乡村教育改革的一个关键环节,对乡村教育改革能否顺利进行起着举足轻重的作用。而反观乡村学校建设,又需要有适合其

---

① 李志超.学校文化重建与课程改革[J].中国教育学刊,2013(2):61-65.

发展的文化引领,因此良好的乡村学校特色文化的形成,有利于推动乡村教育改革的前进。在理性思辨、历史叙事、主动创生的学校文化建设的三体途径中,主动创生致力于学校文化建设的自觉生成,正逐步成为根本途径。①因此,我们可以说,在借助乡村学校文化"创生"中实现"重建",在"主动"的感召下生发出"自觉",使乡村教育改革与新农村文化建设相契合。

一、乡村学校文化与教育改革

乡村教育改革问题,已经成为当下新农村建设的大势所趋。这种趋势既表达了大家对良性的农村文化在乡村教育改革所发挥的积极作用所寄予的深切期望,又彰显了教育与文化唇齿相依的密不可分。可以说,"乡村教育建设的路径,在观念层面上,有赖于整个社会健全的现代化理念的生长生成、乡村社会理想的重新激活及其在现代化理念中的合理位序以及由此而来的健全现代教育理念的生成和乡村教育在现代教育体系中的位序"②。因此,学界的共识是:在乡村教育改革的攻坚阶段,占领文化(此处特指乡村学校文化)这个制高点已是刻不容缓的任务。

（一）乡村学校文化与教育改革的意义关联

沿着学校文化的核变之"道",走向教育改革的发展之"路",是当今教育的"道路"③之学。而这样的"道路"也适用于乡村学校文化与乡村教育改革二者之间的紧密联系之中。要实现"道"和"路"的整合汇通,需要达成二者之间的意义关联。

一方面,乡村学校文化与乡村教育改革的相互制衡。用"制衡"来形容乡村学校文化与乡村教育改革之间的彼此关系,突出了二者之间内在的互相制约、互相依赖的密不可分。具体说来,主要表现在两个方面。一方面,从乡村学校文化自身发展的角度看,文化认同是乡村教育改革在学校层面深入进行的基本前提。文化涉及价值观念及行为方式的转变,所以说,乡村学校文化既能促进也能阻碍教育改革,这关键要看教育改革如何发挥自身优势将蕴藏于农村中的学校文化激活,使文化由人为自在静止状态的名词形式过渡到人化自觉过程的动词形式——文化化。总之,不能被新农村建

---

① 李伟胜.学校文化建设的第三条途径:主动创生[J].南京师范大学学报(社会科学版),2011(1):91-96.

② 刘铁芳.乡土的逃离与回归[M].福州:福建教育出版社,2008:11.

③ 朱成科.生成论哲学视阈中的现实教育"道路"研究[D].长春:东北师范大学,2011:16-27.

设所给予厚望的学校文化化了的改革算不上是行之有效的改革,是"失败"了的、不彻底的改革。另一方面,农村的教育改革本身的复杂性和系统性要求我们的乡村学校必须做出相应的文化变革。变革的过程就是学校原有文化与教育改革理念相互冲突与调适的过程,因而改革的整体推进必然要触及乡村学校的文化内核。离开了文化参与和支持的教育改革,犹如缺少灵魂的肉体,注定是不完整的。

另一方面,农村的教育改革对乡村的学校文化因素的高度重视。将态度和价值观等内容明确纳入教育改革的理念和规划之中,是本次教育改革与文化发生意义关联最好的,也是最明显的佐证。随着教育改革的逐步深入和原有阻滞改革发展的重重瓶颈的瓦解,这种致力于态度和价值观变革的文化理念迅速占领了乡村教育改革的战略高地,一跃成为教育改革实施的核心指导思想。乡村学校文化作为教育改革的柔性系统机制,起着价值引导、观念整合、情感激励、规范调节等重要的整合作用,具有牵一发而动全身、事半功倍的效果。① 学校作为农村的教育改革的主战场,其内部的文化因素自然成为改革的重点思考对象。

(二)乡村学校文化建设与教育改革的前提假设

基于乡村学校文化与教育改革之间意义关联的深刻性,我们在此打算以四个前提假设作为立论基点,为下文的阐释提供更为清晰的思想脉络。

第一,文化是一种表达。人类的任何活动其背后都隐藏着一种文化的深层意义,站在文化的角度,意义比事实本身更重要。人的表达就是文化的表达,人借助文化的表达而实现自我的表达。文化是透过人的活动而实现的,是人活动的结果。② 文化作为人类活动的载体,既说明了其渊源之悠久,又饱含了对未来的憧憬。

第二,学校作为一种社会组织而存在。杜威(J. Dewey)早年在论及学校性质时就提出了这个观点,教育是社会生活的过程,而不是生活的预备,学校作为一种制度应当简化现实的社会生活。③ 由此而推,学校文化主要是一种组织文化。事实上,尽管关于乡村学校文化的讨论方兴未艾,但是学校内涵所赋予乡村学校文化的使命自不待言。

---

① 苏鸿.基础教育课程改革与学校文化重建[J].课程・教材・教法,2003(7):10-11.

② 赵旭东.文化的表达:人类学的视野[M].北京:中国人民大学出版社,2009:2.

③ [美]约翰・杜威.学校与社会・明日之学校[M].赵祥麟,任钟印,吴志宏,译.北京:人民教育出版社,1994:6.

第三,文化中的主体具有文化能力,乡村学校中的文化主体实体亦是如此。乡村学校中的文化既表达了学校的组织结构,反过来又促进了这种组织结构的再生产。制度化了的乡村学校作为文化资本的融通渠道,使得文化中的每位成员以文化再生产的能力主体的身份而存在。[1]

第四,改革作为人类表达文化能力的一种实践,可以促进文化的转化。乡村学校文化逐步成为农民个体与乡村教育改革的中介和工具。一言以蔽之,在改革过程中,它可能遭遇各种形式的文化态度。这种态度可以是对抗与妥协,也可以是服从与濡化,这其中乡村学校文化的表达功能使得潜在的文化抵抗得到转化乃至内化成为可能,保证了教育改革实践的开展。

二、乡村教育改革受阻的文化阐释

如前文所述,学校主要是一种社会组织是本文的立论基点。所以,从组织文化的角度分析、阐释乡村学校教育改革现状,必须留意乡村学校和城市学校一样,其组织结构所同样具有的三个由具体到抽象的文化层次:规范、共享价值和潜在假设。[2] 因为乡村学校教育改革过程中发生的任何事件都是对其文化背后规范、价值观及假设的强调。

(一)规范层面的文化逻辑相互分离

乡村学校组织作为一个文化实体,有着自己独特的运行方式。其中,规范的界定是构成乡村学校组织文化的主要外在标准。乡村学校所具有的规范大体有两个方面的来源:一个是校外教育政策、法规的转化;另一个是校内强势文化的积淀。文化逻辑的分离则大体表现在第一个方面。

乡村学校中的规范作为文化的表达载体,具有与文化截然相反的特性——不稳定性。从某种意义上说,不稳定性与制度相伴而生,可以随着相关政策的传达而进行制定与更改。可是其背后有一种刚性的东西却难以改变,这就是文化。当有压迫性质的规范、制度出现时,文化在变动与稳定之间形成逻辑上的张力,文化的背离随之出现。当下农村的教育改革在学校层面遇到文化的抵抗已经是学界的共识,造成这种局面的原因是什么? 规范上文化逻辑的分离便是最表层、最具体的一个,科层制所特有的组织结构

---

① 罗生全.符号权力支配下的课程文化资本运作研究[D].重庆:西南大学,2008:226-227.

② [美]霍伊,米斯克尔.教育管理学:理论·研究·实践[M].范国睿,译.北京:教育科学出版社,2007:161.

决定了其背后文化的控制与监视性质,这是产生文化逻辑分离的罪魁祸首。乡村学校的诸多规范是对在校师生的一种控制程序和期望表达,具有层次的多样性,对师生的行为进行直接或间接的规约、控制,它是理论标准与社会标准的汇总、是国家指令与地方要求的具体化。在乡村学校的规范中,宏观层面主要包括道德、思想规范等;中观层面涉及管理、考评规范一类硬性指标;微观层面大体集中在外在的物质、行为等方面,如学校的各种仪式规范:升旗、上下课礼仪以及其他卫生、秩序规范等,可以说是面面俱到。这些大大小小的符号载体在内容上是事无巨细的:诚实守信、公平公正、团结互助、理解、友善、准时、负责、勤奋、务实……

就功能而言,规范具有正负两方面的作用。从正面来看,它有助于良好的农村文化的形成、濡化与内化;而反面的功能则同样强大,无形之中助长了文化抵抗的产生。从程度上分,抵抗有强弱两种态度:激烈的文化造反和温和的文化反抗。二者的主要区别在于,前者有具体的反对目标和行为方式,而后者没有明确的抵制对象,而且方式上具有多样性。农村的教育改革在学校中遭遇的文化抵抗属于后一种,所以,乡村学校中的文化抵抗并不是针对教育改革,有意而为之。就像有时人们对某些规范的遵守,更多是出于一种本能的心理召唤,属于一种自发的无意识。当规范对他原有的行为方式相左并强制其按标准来做的时候,这种温和的文化反抗就发生了。主要表面是对相关规定或视而不见,或虚假认同、言行不一。这种旁观态度其实直接导致了规范、制度等形同虚设,使原本承载意义的符号与象征彻底地沦为空洞的"符号"。可见,尚未融入乡村学校文化的外在规范无法对农村的在校师生群体产生真正的指导意义,这种规范上文化逻辑的相互分离是造成乡村教育改革在学校中不能顺利实施的关键。

（二）共享价值的文化再生产冲突

乡村学校组织在某种程度上就是一整套共享的价值观,它介于规范与假设二者之间,在互动中不断形成发展。与上一层次的规范相比,价值观具有一种行动取向,主要在实际践行中而不是在宣传口号上履行。价值观与规范之间关系复杂,不是一对一的简单形式。它们都是通过行为来反映,可是只有我们追问行为的真正原因时,才会意识到一个组织背后的共享价值观。在这个意义上,意义比现象本身更有价值,价值观必须要根植于它赖以产生的组织文化框架内进行阐释和理解。而在这个过程中,具有这种阐释和理解能力的文化主体实际上是基于一定的情境进行文化再生产,所以说,农村文化的产生与发展既受制于价值观，又体现既定的价值观，价值观的共享是文化再生产的核心。

　　透过教育改革在乡村学校中的实践，可以发现，学校所倡导的和践行的价值观之间还存在着一定的差距，主要表现就是服务于乡村学校的教师教学观念的冲突。乡村教育改革强调为了每个学生的发展，强调以人为本。与此相应，现实中也没有哪一所乡村学校说它不提倡以人为本。大家都承认学校就是一个培养人的组织机构，可事实果真如此吗？裹挟于考选文化与绩效体制的利益驱动之中，乡村学校实际上已经无意识地把以人为本这一价值观排在了分数至上的后面。长此以往，整个乡村学校组织结构就像是一个高速运转的机器，遵循着原有的运行路径无限地重复循环着，没有人能够停下来思考是否合理。尽管教育改革的提出，让这架机器看到了一丝喘歇的机会，可是其背后考选文化的强大惯性，像一只看不见的手，牢牢地把持着其内在运行轨迹。可以说，稍有懈怠便要承受沉重的改革代价的焦虑感和恐惧感，似乎震慑住了学校组织中绝大多数个体。

　　教育改革的成功之处在于，它的理念是令人向往的，大家都知道这样做更好，这一点毋庸置疑。文化的冲突之所以会产生，就是因为价值观念上的冲突。一方面，乡村学校中的教师都认为以人为本的观点是正确的；可是另一方面却又根深蒂固地认为，如果完全按照当下改革所要求的新的教育理念来上课，会降低学生掌握基础知识的扎实程度。这种犹豫不决，认可又不敢完全接受的态度，说到底还是对教育改革不信任的直接表现。价值观作为文化的主要成分，对新的文化因素的阻碍是潜在的、无意识的。观念上的东西一旦形成，改变起来将会很难。因为它本身产生于乡村学校组织中的原有文化，并通过组织中文化主体的文化能力进行着表达与再生产，复制着既有的文化路径和组织结构。所以说，价值观的变革是实施农村文化变革的前提条件。而且，价值观的冲突并不完全是一件坏事，冲突与矛盾意味着受到了某些影响，同时也预示着新的契机可能出现。

　　(三)潜在假设的文化导向偏差

　　潜在假设是农村文化当中最抽象的部分，也是最根本的部分。它是对各种事物、关系与现象等的本质状态的抽象预设、假定。孟子的"性善论"，墨子的"性恶论"，是先哲们对人性作出的前提假设。柏拉图认为知识是先验的，亚里士多德则认为知识产生于经验，则是智者们对知识来源的潜在假设。组织文化的潜在假设决定了共享价值观的类型与属性，进而在农村文化组织内部形成一系列其认为是理所当然的规范。

假设与行为之间一定存在着某种可理解的意义结构,所以既然说它是前提假设,那么自然就存在相关的事例可以进行验证。乡村学校文化的潜在假设决定着学校规范、秩序建构的方式,如果有了科层制有利于监管控制进而提高组织效率这一假设,乡村学校的等级与控制自然就有了它存在的合法性,那么规范的使用只能集中在它控制、监视作用的发挥。本次乡村教育改革提出对教师赋权增能,可是现实中,这一理念往往流于形式。究其原因,在于乡村学校管理人员与教师、教师与学生之间存在严重的等级差别,上级与下属是他们的主要关系链。很多教师根本不知道自己学校的发展规划是什么,以至于参与制定则是一枕黄粱;校领导更多是通过传达与命令的方式与教师交流。观念中的这种等级假设所孕育的僵化组织文化显然无法促进课程改革在学校的实施,造成新旧乡村学校文化的相互碰撞。这个假设之所以普遍存在,是因为它为严格的纪律提供了合法性依据,学校中的一切权力、秩序与控制都是在这个前提假设的基础上生发出来的。

"分数至上论"的评价结果取向这一前提假设导致了知识与能力不可兼得的论断,在乡村学校文化中同样存在着比比皆是的衍生案例。对于乡村学校而言,完全放手进行教育改革是不可能的,这不是因为不认同教育改革的理念,而是受到关于评价体制潜在假设的制约。很多农村教师抱怨说,教育改革以来负担更重了,其实这背后最大的无奈还是一切向成绩看齐的分数图腾。不掌握扎实的知识就不能考高分,更奢谈什么能力的发展。也就是说,分数是最大的权威,及格率、优秀率、升学率等各种量化指标紧随其后,逼得人本文化还没来得及出场就不得不全身而退。身心俱疲的结果在一定程度上造成了农村教师对改革的不理解,甚至是敌对态度。受这种潜在假设的强烈暗示与影响,很多农村教师会认为教育改革所带来的新任务:校本课程开发、整合课程资源,反思日记、进修培训等,完全是一种负担。尽管大家心里都明白,教育首先是一种培养人的活动。但是在考选文化的规约与宰制下,对于农村教师而言,他们已经没有精力为"影响成绩的能力培养"大费周折。

三、乡村教育改革中的农村文化重建

乡村教育改革的推行,已经走过了十余个春秋。随着改革的深入,文化作为一种分析工具,逐渐引起了学界的关注。人们开始认识到,乡村学校的文化变革是决定教育改革成功与否的核心要素。然而,不得不承认的是,要

想在文化内部行动起来相当困难。因为文化是个海绵一样容纳力极强的概念，几乎无所不包，我们无法准确定位究竟是什么因素阻碍了教育改革在农村的实施。这就客观上要求我们在关注乡村教育改革出现问题时，立足乡村学校文化重建的思考角度，在本体追问中深入文化内部的三个层次；随后，跳出学校层面，站在关系思维的立场与高度整体把握与规划乡村学校文化建设。

（一）乡村学校文化本体追问的内在向度

乡村学校文化重建的前提就是对其文化本身的追问与反思，如果说上文的文化阐释要尽量像剥洋葱那样，从外向内层层逼近真相，那么下文的文化反思则应采取由内而外的路线，希图通过布迪厄式连根拔起的思维品性，一改传统表层化操作的皮相之见。因此，我们试图采用与上文逆向的阐述方式，从内到外的论证乡村学校文化的三个层面。

首先，形成潜在假设下的反思品质。具有误导性质的假设是乡村学校远离人本文化的源头性所在，这些潜在假设存在得理所当然，又表达得理直气壮，可以说它直接关系着变革的成败，是乡村学校文化重建中最深刻、最根本的部分。潜在假设对价值观与规范的形成发挥着主宰式的作用，是乡村学校组织结构文化属性的决定性因素。从整体的关系中审视乡村学校文化中的假设、价值观与规范，就会发现它们是一个你中有我、我中有你的配套综合体，不存在绝对的因果关系，在等级严明、控制为主的组织结构中不可能存在真正意义上的信任与支持。由潜在假设本体思考延展开来，沿着它潜隐性特征的内在线索，我们追问的是，"如何将现象背后的潜在假设揭示出来，并在此基础上进行调整？"答案只有一个：反思！反思是一种实践理性能力，它要求文化中的主体能够克服自身的惰性与思维定式，对左右其价值与行为的前提假设准确反思、定位，以便洞察出教育改革在农村建设中所遭遇的文化抵抗的根源所在。这其中，问题意识是关键。除了要善于发现、总结问题之外，想找到其背后起操纵作用的假设，还要具有沿着问题产生的脉络进行深层次反思与追问的意识与勇气。这里提到勇气是因为反思主体要承受反讽式的后果——你所发现的假设很可能就是你一直以为绝对正确并最受追捧的对象。

其次，催发价值观的性向转变。价值观是乡村学校文化重建的决定性环节，它不仅重要而且顽固，因此它既是变革的重点也是变革的难点。说得直白一点，有关乡村学校文化重建的价值观思考，就是要解决观念转变的问题,如何让乡村学校组织结构中的成员认识到文化变革与重建的必要性与紧迫性,是这一层面的核心命题。对于价值观转变而言,认知冲突的产生既是它的障碍,也是它的契机。不可否认的是,今天的乡村教育改革已然引发了这样的契机,所以若想进一步深化改革,接下来就是如何使乡村学校文化重建获得学校全体成员情感上以及观念上的支持,它是文化内化至关重要的、也是唯一的途径。一旦农村文化的内化过程在学校中开始形成,改革的很多问题就会迎刃而解。因为价值观主体的文化再生产能力在此时已由动机变为动力,支持并维持着乡村学校文化建设进入新的轨道体系。

最后,保持规范与农村文化的适度张力。从乡村学校文化的角度思考,可以粗略地认为,体制就是规范。① 从这个意义上说,乡村学校文化重建就是变革学校规范背后所隐藏的管理体制。当然,乡村学校中的体制的确立会受到假设与价值观的影响与制约,但反过来,体制的修订与完善也会对假设与价值观起到强化作用。所以,体制虽然是乡村学校文化中相对外在的因素,但却不容忽视。体制的变革是对文化主体之间利益关系的重新分配,这个过程中必须关注一个均衡点的问题,以确保规范与文化之间那种适度且积极的关系。一方面它要立足于以人为本的民主理念,冲破控制文化的束缚;另一方面也应发挥其自身的规范作用,为乡村学校文化的重建提供制度上的保障。体制与规范既是组织运行的保障,又是组织规训的借口。要让体制与规范发挥积极作用的前提是组织成员在心理上对其认可和接受,不但要了解它的作用及其背后的价值观、假设;而且在按照这些规范、体制行事的同时要意识到义务与权利的对等关系。这种文化主体意识的觉醒能变奴性服从为理性自觉,它是乡村学校文化重建的必然要求和表达起点。

(二)乡村学校文化关系思维的外在向度

教育改革在乡村学校文化重建中泛起"思想褶皱"的同时,为乡村学校文化的慎思开辟了新的路向,形成了"全体"作为课程改革之特色亦作为研究中需要具备的理论意识。② "全"的统筹品质具体表征为以下时空两个不同纬度的参照坐标。

一方面是乡村学校文化的关系耦合性。学校是社会中的学校,乡村学

① Douglass C. North. Stucture and Change in Economic History[M]. New York:W. W. Norton & Company,1981:201.

② 韩军.跨越中西与双向反观——海外中国文论研究反思[J].文学评论,2008(3):158-163.

校中的问题从来都不单单是乡村教育的问题,它与整个农村社会发展中的其他组织机构息息相关、多位一体。作为组织中的乡村学校文化,它自然是关涉多方面的关系,比如同级学校之间、大中小学之间、学校与社会(包括政府、市场等)之间等。这种相互影响并制约的关系实际上赋予了、也决定了乡村学校文化重建需要特色、合作、适应与引领的文化属性。主要表现在:第一,在现代化的今天,越来越多的人认识到乡村学校是一个开放的社会系统,其边界的模糊性,使它与周围环境的联系越发紧密。这些微妙的关系,对乡村学校文化是挑战,也是机遇,并且同时赋予了乡村学校文化适应与引领的双重标准,这是当代乡村学校文化重建绕不过去的大背景。第二,随着教育改革以及教师专业发展等教育命题在农村建设的升温,大中小学的关系问题也同样开始纳入了乡村学校文化重建的视野。事实上,大学—中小学合作(U—S合作)由来已久,但其在我国真正与学校文化建设产生交集,还是在此次教育改革以后。无论是专家、学者还是一线教师都清醒意识到,大中小学之间的合作共生关系是重建乡村学校文化的一个基本的思考框架。第三,适应与合作固然是不容忽视的,但对乡村学校文化而言,更为关键的是特色,它是乡村学校的灵魂,是其组织内部成员的身份标识。每所乡村学校都有自身的现实定位和不同的历史内涵,它主要通过各自的办学宗旨与文化传统等内隐形式得以彰显,具有不可复制性,因而不存在什么是最好的乡村学校文化的普遍标准。所以在大方向不偏离的情况下,乡村学校文化重建一定要发挥本校的优势与特点因地制宜,千篇一律是乡村学校的文化建设的致命伤,这个是在发展乡村教育的今天,所必须谨记的。

另一方面是乡村学校文化发展的可持续性。乡村学校文化是历史积淀的结果,是一种历史的传承。所以思考乡村学校文化重建必定要站在时间的连续点上,以确保思考向度的完整性。乡村教育改革过程中的乡村学校文化重建困难的最重要原因在于我们以一颗短视的"事件心理",而非以串接历史、现在与未来的"过程思维"对待乡村教育。关于短视,维特根斯坦有个形象的隐喻,给近视眼指路是件困难的事情。因为你不能对他说:"看着教堂十里外的塔尖,顺着那个方向走。"[①]的确,要对已经患上近视眼的学校进行文化重建并不容易,但学校在农村发展中的特殊身份和战略地位,却又让每一个关心教育的人不得不尝试从不同的角度对其进行矫正治疗,文化的视角就是其中一个。农村文化的复杂性决定了它变革过程的多维性,较

---

① [奥地利]维特根斯坦. 文化与价值[J]. 许志强,译. 杭州:浙江文艺出版社,2002:6-7.

为明显的一点就表现为时间上的连续性。从历时态的角度来思考乡村学校文化的重建是促进乡村学校文化可持续发展的着力点,因为历史经验、当下局势与未来走向这三个时间维度是思考当下的乡村教育问题所不可或缺的。

第三节　乡村学校文化创建的案例分析

一、蒲江县成佳镇九年制学校:茶文化兴校

蒲江县成佳镇九年制学校是一所颇具特色的农村九年制学校,位于成雅高速路旁的"中国绿茶之乡"成佳镇,是成都市标准化建设学校。2002 年以来,经过全体师生十多年来的探索实践和辛勤耕耘,学校以茶文化为载体的育人体系和育人环境已经初步形成了一种育人模式,"茶人教育"品牌已经初步形成。学校以"茶人同道,自然成佳"为办学理念,依据茶文化以"品"为核心、以"和"为灵魂、以"真"为终极追求,建立茶道文化传承及体验体系。构建了从"种茶—采茶—制茶—品茶"到茶文化欣赏为一体的茶人教育浸润工程,创建了"学校＋家庭＋企业＋社区"的"四位一体"茶乡教育模式,走出了一条适合自身发展的茶乡教育之路。

学校不仅将茶文化同育人紧密结合起来,形成了"学校、家庭、社区、企业"四位一体的模式,更为重要的是在以学校特色建设为纽带的社区发展过程中,社区的经济、文化等方面的发展也是显而易见的。社区之中的所有人都可以到学校讲课,传递自己的理念与想法,而社区居民也可以随意到学校听课。如此一来,学校的特色建设与社区的文化理念的更新与发展紧密结合起来,学校特色成为促进社区文化发展的有力手段。成佳学校的探索是蒲江县乡村学校服务农村经济、乡村教育反哺农村社会的典型缩影。

与其他学校大量的花卉盆栽不同,成佳学校最多的绿色植物是"茶树"。凡是可以利用起来的空地,学校都种满了郁郁葱葱的茶树,并根据不同分区命名为"茶松混植园"、"茶桂混植园"、"茶林混植园"。学校内外都是茶园,茶园处处皆教育。

学校将茶文化向学前教育和中小学教育辐射,培育和熏陶幼儿和中小学学生知茶道、爱茶乡、爱生活的美好心灵。学校开发了校本教材《茶乡四韵》分幼儿、小学、中学、成人四个版本,即幼儿启蒙版《茶乡美韵》、小学智慧

版《茶乡雅韵》、中学智力版《茶乡情韵》、成人知识版《茶乡绿韵》。全校师生、家长人手一册,通过开设"茶·人"礼仪校本教育课程和"茶·人"社团活动等,让学生在浓郁的茶文化环境中受到浸润,知茶情、懂茶礼,传承茶艺茶道,激发学生热爱茶乡,建设茶乡的感情。

学校的教育教学工作近十年连续受到县教育局表彰,学校被评为成都市绿色学校、成都市社区教育先进单位、蒲江县办学特色学校、蒲江县文明单位、蒲江县廉政文化进校园示范校。2004 年以来,《中国教育报》《四川日报》《成都日报》以及中央电视台教育频道等媒体曾相继报道成佳学校"学校＋家庭＋企业＋社区"四位一体的茶乡教育模式并给予肯定和好评。在成都市千名校长大阅兵中,学校的办学特色在成都电视台"金沙论坛"推广。2012 年 3 月,学校校本课程"茶人教育四部曲"被评选为国家级特色课程。

[点评] 蒲江县成佳镇自古产茶,种茶制茶已有一千多年历史,20 世纪90 年代茶产业进入产业化发展阶段,成佳镇已是国家茶叶标准化示范区核心区,生态绿茶之乡。蒲江县成佳镇九年制学校正是借助这一独特的资源,在"茶"上下功夫,创建学校的文化,使茶文化成为学校文化理念的一种,同时又反过来作用于在校师生。其不仅在学校的物质文化层面体现茶文化,更设计了"茶人同道,自然成佳"为办学理念,开发校本课程,组织实践活动,加强学校与社区的互动,全方位展现了学校的文化,取得了育人和兴农的双赢。同时开设的校本课程丰富了学习内容,激发了学习兴趣,又加强了校园的精神文化建设,成功地将当地的文化与学生的个人成长融合在一起。将茶文化转变成为该校师生的特色和该校的文化底蕴。

二、信阳郝堂宏伟小学:可持续发展型学校

信阳市平桥区五里店办事处郝堂村宏伟小学于 2011 年 10 月启动建设,按照自然和谐、生态环保、艺术人文和可持续发展教育相融合的建设理念,由北京"绿十字"生态文化传播中心孙君担任刚设计主体工程,学校占地28 亩,集幼儿部、小学部、教师宿舍为一体,目前可容纳学生300 名。于 2012年 9 月正式启用,是国内首家以可持续发展理念设计建设的农村小学,是平桥区"郝堂·茶人家"项目建设重要组成部分。学校不仅建筑特点明显,校园内的其他设施也较为先进和考究,处处体现可以人为本、持续发展、绿色环保的特征,校园内的公厕最能体现学校设计、建设的理念,是由台湾著名设计师谢英俊先生设计的"粪尿使用分集环保厕所",尿粪分离处理,节约用水的同时避免疾病传播。

　　郝堂村一直致力于寻找乡村教育的价值,发挥大自然对孩子精神成长的作用,促进国民教育与社区教育相结合,把乡村小学建设成为农村文化教育中心,成为乡村社会家园的象征和载体。村小学是以可持续发展教育课程建设为载体,以环境与科技创新教育为特色,设置茶艺、农作、陶艺等特色校本课程,突出学生自主探究与团队合作能力,秉承可持续发展教育、自然教育理念筹建起来的自然小学、森林小学和青少年可持续发展教育基地。郝堂村小学明确教育为可持续发展服务的时代功能,培养青少年形成可持续发展所需要的学习能力、科学知识、价值观念与生活方式。在素质教育中强化可持续发展价值观教育,在基础教育课程中强化资源节约、环境保护、文化多样性等内容,指导学生关注并积极参与解决社会、经济、环境与文化可持续发展实际问题,成为具备可持续发展理念、全面综合发展的栋梁之才。同时,让学生带动家长思想的转变和提高,让学生给村民打分,监督村里乱扔垃圾、乱堆乱放等不文明行为,起到了事半功倍的效果。利用学校教育学生,学生引导家长,促进村民素质提高。这样,既创新了村民教育的方式,又培养了新农村建设的接班人,一举多得。

　　[点评]　郝堂宏伟小学是一所新建的农村小学,坐落于美丽的河南信阳郝堂村。2013年,郝堂村被授予全国第一批"美丽宜居村庄示范"称号,作为信阳农村可持续发展项目试点村,该村坚持用自然、环保的方式来建设美丽村庄。学校的文化建设也秉承这一理念,以"可持续发展"为学校的办学理念。这不仅体现在学校的建筑设施上,如拥有"粪尿使用分集环保厕所",更设计了"自然和谐,生态环保,艺术人文和可持续发展"的理念。另外,学校与村庄和谐发展,共享可持续发展理念,共同致力于环境保护和生态建设,也是乡村学校特色文化创建的宝贵经验。

第七章　乡村学校服务于新农村文化的课程建设

　　党的十六届五中全会通过的《中共中央关于制定国民经济和社会发展第十一个五年规划的建议》明确提出了建设社会主义新农村的重大历史任务。建设社会主义新农村,不可能绕开农村的文化建设。新农村文化建设,关键在于乡村学校课程建设。在城市化进程的大背景之下,广大的农村地区发展越来越依附于城市,这不仅体现在经济发展模式、生活方式与城市的日益趋同,还表现在课程建设的城市化倾向越来越严重。在当前的乡村学校中,课程目标、课程内容、课程实施、课程评价等方面基本沿袭城市化的设计取向,导致课程与地区实际情况和学生认知能力的脱节,很多学生成为学习的失败者,无法适应未来生活。在新农村建设的大背景下,学校承担着比以往任何时候都重要的文化使命,如何在考虑农村地区经济、社会发展的实际水平以及师生特点的基础上进行乡村课程建设意义深远。

第一节　乡村学校服务于新农村文化的课程设计

一、乡村学校课程建设的背景和意义

　　新农村文化建设的关键因素是教育。教育是文化的继承者和传递者,课程建设则是教育的具体举措。课程不仅是文化的载体,同时也是知识的具体表现,是新农村文化建设的有效工具。我国学者特别重视对文化建设中教育问题的研究,但是现有对文化建设中课程问题的研究尚有所不足,对

农村文化建设中教育问题的研究较少,并且在多目标层次体系下文化建设中教育体系的构建与完善的综合性研究尚属空白,特别是对乡村文化建设中课程的设计、课程体系的构建、课程的开发与评价研究较欠缺,对策性不强。因此,在当前新农村文化建设中加强对乡村学校课程的相关研究十分必要的。笔者拟就背景和意义两个层面分析乡村学校课程建设的背景。

(一)乡村学校课程建设的背景

随着新课程改革的稳步推进,三级课程管理体制逐步确立,广大的一线学校被赋予部分课程权力。基础教育的赋权增能,使得乡村开始萌生真正意义上的课程建设意识。但是,由于长期以来"大一统"的课程管理体制,导致教师课程意识不足,乡村学校课程建设遇到诸多不顺。当前乡村学校的课程建设面临与其他校本课程建设相似的困境,具体表现为"课程建设过程方面,比较随意,缺乏科学性、规范性;课程管理方面,缺乏系统观念和科学布局;课程建设内容方面,课程内容重复低效、缺乏整合,课程资源领域开发不够、缺乏共享、利用低效"[①]。笔者认为,乡村课程建设之所以出现如此多的困难,关键在于对课程建设这一概念本身的认识出现偏差。

"课程建设是一个虚实相间的问题,探讨课程建设必须从价值和事实两个维度展开才具有可行性,才能完整展现研究的全貌。一方面,在教育成为对话平台的现实背景下,人文精神正在逐渐成为课程建设主流价值取向之趋势已成定局;另一方面,我们也应正视课程运作过程中另一真实的存在——权力及其效力。"由此可见,乡村课程建设既是一个价值实现的过程,也是一个权力彰显的过程;与此同时,还不可避免地涉及一些技术问题,"课程建设即是对学校课程体系的编制、设置程序的决策和运行方式的选择等一组特定行为的组合,它包括合理性课程内容建设、课程设置基本原理建设和课程运行动力体系建设等基本内容,集中指向课程规划主体的认定、课程编制、实施、管理和监督等具体问题"[②]。由此可见,乡村课程建设还是一个技术实现的过程。

基于上述认识,笔者认为,乡村课程建设的过程涉及三方面的问题。第一,乡村课程建设的价值取向是什么?第二,乡村课程建设的权力分享主体

---

① 刘霞,戴双翔.当前我国课程建设的困境分析[J].辽宁师范大学学报(社会科学版),2011(6):38.

② 张东娇.课程建设·权力介入·人文精神——缘于价值和事实两个维度的讨论[J].西南师范大学学报(人文社会科学版),2003(5):89.

有哪些？第三,乡村课程建设的具体技术路径是什么？对于这三个问题的回答不同,建构起来的乡村课程建设的概念体系也会有所不同。就基础教育而言,笔者认为乡村课程建设的基本取向应该是坚持科学精神与人文精神的融合统一,正如有学者所说的那样,"中国基础教育课程改革真正需要的,是自觉地、明确地提出两个方面基本建设的任务,是从两个方面与各自对立的陈旧落后的课程传统抗衡,将人文主义和科学主义课程传统中的优秀成分发扬光大,真正在中国基础教育课程中扎根和完善"①。从乡村课程建设的权力分享主体而言,要把学校和教师放到乡村课程建设的最主要权力主体地位,让学校拥有真正的自治和决策的机会。从乡村课程建设的基本技术路径来看,基础教育的广大学校应该将知识的传承与传递作为主线,将促进学生全面发展作为基本目标,在结合学校和地区实际情况的基础上对课程目标、课程内容、课程实施、课程评价进行全方位的改造。也就是说,作为一项系统工程,乡村课程建设的"基本思路是在厘清办什么样的教育的基础上,基于对教育的独特认识建构自己的课程,用自己的课程进行教与学,用学校建构的理想教育图景来评价自己的教与学"②。

通过对上述三个问题的分析,笔者认为,就基础教育而言,乡村课程建设就是指在坚持科学精神与人文精神相统一的理念的指导下,充分调动广大教师的积极性,在综合考虑学校办学条件和地区特色的基础上围绕国家课程、乡土课程和校本课程,对课程目标、课程内容、课程实施、课程评价进行重新建构的过程。

（二）乡村学校课程建设的意义

1. 乡村学校课程是实现本土化与现代化融合的桥梁

农村文化是源于乡土并依存于乡土,以农村和广大农民群众为载体,在特定的农村经济条件下形成与发展集生活方式、思想观念、认知方式、科学文化水平等要素为一体的精神产物。由于乡村文化与农民的特殊心理和精神息息相关,在城市化进程中,往往被打上"落后"的标签。特别是在市场经济大潮的推动下,城市化的优势更加明显。"当追求富裕成为乡村人压倒一切的生活目标,经济成为乡村生活中的强势话语,乡村社会由玛格丽特·米德所言的以年长者为主导的前喻文化迅速向以年轻人为主导的后喻文化过

---

① 丛立新.课程建设的双重任务[J].教育研究,2002(7):22.
② 李润洲.普通高中课程建设的教育学设想[J].中国教育学刊,2015(1):20.

渡,年长者在乡村文化秩序中迅速被边缘化。更为关键的是乡村文化价值体系的解体,利益的驱动几乎淹没一切传统乡村社会文化价值,而成为乡村社会的最高主宰。"①可以说,在农村社会,传统的农村文化与以效率、科学为代表的城市现代化无时无刻不在相互撕扯。以教育为例,"乡村教育的目的不再与乡村本身有直接联系;乡村教育的内容传递的更多是脱离乡村经验的外来价值;乡村教育的方法更多是一种村民陌生的操作;对乡村教育的评价也是城市学校评价方式的移植"②。这种文化上的博弈一方面给乡村社会带来了新的气象,另一方面也在慢慢侵蚀着乡村文化。"城市文化几乎是以吞噬的方式吸收、同化着农村文化,农村文化在与城市文化的交融中过于被动,并且这种局面会持续很长一段时期,使乡村学校文化短期内无法作出身份定位,难以建立起有自身特色的文化机制。这样,乡村学校文化逐渐向城市化靠拢,教学内容多以城市生活经验为背景,培养出的学生既无法回到农村又不能很快融入城市生活,造成了两难的尴尬境地。"③如何在农村本土文化与现代化之间寻找一个平衡点,成为社会主义新农村建设中的一个重要话题。

可以说,乡村课程建设的出现有效弥补了城乡文化的差距,在很大程度上促进了农村本土文化与现代化的融合。一方面,乡村课程建设以国家课程为基本蓝本,根据乡村社会的实际情况和学生的认知发展特点进行了系统性整合,即国家课程的二次开发。在对国家课程进行二次开发的过程中,教师在课程目标、课程内容、课程实施、课程评价等方面进行一些有针对性的探索,将国家课程中所传递的标准化、科学化的人类知识转化为学生可认知和接受的内容,实现了对普遍性知识的接纳和吸收。另一方面,在对国家课程进行二次开发的同时,教师还可以利用乡土资源进行开发,形成地方性知识。"对普遍性知识体系的吸纳,体现的是平等原则;对地方性知识的尊重与吸收,则体现的是差异原则。"④通过对普遍性知识和地方性知识的有效整合,农村本土文化与现代化在尊重平等和正视差异的基础上实现了融合。

① 刘铁芳.乡村的终结与乡村教育的文化缺失[J].书屋,2006(10):46.
② 辛丽春.乡村教育现代化进程中的本土文化自觉[J].教育导刊,2012(8):23.
③ 赵恕敏,纪德奎.城乡教育一体化进程中乡村学校文化的定位与转型[J].社会科学战线,2013(3):234.
④ 刘铁芳.回归乡土的课程设计:乡村教育重建的课程策略[J].现代大学教育,2010(6):14.

从这种意义上讲,乡村课程建设搭建了农村与城市的桥梁,促进了农村文化与城市文化的交流,对于社会主义新农村建设具有重要意义。

2. 乡村学校课程是促进学校特色化发展的需要

当前,我国基础教育已经实现了"有学上"的问题。在解决了"有学上"的问题之后,人们开始将心思集中在如何让孩子"上好学"的问题。在就近入学制度下,越来越多的学校选择以特色学校建设为突破口来凸显学校特点,满足家长让孩子"上好学"的愿望。众所周知,特色学校不是凭空而起,也不是一朝一夕就能实现的。不管在理论界还是一线,很多人将"学校特色"和"学校特色化"等同起来。我们认为,"学校特色"就是指一所学校与其他同类学校相比所具有的独特品质与风貌,而"学校特色化"则是一种学校发展战略,是学校基于本校特色项目而寻求的一种更上位的发展模式。这种认识上的误区使得当前不管是城市学校还是乡村学校,都面临着几乎同样的特色学校建设困境。有些学校试图通过加大基础设施建设的方式实现学校办学特色化,我们认为,这种方式不但不可取,反而会适得其反。"特色学校建设的关键不在于有多么漂亮的学校环境、多么现代化的硬件设备,而是在于学校文化的形成过程,在于全校师生所表现出来的价值观念。"①那么,学校文化形成的过程是如何体现出来呢?事实上,一所学校有特色,可能是一所建筑、一个项目,但是,一所有特色的学校,最核心的体现一定是具有自身特色的课程体系。从这种意义上讲,课程建设能够有效促进学校的发展。

对于乡村学校而言,实现学校特色化发展"必须首先回答特色源自何处的问题。同城市学校相比,乡村学校最大的特色莫过于其所处的地理空间及其孕育繁衍多年的农村文化"②。只要乡村学校都能够充分挖掘自己的文化特色,就有可能建立起特色化的课程体系。一个具有特色化的课程体系的出现,意味着学校的课程目标、课程内容、课程实施、课程评价与其他学校相比有了明显的区别。特色化的课程体系,还能带动学校的管理、教研、德育等方方面面的变化,学校实现特色化发展自然也就是水到渠成之事。

3. 乡村学校课程是其他课程的有利补充

一般而言,乡村学校的课程与城市学校课程相比,资源较为缺乏。但是农村具有丰富且独特的课程资源需要被开发,这与图书、网络和器材等方面

---

① 胡方,龚春燕. 特色学校建设:学校文化的选择与建构[J]. 中国教育学刊,2008(4):22.

② 段会冬,莫丽娟. 农村特色学校发展的困境与反思[J]. 教育学术月刊,2012(3):60.

资源比较充足的城市学校来比,是一个很大的优势。乡村具有真实的自然环境、真切的生活资源以及真诚的文化资源,因此学生在获得直接经验的时候体验比较真实和强烈,"让乡村少年能把生命之根扎入乡土之中,同时培养他们对自然大地的亲近,对传统农村自然、简朴、劳作的生活方式的理解与尊重,扩展乡村少年与乡土的亲近与联系"[①]。从自然环境方面来说,乡村课程有利于学生亲近大自然,感受到动植物的生活习性;从文化资源来看,乡村中蕴含着丰富的乡土文化和民俗;从生活资源来看,农村中的感情相对比较质朴,比较真诚。这三大优势可以弥补其他课程的不足,对乡村学校的学生而言更具针对性。既然课程开发的目的都是为了学生的发展,那么乡村课程对其他课程来说是一种补充和完善,帮助学生了解地方的乡土文化和风土人情,不仅可以促进文化的传承和革新,也可以帮助学生受到情感态度和价值观方面的熏陶,"这些特色资源也正是我们思想品德课和语文课等课程的有效补充"[②]。因此,对于乡村课程的开发是十分必要且紧迫的,它将作为其他课程的补充而存在。

二、乡村学校课程建设的理念

课程是一个学校生存立命之本,是学校教育的"心脏"。学校教育质量如何,不仅取决于教师教的水平和学生学的效果,更取决于课程的品质。在促进教育公平和提高教育质量的大背景下,学校课程建设应该成为学校发展当中的重中之重。反观现实,从已有研究成果来看,当前研究主要集中在课程资源开发方面,缺乏一个系统的课程建设的概念体系和操作系统。基于此,笔者认为有必要从系统论角度重新审视学校的课程建设工作。就乡村学校而言,在新农村建设的大背景下,乡村学校的课程建设不仅仅是教育系统内部的事情,更是一个促进社会和谐的系统工程。

如前所述,乡村课程建设是一个价值凸显的过程,是一个权力彰显的过程,也是一个技术实现的过程。在这样的过程中,乡村课程建设需要充分考虑乡村的自然特点和文化特点,将理念溶于技术。那么,乡村课程建设到底具有什么价值呢?笔者认为,与城市取向的课程建设相比,乡村课程建设在与乡村文化的交融中表现出以下三种身份:

---

①　刘铁芳.回归乡土的课程设计:乡村教育重建的课程策略[J].现代大学教育,2010(6):13-18.

②　黄浩森.乡土课程资源的界定及其开发原则.中国教育学刊,2009(1):81-84.

（一）以传递乡村文化为目标

在城市化进程中,相对弱势的农村发展日益被城市所裹挟。在学校教育中,大量城市学校的办学理念和办学模式涌入乡村学校,导致乡村学校盲目跟从,脱离了农村实际需求和本地实际情况,导致乡村学校的衰落。乡村学校的衰落,又进一步强化了农村的衰败。在效率的名义下,农村已经沦落为城市发展的资源提供者。乡村的边缘化日益严重,主要体现在两个方面。一方面,乡村中的人开始逃离乡村。由于城市基础设施相对农村地区较为完善,能够为人们提供较好的医疗、教育等,越来越多的年轻人开始涌向城市,导致农村的空心化。媒体上一直反复报道的农村地区"九九三八六一"(又一说是"三八六一九九")即为乡村衰败的真实写照。另一方面,伴随着年轻人大量涌入城市,传统的乡村文化出现断层。"传统的中国乡村社会是礼治社会,是一个以'近距离'为特征的、给人以充分的'在家'感的乡村世界,是以人伦关系为依托建构起来的共同体。在这个共同体中,农民的道德主张及社会的伦理关系约束着人们的交往行为,维系着乡村社会生产生活的良序进行。其主要表现为:以亲仁善邻为道德态度,以乡邻和睦为价值目标,以相容相让为基本原则,以相扶相助为伦理义务。"[1]当年轻人逃离农村,传统意义上以人伦关系为基本纽带建立起来的文化体系也受到破坏,甚至无法传承。农村文化的断层,进一步加速了农村地区的衰败。

建设社会主义新农村,需要恢复和重建农村文化。恢复和重建农村文化,需要乡村学校教育。进行乡村课程建设,目的就是为了农村文化的振兴与繁荣。从这个意义上讲,乡村课程建设的价值就在于重建新农村文化,还农村人以"乡愁"。"为了农村",一方面是为了乡村的人,即通过课程建设,让学生家乡有正确的了解与评价,激发他们建设家乡的责任感,参与乡村建设,以免在城市中找不到真正的自己。另一方面,"为了乡村"也是指通过课程建设重新梳理乡村传统的文化体系,并深入课程之中,让学生在学习中重新了解乡村文化。

（二）以服务乡村文化为导向

乡村学校具有与城市学校截然不同的生态系统。不论是基础设施、师资力量、学生个性特点,都存在诸多差异。反观现实,我们在实践中往往以知识的普遍化、标准化和抽象化为标准,忽略了作为乡村教育的个性化。正

---

① 赵霞.传统乡村文化的秩序危机与价值重建[J].中国农村观察,2011(3):81.

如有研究者所言,"我们的教育主要是以城市为出发点,以城市的教育需求为先,以城市的发展规格为标准,按城市的需要来制订教育相关的政策和制度。这种对城市教育的倾斜性政策使得乡村学校无论是在教育经费上,师资水平上,还是在教育政策上都处于弱势地位。同样,这种城市化取向也为乡村课程资源的开发设置了几乎是无法逾越的文化障碍"①。

　　面对城市取向的课程建设,乡村学校必须坚持自己的乡土立场,从学校实际出发开展课程建设。"学校应该是本土化的,乡村学校必须引导学生关注他们自己所栖息的土地;乡村学校的课程必须也以乡土化社区为途径来进行组织,避免简单模仿和复制城市学校课程。"②以乡土化社区为途径来组织课程,也就是基于乡村进行课程建设。"基于乡村"有两层含义。其一,课程建设的主体必须是乡村教师。不管是国家课程的校本化,还是校本特色课程的开发,都应该考虑到乡村教师的实际能力,以城市学校教师的要求来衡量乡村教师,有失偏颇。毕竟,城乡教师在接受培训、校本学习等方面还存在差距。说到底,乡村课程建设要以现有教师实际水平为起点,不能盲目跟风。其二,课程建设一定要充分挖掘乡土资源。要把乡土资源作为课程建设的着眼点,通过挖掘本地资源来对国家课程进行二次开发。同时,还需要以乡土资源为素材来进行地方课程和校本特色课程的开发。学校要"进行本土化提升,在改造与提升过程中,一定要将农村蕴藏的文化积淀和历史底蕴凝练和传承下来,如农村的历史名人、民俗风情、民间艺术、宗教文化等,还有和谐的文化、自然的生态以及简单直观的教学方式,将这些代表着我国农业文明的文化因子加以凝练并进行现代化提升,展现出乡村学校独有的传统文化特色、文化价值和文化魅力"③。

　　(三)以诠释乡村文化为路径

　　农村是教师和学生进行教育实践活动不可脱离的物理场域。除此之外,在教育过程中还有一个无形的场域,那就是农村生活所形成的认知系统、生活习惯和思维方式。从理论上讲,不管是有形的物理场域,还是无形的思维场域,都决定了教育活动必须要师生身心"在场"。在课程建设中,师生"在场"至关重要。如果师生与课程内容不能很好地结合在一起,那么教

---

①　刘丽群.农村课程资源开发深层困境:乡村文化边缘化[J].中国教育学刊,2009(7):64.

②　徐湘荷.生态区域主义视野下的乡土课程观[J].课程·教材·教法,2009(10):24.

③　纪德奎,张海楠.城乡教育一体化进程中乡村学校文化的本土化选择[J].中国教育学刊,2013(10):50.

学效果或学习效果就会大打折扣。不仅如此,一味脱离学生经验还会造成学业困难等问题。但是,反观我们当前的课程,我们往往会发现"乡村中小学的课程设置本应紧紧围绕农村地方和学校的实际,紧密结合当地的生产生活,为农村的经济建设和社会发展服务。可是,目前农村与城市一样执行国家统一的课程方案,使用单一的课程标准,出现'校校同课程、生生同课本'的局面"①。

在乡村课程建设中,如何解决现有教材中诸如"问题情境"不适合乡村学生的问题?笔者认为,乡村课程建设一定要"在农村中"。"在农村中",就是要把国家课程、地方课程和校本特色课程的开发与学生经验相结合,创造学习的"乡土学习情境"。正如有研究者所言,"一是把学生置于已有的乡土生活经验情境之中,激活他们思维,并使抽象的知识学习获得生动、直观的感性支撑。二是创设或模拟乡土生产、生活教学情境,把学生带入情境之中,使之更有兴趣、带着更鲜活的问题去学习。三是走出校门,把学生带入真实的社会生产、生活情境之中,去亲近社会,去探究、去体验,去把已学知识综合地应用到解决或解释生活、生产问题"②。

三、乡村学校课程建设的取向

(一)乡村学校课程建设的"活动——经验"取向

杜威给教育下过一个定义:"教育就是经验的改造或改组。这种改造或改组,既能增加经验的意义,又能提高指导后来经验进程的能力。"③根据乡村课程的自然特点和文化特点,乡村课程建设应坚持"活动——经验"的课程取向。当前提高学生的综合素质,必然要通过多种多样的活动来实现,这同时也是乡村课程建设的出发点。在农村中拥有广阔的活动场域和丰富的活动内容,学生可以通过积极参加丰富多彩的活动来彰显自己独特的个人价值。因此,在乡村课程建设中应当深化活动经验的重要性,使学生获得基本活动经验,"基本活动经验是指学生亲自或间接经历了活动过程而获得的经验"④。在乡村课堂实践中,教师应当激发学生积极参与活动的兴趣,发挥其主体性,帮助学生获取乡土生产生活的相关知识和经验,这不仅仅是教师

---

①　肖正德.农村教学边缘化问题、成因及其对策[J].当代教育论坛,2009(9):11.

②　宋林飞.乡土课程的特征、类别与时代内涵[J].新课程,2011(10):13.

③　约翰·杜威.民主主义与教育[M].北京:人民教育出版社,2001:82.

④　史宁中,柳海民.素质教育的根本目的与实施路径[J].教育研究,2007(8):10-14.

关注的重点,同时也是乡村课程建设课题的应有之义。学生则需要将在乡村课程活动中获得直接经验进行内化,不仅增强对乡土的热爱情感,也为学生传承并了解农村文化奠定基础。学校在课程的设置中,"积极引导师生联系自己的生活实际,体验乡村文化,加强与所在地区的联系,让乡村少年了解乡土文化,认同乡土文化"①,逐步增强学生的文化自觉意识。此外,在乡土课程的探究活动中获得策略和方法,授学生以"渔",这同时更为学生开展农村文化的创新性活动打下了坚实基础。综上所述,帮助学生积累基本农村活动经验,就是要让学生充分体验并形成良好的思维方式和积极的学习态度。在整个乡村课程建设中应努力体现基本活动经验的价值诉求,充分发挥乡土文化的人文价值。

(二)乡村学校课程建设的"生态——和谐"取向

较之于一般的生态系统,课堂生态的特质体现在人与人、人与课程、人与自身的和谐关系之中。② 在乡村课程的建设中,处处弥漫着乡土气息,农村场域内本身具有农业文明的意蕴,因此乡村课堂也是一个开放的生态系统。生态学告诉我们:"自然不再是无序、被动、无定形的环境,它是复杂的整体。人对于这个复杂的整体不再是封闭的实体,而是一个开放系统,以组织形态上的自主—依存的关系处于生态系统的内部。"③乡村课程建设的和谐首先是人与人之间,即师师之间、师生之间、生生之间的和谐,乡土文化的气息体现着人与人之间的关怀,那么乡村课程在设计、实施和评价的过程中也应在生命关怀的视域下才更能凸显其意义。其次是人与课程的和谐。对乡村课程的解读,不能将其当作客体,形成一种认识与被认识的关系,不能存在于师生之外,而应形成与乡村课程文本之间的对话,深入领悟乡土文化的内涵。再次追求人与自身之间的和谐。乡村课堂是否达到了生态和谐的状态,无法判断和测量,但是人与人之间的和谐、人与课程之间的和谐最终都要通过人与自身之间的和谐表现出来。乡土文化在人身上得到传承和革新,需要通过个人的综合素质体现出来。我们虽然没有一个量化的标准对生态和谐的乡村课程及课堂进行考核,但是"课堂评价改革应该以生命整体发展作为课堂教学的旨归,把是否尊重生命的自主性和创造性、是否激发生

---

① 王勇.社会转型期乡村学校教育的文化困境与出路[J].教育探索,2002(9):29—30.

② 周庆元,黄耀红.走向课堂的生态和谐[J].高等教育研究,2008(3):73—77.

③ 埃德加·莫兰.迷失的范式:人性研究[M].陈一壮,译.北京:北京大学出版社,1999:14.

命的潜能和活力、是否彰显生命的价值和智慧看作评判课堂的好坏重要标准"①。

第二节　乡村学校服务于新农村文化的课程结构

明确乡土课程的目标之后,接下来就需要根据具体目标有针对性地进行课程内容的开发。对于乡村学校而言,课程建设中所要面对的课程内容主要由三部分组成:国家课程的校本化、乡土课程的情感化和校本课程的特色化。在三级课程管理体制下,国家、地方和学校都有各自的课程权利和责任。不管是城市学校还是乡村学校,都需要围绕国家课程展开教学,都需要对国家课程中所涉及的内容进行有针对性的开发,即国家课程的校本化。在完成好国家课程的基本教学任务的同时,乡村学校还需要对乡土课程进行情感化开发和校本课程的特色化挖掘。

一、国家课程的校本化

"一纲多本"教材管理体制,考虑到了各地区的文化差异和经济发展水平,但是,总体来看,课程标准的城市化取向还是很明显。同时,在教材编写的时候,很多编写者往往来自城市,在教材的情境设计上也会出现城市化倾向,导致乡村学生学习和理解教材相对困难。与城市教师相比,乡村教师在教学中面临的一个重要问题就是如何寻找教材内容与学生经验的结合点。从这种意义上讲,如何结合学生特点和区域自然、文化资源,对国家课程进行二次开发,是乡村课程建设的基本内容之一。在国家课程的校本化的过程中,很多地方采取了诸多措施,收到良好成效。

以西樵第一小学为例,该校紧紧抓住西樵本地的山水风物和社会经济等乡土资源,结合学科实际,进行了一系列乡土课程资源开发的探索:语文科方面,借助南粤名山——西樵山众多的自然景点、名人故事以及西樵山上的诗篇、对联、石刻等资源开发有利于学生进行听说读写训练的校本教材;数学科方面,结合西樵是中国纺织面料之乡,经济贸易往来兴旺发达的特点,指导学生学习生活中的有用数学;英语科方面,利用西樵山是佛山新八

---

① 岳伟,刘贵华.走向生态课堂——论课堂的整体性变革[J].教育研究,2014(8):99-106.

景之首的特点,引导学生学会用日常英语向游客或商家介绍西樵的景点、特产、名人事迹、饮食习惯、布料等;科学科方面,通过收集西樵山上的植物标本,开展山上岩层土质研究、桑蚕种养、缫丝过程、特色水产养殖等活动,培养学生的动手探究能力;艺术科方面,组织学生到西樵山景点参观写生,欣赏西樵山上的摩崖石刻,拓展学生欣赏艺术的资源;体育科方面,发掘西樵作为首个"中国龙狮名镇"、又是一代武学宗师黄飞鸿的故乡的优势,开展龙狮进校园活动,组建学生狮艺武术队,既锻炼学生的身体,又愉悦学生的身心。①

有研究者对甘肃民族地区乡村学校教育的考察中发现,"早上一、二节是五年级的语文课。Z老师的经验就是不管上什么内容,学生能够牢记生字新词、理解重点词句就行了,其他的要求不能太深,因为学生的程度达不到。同时她很重视学生对课文的背诵,因为她觉得课本上的一些课文内容,对这儿的学生来说程度有些深,大部分课文是讲城市生活的,乡村孩子从来没接触过,根本不知道是怎么回事,就连她自己有时候也不知道是什么。所以,她总结的办法就是不管学生理解不理解先把它背下来再说"②。我们认为,如果不能实现国家课程的校本化,那么城乡间的教育差距将会日益拉大。国家课程校本化的过程,也就是乡土课程资源与国家课程结合的过程。在上述案例中,西樵第一小学以本地区特有的山水文化为依托,将其与国家课程紧密结合,赋予国家课程以情境化,拉近了国家课程与学生经验的距离。

二、乡土课程的情感化

乡土课程是"以发展学生认识乡土、热爱乡土、建设乡土的认知、能力、情感为育人功能的重要追求目标;以促进乡土文化传承与发展、本地经济发展为社会功能的重要追求目标,以乡土素材为课程内容来源,以在'乡土情境'中学习为实施特征的课程。可以说,乡土课程是学生身边的、容易调动他们直接经验的课程,也是对保护、传承和创新本土文化具有特殊功能的课程"③。作为一种地方课程,乡土课程不仅能够展现乡村的自然景观,也承载着乡村社区的文化心理。通过乡土课程的开设,能够让学生真正意识到自己生存的那片土地,了解那片土地上的风土人情,最终实现"引导学生认识

①　黄浩森.土课程资源的界定及其开发原则[J].中国教育学刊,2009(1):82-83.
②　邓红.乡村少数民族儿童的学校生活——甘肃民族地区农村学校教育的田野考察[D].兰州:兰州大学,2011:137.
③　宋林飞.乡土课程的特征、类别与时代内涵[J].新课程,2011(10):13.

乡土"的课程目标。应该说,课程改革之后,乡土课程在各地受到越来越多的重视,很多地方组织编写了反映本地风土人情和自然景观的乡土课程。例如,钱理群先生主编的《贵州读本》,就是以贵州山水、风情、文化为对象,字里行间传达着对贵州的热爱,高山大川、民风民俗,共同构成一幅逐渐铺开的长幅画卷。想必对于每一个贵州人来说,读来都会亲切至极。这样的乡土文化读本,不仅能够将读者带回到养育自己的那片热土,还能够激发起对故乡的热爱之情。

三、校本课程的特色化

如果说乡土课程是反映一个地区的风土人情的话,那么校本特色课程更能反映学校的特色,即"更小的乡村"。对于乡村学校而言,由于办学历史、地域特点各不相同,在校本特色课程中所呈现出来的内容也就各有差异,千姿百态。有研究者在构建乡村幼儿园乡土课程体系时,对与农村生活密切相连的自然物品进行了分类。"一是植物类,如竹、稻草、棕榈、芦苇、野花、野草等;二是民间劳动工具类,如米筛、畚斗、石墨、扁担、谷耙、渔网等;三是山海资源类,如泥巴、贝壳、海贝、石头等;四是废旧日用品类,如瓶子、筷子、泡沫、布料、管子等。"[①]不难看出,在乡村课程建设过程中,一切可以利用的资源都可以成为校本特色课程建设的资源。

秦皇岛经济技术开发区第七小学是一所典型的乡村小学,对于种植葫芦具有很好的条件,学校利用这一特点,结合学校教师的优势,决定以"葫芦的种植与艺术设计"为题,开发校本课程。在此,谨将案例呈现如下,供读者参考[②]。

葫芦的种植管理与艺术设计

一、校本课程开发背景

我校坐落于秦皇岛经济技术开发区的最西端,是一所典型的规模较小的乡村小学。结合我校地理位置及特点:我校拥有丰富的乡土教育资源、略懂种植技术的教师、学生,精通葫芦烫画的教师,因此我校决定开发"葫芦的种植管理与艺术设计"这一校本课程。这一课程的开发不但培养了学生热爱劳动的品质,提高了学生艺术创造力的热情,同时还培养了学生的创新

---

① 乐亚琴.农村幼儿园乡土课程的建设与探索[J].学前教育研究,2013(1):71.

② http://kfqqxbgh.blog.163.comblogstatic/115777053201042832922214/,引用时略有改动。

能力。

二、校本课程设计

(一)总体目标

开发"葫芦的种植管理与艺术设计"这一课程的总体目标是"培养学生能力,提高学生创新精神"。

(二)具体目标

1.培养学生能力。通过对葫芦的种植、管理,了解葫芦的生长过程,培养学生的劳动能力、观察能力;通过对葫芦的艺术设计,培养学生动手操作的能力,激发学生对艺术的热爱之情。

2.丰富学生的课余生活。通过对葫芦生长过程的观察,葫芦的艺术设计,丰富孩子们的课余生活,使他们健康快乐地成长。

3.了解中华民族艺术瑰宝。葫芦烫画艺术是中华民族的艺术瑰宝,开发烫画课程就是要让学生了解中华的烫画艺术源远流长。激发学生热爱祖国之情。

4.培养学生创新精神。在葫芦的种植管理与艺术设计过程中,学生能主动参与、勤于动手,乐于探究,培养了学生初步创新精神、实践能力,提高学生的科学素养。

(三)课程内容

1.课程内容包括:(1)葫芦的种植、管理;(2)葫芦的艺术设计(包括:烫画设计,绘画设计,雕刻设计)。

2.资源来源:(1)网上下载图片;(2)选置于书籍上的图片。

三、校本课程实施

(一)内容层次

校本课程实施的整个过程分以下几个层次:种植,管理,采收,艺术设计前的挑选、处理、绘画、烫制、雕刻、上色等。

(二)校本课程的评价

学校非常重视师生在校本课程实施过程中的表现的评价,如:对此项活动的态度、积极性、参与状况等。

1.对授课教师的评价。开发小组通过检查听课、查阅活动资料、调查访问等多种形式,对教师的校本课程教学进行考核,并记入业务档案。主要是:一看课堂教学效果,学生对该课兴趣浓,课堂教学效果就好;二看教师指导学生作品数量、质量;三看教师本人完成作品的质量。

2.关于对学生的评价。一是调查学生学习该课程的学时总量,做好考勤记录。二是观察学生在学习过程中的表现,如态度、兴趣、参与状况等,可分为"优秀、良好、一般、较差"等形式记录在案。三是检查学生学习的成果,学生所完成的作品可以通过当场绘画、烫制,可以以竞赛形式展示。

四、校本课程成果与反思

春华秋实,在全校师生的共同种植、培育下,十几样不同品种的葫芦喜获丰收。兴趣小组的学生精心烫制与绘制的作品达几百件,很多学生的作品及科技小论文在开发区与市里获得不同的奖励。

前面已经提及,学校特色课程建设,一定要基于学校的区域特点和优势。在上述案例中,秦皇岛经济技术开发区第七小学地处农村地区,应该说葫芦是学生常见的植物。另外,学校具有一些"略懂种植技术的教师、学生,精通葫芦烫画的教师"。在这样的基础上,开设"葫芦的种植管理与艺术设计"也就是水到渠成的事情了。通过开发者们的校本课程,教师和学生参与其中,既培养了学生参与劳动的意识和能力,同时也能够将"认识乡土"的课程目标渗透到课程开发之中,让学生在参与课程的过程中培养热爱家乡的积极情感。

第三节　乡村学校服务于新农村文化的课程开发

乡村课程的开发一方面是冲破传统城市取向课程模式的桎梏,另一方面也要体现农村的文化特色,满足乡村学生全面发展的需要。在乡村学校课程开发的目标上,应注重乡村学生素质发展的需要;在乡村学校课程实施上,注重乡村学生自学能力、生活能力和创造能力的培养;在乡村学校课程评价方面,应注重对学生实践能力的评价,完善评价机制。根据乡村学校的特殊性,开发乡村学校课程的过程中应当遵循一定的原则,合理安排制定程序,此外还要考虑一定的条件保障。

一、乡村学校课程开发的基本原则

(一)地方性原则

"每一种文化都是色彩缤纷的,但是丰富的色彩中必有一种最基本的色泽,那就是我们所说的文化原色。文化原色有如细胞遗传中染色体,她造就一个民族的精神气质,赋予民族生命以基本的品行。"[①]乡村学校课程是保存地方文化的一种方式。地方性原则,就是以开发乡土文化中独特的教育价值而需要遵循的原则。联合国教科文组织总干事比托里诺·韦罗内塞呼吁各国的政府、组织、公共和私立的基金会和一切有美好愿望的个人保护世界文化遗产。[②]这是联合国教科文组织对待文化遗产更加重视的态度。因为乡村学校课程具有特色,它不仅是区域文化的表现,同时也是中华民族文化的一部分,我们在开发乡土文化课程的时候,尽量地体现具有当地特色的文化。其实,开发与学习当地的乡村学校课程也是一种有效的保护地方文化的方式。要开发乡村学校课程一定要具有地方特色,彰显乡土文化的内涵和意义,否则便无法区分地方性文化与其他文化的不同,也就无法彰显乡土文化的功用。与文化遗产一样,无论是乡土文化中的自然要素还是文化要素,都应该在开发乡村学校的课程中,体现出当地的特色文化,弥补国家课程普适性的不足,并促使当地乡村学校学生的培养更具独特性和针对性。

（二）生活化原则

乡村学校课程的开发应当遵循生活化的原则。学习乡村学校课程的目的也是为了领悟乡土文化,汲取文化的精髓。文化是生活的血液,就像毛细血管一样遍布生活的各个角落,因此在开发乡村学校课程的过程中要与学生的日常生活相联系。一方面帮助学生更加深入地了解乡土文化、风土民情,激发学生的学习兴趣和动机,另一方面有利于当地文化的保存与发展。生活化原则要求在开发乡村学校课程时,不仅要与学生的生活世界相联系,也要与教师身边发生的事情相结合。乡村文化课程应该注重真实生活情境的运用,强调体验的重要性。虽然采用多种途径对文化进行描述,但是都无法替代真实的生活本身。乡村学校课程的开发不仅需要欣赏者,更需要践行者。"通过让学生尝试研究和解决真实世界的问题,不仅能把学生的日常生活贯穿课程当中,有助于提高学生的学习兴起,而且能增强学生的本土意识,增强他们作为一名社区成员的责任感。"[③]生活化原则需要将乡村学校的生活和校外的生活打通,帮助乡村学校课程开发的各个环境都能够充分利

---

① 栾栋.水性与盐色——从中西文化原色管窥简论华人文化品位[J].唐都学刊,2003(1):110-114.

② 刘曙光,杜晓帆.《威尼斯宪章》在中国的实践与发展[J].中国文物科学研究,2014(2):1-5.

③ 徐湘荷.生态区域主义视野下的乡土课程观[J].课程·教材·教法,2009(10):22-27.

用地方资源。教师的范围、教育的场域和教材的呈现方式都将实现多元化的发展,与农村生活紧密联系。

（三）课程兼顾原则

乡村学校课程的开发是其他课程的一种补充,帮助学生更好地发展,促进学生更好地学习,因此,在开发乡村学校课程的过程中不能完全追求乡土文化,还要将乡土文化渗透到其他课程的学习中,这样一方面对于学生了解当地文化起了促进作用,另一方面也没有增加学生的学习负担。"课程统整强调的是课程的横向联系,其目的是让特定的课程内容与其他课程内容联系起来,让学生能够把所学的知识贯穿起来,以提高综合知识的能力,获得综合经验。"[1]课程兼顾原则,就是说乡村学校课程在开发的过程中要遵循各课程要素之间的联系,形成一个完善的课程系统。课程兼顾原则要求乡村学校课程注重学科间的整合,帮助乡土文化与其他课程内容之间想融合,便于学生形成多元立体的知识结构,防止学生知识体系的平行化,从而促进学生综合素质的提高。也就是说"要充分重视开阔学生的知识视野,要密切联系学生的生活实际,使学生的文化知识素质、专业知识素质、专业技能素质和劳动技术素质全面提高"[2]。为了不使学生的知识出现与生活脱轨、理论化的现象,需要将乡村学校课程与学生的生活经验相结合,也需要乡村学校课程开发的生活化原则。在理解乡村学校课程的过程中,需要将乡土文化作为一个独特的文化单位,理解文化的特性也需要从整个地域文化出发,从乡土文化的联系中理解其特质,这也是我们开发乡村学校文化课程需要关注的细节,只有从更广阔的空间解读地方文化,乡村学校的课程才更有价值和意义。

二、乡村学校课程开发的程序

乡村课程建设是一个系统工程。乡村课程建设,不仅仅是在乡村社区进行的课程建设,更是在乡土文化心理影响下的课程建设。所以说,乡村课程建设既要考虑到区位特点,还要考虑到文化心理特点。基于这种认识,我们认为,乡村课程建设不能仅仅局限于乡土课程资源开发,而应该从系统论的角度出发,将课程建设置于乡土情境中进行。既然乡村课程建设是一个系统工程,那么其必然涉及这样几个相互关联、相互影响的要素:课程目标、

---

① 郑晓梅.论基础教育校本课程开发的原则[J].教育探索,2003(1):27-29.

② 竺宁彪.高中校本课程的开发原则与具体操作[J].全球教育展望,2007:45-48.

课程内容、课程实施、课程评价。笔者将结合重庆市沙坪坝区西永第一小学校的乡村课程建设,围绕前三个基本要素展开探讨。重庆市沙坪坝区西永第一小学校是重庆市一所乡村学校,在校本特色课程建设过程中,学校根据学校多年形成的体育特色,结合学生特点和教师特长,以跳绳为基本突破口,群策群力,编制完成"跳绳"这门校本课程。

(一)乡村学校课程开发的目标

"课程目标的研制与实现贯穿课程运行的全过程,人们只有充分认识课程目标,科学的研制、纵横错落有致地设计课程目标,才能比较理想地实现课程目标。"①随着课程改革的深入,乡村基础教育的课程目标定位问题日益受到关注。在城市取向的课程改革中,广大的乡村学校在课程目标定位上出现偏差,片面强调"升学"现象严重。"乡村基础教育课程目标的追求,未能从提高乡村学生整体素质出发,背离了素质教育的要求;同时,忽略了乡村教育应为农村经济和社会发展服务这一教育的社会功能。"②笔者认为,乡村学校要立足农村,服务农村,在课程目标定位上既要吸收现代化的成果,但是又要立志于保持乡村文化传统。从课程目标上看,"乡村教育课程的核心目标就是培养乡村少年的健全人格。这个目标可以分解为两个基本目标:第一,促进乡村少年作为普通个体的健全发展,也就是从积极适应的层面,引导乡村少年健全人格的养成;第二,面对乡村少年生存的现实,从消极适应的层面,应对乡村少年成长过程中的文化断裂,以及由此而来的人格自信的缺失,把对于乡村少年的发展置于现实的背景中,充分考量他们当下所遭遇的问题与成长中的阻碍"③。具体而言,乡村课程建设的基本目标可以分解为如下两个。

1. 促进学生的全面发展

按照泰勒的基本观点,确定课程目标的依据主要有三个:学习者的需要、当代社会生活的需求、学科的发展。从学习者的需要来看,乡村学生基于生存和发展的需要,具有学习和交流的愿望。因此,在拟定课程目标的时候需要考虑到乡村学生学习与发展需要,要遵循素质教育的要求,注重课程目标的整体性、基础性、发展性和时代性。从当代社会生活的需要来看,作

---

① 刘启迪.课程目标:构成、研制与实现[J].课程·教材·教法,2004(8):14.
② 陈国庆.农村基础教育课程改革的路向[J].江西教育科研,2000(8):26.
③ 刘铁芳.回归乡土的课程设计:乡村教育重建的课程策略[J].现代大学教育,2010(6):14.

为社会的一分子,学生要想在社会上立足,必须具备基本科学知识和交流沟通能力。因此,乡村课程建设的课程目标要关注学生当下和未来的社会生活需要。从学科发展的角度看,"学生由自然人发展为文化人的基本途径就是通过学校课程学习学科知识,继承文化遗产。因此,学科知识及其发展成为课程目标的基本来源之一"①。

通过上述分析,在拟定课程目标的时候首先要把学生作为一个普通的个体,以全面发展为基本的目标。"课程是影响学生素质发展的重要信息条件,每一类课程对于学生素质的发展都有其规定性。课程的功能在于通过各种信息变量的恰当配置,促使学生素质的全面发展。"②可以说,在乡村课程目标系统中,既考虑了乡村学生的特殊性,又注重了乡村学生作为社会公民的普遍性。"培养乡村中学生树立全面发展的教育观"、"尊重学生的选择,弘扬学生的个性"、"重视学科的一般教育功能,重视培养学生的动手能力,注重学生综合素质的提高",这三条课程目标的着眼点绝不仅仅是站在乡村学生的角度而提出的,而是从一个合格公民的基本素养为出发点提出的。

2. 引导学生认识乡土

如果说"促进学生全面发展"是课程目标的一个普遍性要求的话,那么"引导学生认识乡土"则是针对乡村学生提出的一个特殊的课程目标。在当前的乡村教育中,有两种倾向值得注意:升学主义和"离农"倾向。一方面,很多家长和学生将升学视为读书的唯一目的,使学生面临的学业竞争越来越残酷。同时,过分强调升学至上的功利主义思想,也使得乡村教育越来越偏离乡村教育的本质,走向了异化和歧路。另一方面,升学主义直接导致乡村学生试图突破乡村束缚,向往城市生活。即使不能通过升学这条路,也往往选择进城务工,"逃离农村"的倾向也来越严重。正如费孝通先生所言,"中国乡村教育走错了路!他教人离开乡下向城里跑,他教人吃饭不种稻,穿衣不种棉,住房子不造林;他教人羡慕奢华,看不起务农;他教人分利不生利;他教农夫子弟变成书呆子;他教富的变穷,穷的变得格外穷;他教强的变

① 王会亭.农村基础教育课程目标:实然诊断与应然追求[J].教育科学研究,2010(12):16.

② 殷世东,龚宝成,武平阳.农村基础教育目标与农村基础教育课程改革[J].当代教育论坛,2006(3):13.

弱,弱的变得格外弱"①。

升学主义和"离农"倾向的盛行,加剧了乡村的衰败,也掏空了乡村的社会基础。如何通过教育改变这种状况,成为我们思考的重点。我们认为,之所以出现上述两种倾向,除了城乡差距日益加大之外,与学生不能够认识乡土,对乡村没有感情也有直接关系。基于此,我们认为"引导学生认识乡土"应该成为乡村课程目标的内容之一。在乡村课程建设中,我们应该以课程为载体,通过课程这一桥梁将学生与乡村社会和乡村生活融为一体。比如,有研究者以陶艺乡土课程开发为载体,通过挖掘地方优秀文化资源为出发点,以陶艺文化与时代背景为素材支撑,提高学生的乡土文化意识和陶艺创作能力,促进传统文化的传承和发展。②

"课程的根本目标乃是生活方式的重建,重建乡村少年作为当下生活主体的可能性,也就是启迪他们真实地生活在当下的乡村场域之中,在这里扎根,与此同时,扩展乡村少年与乡土社会的全面互动,扩展乡村少年置身乡土之中的生活体验,建立乡村少年与乡村自然、乡村人文传统之间的积极对话,包括在自然中的游戏与劳作、与年长者之间的交流、传统乡村文化形式的参与等等,由此而塑造一种不同于以城市化为标准的现代生活,也不同于传统乡村生活的新乡村生活方式。"③在上述案例中,"认识乡土"这一课程目标融入宜兴紫砂和惠山泥人等民间艺术之中,通过学习民间艺术,学生不仅能够认识自己生存土地上存在的文化符号,而且还能够通过身体力行直接去感受这些文化,相信通过这样的学习与实践,学生一定会认识养育自己的那片土地,传承那片土地上的文化。

笔者认为第一,"跳绳"课程目标的制定立足实际。在课程方案中提到,"根据少年儿童正处于生长发育的旺盛期,其骨骼富有弹性,肌纤维较细,身体可塑性大等特点",这充分体现了课程目标的制定是基于学生当前水平和发展需要的。第二,课程目标相对清晰,既有知识层面的要求,也有技能、方法层面的要求,还渗透有情感、态度和价值观层面的要求。第三,课程目标

①　陶行知.中国乡村教育之根本改造[M]//陶行知文集:第1卷.长沙:湖南教育出版社,1984:653.

②　嵇雯翃.陶艺乡土课程开发:立足地方文化[J].教育研究与评论·小学教育教学,2012(3):29.

③　刘铁芳.回归乡土的课程设计:乡村教育重建的课程策略[J].现代大学教育,2010(6):17.

具有可操作性和执行性。在目标中提到"除加强基本功的训练外,还要进行基本的花样跳绳的技能训练"、"教学生掌握一些生理卫生常识,掌握科学的锻炼方法"、"在跳绳训练和跳绳表演的全过程中,激发学生的展现自我,热爱运动、热爱生活、热爱学习的高尚品德,锻炼学生坚强意志,激发学生乐于学习、勤于学习、善于学习的热情"。当然,课程目标中也有一些是不适合的,比如"争取社会、政府加大对创建跳绳项目的支持的力度,保证正常经费的支出,确保提供场地及必要的设备设施,如添置一般的器械、绳具、跳绳服装和外聘教练等"。这应该成为学校跳绳项目顺利开展的一些保障措施而非课程目标。

(二)乡村学校课程开发的内容

提到乡村课程建设,必然要解决一个问题,即什么是乡村课程。通过梳理文献可以发现,当前关于乡村课程的研究相对较少,更多的研究者将关注点放在乡土课程的研究上。笔者认为,乡村课程和乡土课程是有所区别的,乡土课程应该成为乡村课程的一部分。另外,乡村的自然环境和历史文化不能仅仅作为一种乡土资源来使用,更应该成为制约国家课程实施的重要因素。要厘清乡村课程的基本内涵,必然要对"乡村"这一限定成分进行充分挖掘。"乡村"一词不应该仅仅理解为一个与"城市"相对应的地理区位概念,更应该将其视为一种承载着农村历史传统、生活方式、思维方式和价值系统的文化概念。基于此,乡村课程建设应该具备两个方面的内容。

1. 注重开发乡村学校课程中的自然要素

与城市学校相比,乡村学校在硬件设施建设方面有很明显的劣势,但是,对于乡村学校而言,有一个得天独厚的优势资源,那就是农村的自然景观。充分利用乡村自然资源,不仅可以使教学超越狭窄的教材内容,让师生的生活和经验进入教学过程,另一方面还可以改变学生在教学中的地位,从被动的知识接受者转变为知识的共同构建者,从而激发学生学习的积极性和主动性。正如有研究者所说,"大自然是一本博大的、美丽的、蕴含着丰富知识的天然教科书,孩子在大自然的怀抱里将铸就勇敢、坚毅、纯真、质朴的性格。我们充分利用幼儿园地处农村靠近大自然的优势,根据科学活动安排,经常有目的、有计划、有组织地带领幼儿到田野、小河、树林、村庄去观察、探索、研究,加强他们对自然环境的情感。在观察、探索、追逐、玩耍中将潜移默化地增长他们的知识、发展他们的智力、开阔他们的视野。在散步观察中,他们会逐渐理解'春风和煦''夏日炎炎''秋高气爽''冰天雪地'的四季特点;在田野观察中,他们将懂得什么叫'播种''收获'"①。

从根本上讲,乡村的自然景观应该成为乡村课程建设的一个重要因素。在课程建设的过程中,广大的乡村教师应该从自身实际出发,将乡村自然景观这一要素充分利用起来。一方面,将自然景观作为一种课程资源来使用,融入课程教学当中,让学生在于自然环境亲密接触的过程中理解教材上的内容,化抽象为直观。另一方面,乡村学校应该结合自己的区位优势和自然景观特点,有针对性地开发具有校本特色的课程,培养学生对乡村的热爱之情。

2.注重开发乡村学校课程中的文化要素

当强势的城市文化侵入乡村,必然会导致乡村文化的没落。在与城市文化的交流过程中,乡村文化必然处于被动地位。这就导致乡村的文化价值被遮蔽。乡村文化的沙漠化势必会带来乡村学校教育基础的瓦解。在教育领域,强势的城市文化使得城市取向的课程建设取向占据中心位置。在这种课程建设的取向之下,"课程标准的制定、教材内容的选择在一定程度上忽略了乡村学校的文化现实,使乡村学校处在课程改革的边缘上,甚至在某种程度上成为教育改革的排除机制"。对于乡村学生而言,在教材当中经常出现的一些词语往往是脱离他们的生活实践,对于一些词语的理解也只停留在抽象概念,比如"连锁店"、"公积金"、"肯德基"、"股票"、"证券"等等。另一方面,城市取向的课程建设也导致在具体教育实践中往往"从城市生活的角度(认为城市生活是先进的、科学的、现代化的)出发定位课程,忽视乡村生活对课程的实际需求(认为乡村生活是落后的、愚昧的),从而导致课程内容的城市化"②。

面对城市化取向的课程建设带来的种种问题,作为乡村学校该如何应对才能保持自己不被边缘化?笔者认为,乡村课程建设应该坚持乡村取向,充分挖掘乡村的文化资源。"乡村学校蕴藏着丰富的民间文化课程资源。我国农村地域辽阔,大多数少数民族聚居于农村,不同地域、不同民族的人们形成了各具特色的民族传统、生活习俗、神话传说、民间节日、民歌民谣、民间戏曲、民间工艺、民间服饰、民间饮食等,这些对学生发展具有不可替代

---

① 郑永平.让科学教育回归自然——在科学教育活动中如何合理开发利用农村的自然资源[J].新课程(上),2012(5):173.

② 罗建河,彭秀卿.试论新课程背景下乡村课程资源的开发与利用[J].天中学刊,2007(4):26.

的价值,是学生根本无法从书本中所获得的丰富养料。"①

例如,重庆市沙坪坝区西永第一小学校乡村校本课程"跳绳"的课程内容有两部分组成,一是普及类跳绳,二是花样类跳绳。如前所述,课程内容的一定要体现出逻辑性和适切性。对于体育学科而言,其逻辑性虽然没有数学等学科那样明显,但是从身体发展与动作难度的角度看,还是具有一定的逻辑性。从这个课程方案看,从一年级到六年级,普及类跳绳的课程内容各有所不同,分别为"掌握跳绳的基本方法(初步学会怎样握绳、摇绳)"、"基本掌握跳绳的技术,学会正跳,反跳的单脚、双脚跳,能进行正跳、反跳(双脚、单脚)的胸前编花"、"进行比较熟练的跳绳练习,学会正、反跳的单脚、双脚跳,能进行正跳、反跳(双脚、单脚)的胸前编花,学会单摇侧甩交叉跳;学会自如的上下大绳,并在单绳中能做出花样,学会单绳的套小绳跳法"、"能进行比较熟练的跳绳练习,学会正跳,反跳的单脚、双脚跳,能进行正跳、反跳(双脚、单脚)的胸前编花,学会单摇侧甩交叉跳,初步学习双摇"、"学会正跳,反跳的单脚、双脚跳,能进行正跳、反跳(双脚、单脚)的胸前编花,学会单摇侧甩交叉跳、学会交换跳、花色跳"。应该说,这样的课程内容安排还是有所针对性。同时,这样具有针对性的课程内容也一定是具有适切性的。

(三)乡村学校课程的实施

课程实施是将课程计划付诸实践的过程。关于课程实施的取向问题,不同研究者有不同的看法。有研究表明,"从历史的角度来看,我国的课程实施或教学主要有三种类型:一是基于教师经验的课程实施,二是基于教科书的课程实施,三是基于课程标准的课程实施(教学)"②。在笔者看来,作为乡村课程建设的重要一环,课程实施应该考虑到乡村学校、教师和学生的实际特点和优势。在课程实施过程中,既要基于课程标准,又要结合教师经验。因此,对于乡村学校的课程实施而言,主要从三个方面入手。

1. 开发乡土资源

乡土资源是乡村学校所特有的,也是乡村课程建设所必须依仗的优势。在教育教学中,虽然教师往往有意无意地利用乡土资源开展教学,但是这种资源的开发往往还处于无意识层面。乡村课程建设既然是一个系统化功能,那么必然要求资源的开发也应该上升到制度层面,要摆脱教师单干的局

---

① 刘丽群.农村课程资源开发深层困境:乡村文化边缘化[J].中国教育学刊,2009(7):63.

② 崔允漷.课程实施的新取向:基于课程标准的教学[J].教育研究,2009(1):75.

面,以学校为主体进行资源的整合与开发。在乡村社区,乡土资源比比皆是,从自然景观到民风民俗,只要有一双发现的眼睛,就能有意想不到的收获。

有研究者以新疆为例,把乡土课程资源划分为自然类资源、历史文化类资源、社会经济类资源和民间体育资源四大类:第一,自然资源类包括有植物、动物、物产、矿产、自然景观、地形地貌等;第二,历史文化资源类包括(1)生活文化类,包括有服饰文化、饮食文化、建筑文化、交通文化等,(2)婚姻家庭、人生礼仪文化类,包括有婚姻习俗、家庭伦理、人生礼仪、恋爱、丧葬文化等,(3)民间艺术文化类,包括文学艺术、音乐舞蹈、戏剧曲艺、美术工艺等,(4)宗教信仰文化类,包括伊斯兰教、佛教、基督教、天主教、东正教、萨满教、道教、禁忌文化等,(5)历史遗迹文物类,包括新疆考古、古建筑、古籍、古文物、地名、历史名人等,(6)红色文化资源类,包括新疆八路军办事处、乌鲁木齐革命烈士陵园、毛泽民故居、红军西路军纪念馆、"三区革命"历史、新疆维吾尔自治区建立历史等;第三,社会经济资源类包括(1)科技工艺类,包括天文历算、民族手工艺、维医维药、器物制作等,(2)节日文化类,包括宗教节日、农事节日、纪念节日、文化旅游节日、庆贺性节日、生活社交节日等,(3)地方社会类,包括图书馆、档案馆、文化馆、博物馆、纪念馆、科技馆、少年宫等,(4)经济发展类,包括旅游资源、水利资源等;第四,民间体育资源类,包括各民族特有的,如赛马、摔跤、刁羊、斗牛、姑娘追、射箭、狩猎、射击、达瓦孜、荡秋千等。[①]

上述案例为我们开发乡土资源提供了一个可供借鉴的基本范例。对于不同地区的学校而言,开发乡土资源都可以考虑从"自然资源类"、"历史文化资源类"、"社会经济资源类"和"民间体育资源类"四个方面进行。当然,各地的实际情况不同,可以在四类资源中进行取舍。但是,不管如何取舍,都是一种技术层面的处理。乡土课程资源的开发,一定要立足本地文化才能凸显特色。正如上述案例中所出现的"新疆八路军办事处"、"维医维药"、"姑娘追"等,这些是其他地区不具有的优势资源,一定加以充分利用。

2. 利用乡土资源开展教学

乡土课程资源是乡村学校的宝贵财富。笔者认为,乡土资源在教学中的作用主要有两种。第一,作为桥梁,乡土资源如果运用得当,就能够加深学生对知识点的理解,实现国家课程和学生经验相互融合。第二,作为补

---

①　刘刚.课程多样化与乡土课程资源开发[J].辽宁教育行政学院学报,2011(1):2.

充,乡土资源可以作为学生课外的一种学习资源,学生通过接触这些资源,了解乡土,热爱乡土。利用乡土资源开展教学的案例比比皆是,在本书中,笔者仅呈现如下案例供读者参考。有研究者在讲授历史教科书中"经济重心的南移"一部分内容的时候,教材中出现这样一句话:水稻在宋朝跃居粮食产量首位,主要产地在南方。为了让学生充分理解这句话,作者向学生提供了如下阅读材料[1]:

　　北宋统治者在长江下游各地,大兴圩田,至今圩田地区仍然是水稻的主产区。宋代文学家范仲淹说过,江南地区每一座圩田方圆都达数十里,就如大城市一般,圩田中有河渠,外面还有门闸。干旱时开闸引江水进行灌溉,洪涝时就闭闸挡住江水。圩田不怕旱也不愁涝,成功地扩大了耕地面积,给农民带来很大的利益。当时江南最大的圩堤工程是重修万春圩。

　　万春圩位于芜湖市城东青弋江下段。它是在宋仁宗时重新修筑的。这一工程不仅把圩内十万亩湖沼变成良田,而且对周围其他圩田也起了屏障作用。重修时,沈括客居宁国,为当时负责修圩的其兄沈披进行实地踏勘和技术指导。并提出"圩田五说",辩论修复万春圩的利害,十分精辟,是我国水利史上的宝贵文献。

　　两宋时期,由于圩田的兴起和发展,芜湖的农业生产,得到进一步的发展。南宋诗人杨万里在诗里这样描述芜湖圩田的景色和圩户富裕的情况——"圩田岁岁常逢秋,圩家户户不识愁。大道垂柳一千里,风流都是太平州。"

　　当代,党和政府十分重视万春圩堤防建设,国家总投资 1.6 亿多元用于堤防加固达标工程及万春排灌一站、二站重建工程项目。如今,万春圩绿树成荫,阡陌如绣,风光秀丽,景色宜人,是典型的江南鱼米之乡。

　　对于历史教材而言,"水稻在宋朝跃居粮食产量首位,主要产地在南方"这句话仅仅是阐述了一个事实。至于为什么产生这一结果的原因,没有做太多的交代。对于历史教师而言,如果不能将这句话与史料、学生生活联系起来的话,学生头脑中留下的依然是一个概念。这位老师很注意利用乡土资源。通过举例,把圩田这一江南人民在长期治田治水实践中创造的农田开发独特形式运用起来。在提供的材料中,既有历史上圩田的构造、水利工程以及其对农业生产的促进作用,同时还对当前党和政府对圩田的重视与

---

　　① 汪盈.浅析如何利用乡土资源进行新课程历史教学——以安徽芜湖为例[J].成都大学学报(教育科学版),2009(2):116.

改造做了说明。提供这些史料,一方面能够帮助学生理解教材的意思,另一方面还能够激发学生对乡土的热爱。

3. 因地制宜创新教学方式

教学方式是将课程计划落到实处的具体操作手段,不同的教师面对不同的学生和教材,以及不同的教学设备,往往会采用不同的教学方式。教学方式的变革,不仅仅是教学技术改变的问题,更是教育观念转变的直接外显。应该说,教学方式变革收到多方面因素的影响。与城市学校相比,乡村学校的基础设施、教学设施设备、教师能力、学生素质等都有所不足,面对同样的教材内容,教师需要创新教学方式,因地制宜开展教学活动。济南市西营镇根据山区"袖珍"学校多、师资力量不足的问题,改变传统"包办制",创造性地开展"走教",应该说是乡村学校因地制宜开展教学活动的典范。

应该说,西营镇这种情况在全国不是个例,尤其是在我国西部地区,这种情况更为普遍。对于广大的乡村地区而言,"袖珍学校"、"教学点"的教学工作一直是一个难题。由于学生少、地理位置偏远等条件限制,很多教学点的师资力量明显不足,"兼课"、"包班"成为解决教学问题的主要手段。前几年,国家实行"撤点并校",带来的后遗症也很明显。在提倡教育公平的今天,如何解决偏远地区"袖珍学校"、"教学点"的教学成为我们急需解决的一个问题。西营镇的探索为我们解决这类问题提供了一个可资借鉴的范例。转变教学方式,变"包班"为"固教"、"走教"相结合,既能够解决各个学校师资力量不足的问题,同时又能够为学生提供相对优质的教育,体现了教育的公平性。

三、乡村学校课程开发的条件保障

乡村学校课程建设能够顺利开展并进行下去,需要多种力量的集聚,包括校际合作、学校与当地社区合作、教师之间合作、教师与课程专家的合作、师生交流合作、教师与学生家长沟通交流等。这就要求各地各级学校创建团结合作的校园文化。[①] 首先,教师作为乡村课程开发的主体,在课程建设中起着不可小觑的作用,"课程开发只有根据具体学校的具体实际需求与可能才是有意义的,而能够最好地了解这种具体实际需要与可能的是学校,特别是学校里的教师,这是教育真正具有生命力的所在。所以,课程开发最适

---

① 肖龙海,谢捷琼.论校际联合开发校本课程[J].教育发展研究,2008(5):40-43.

宜的基地在学校而不在中央,最适宜的主体是教师而不是专家权威"①。此外,教师在开发乡村学校课程的过程中需要一定的制度保障,管理支持等外部条件的帮助。没有这些外部环境的保障,教师开发乡村学校课程的活动就举步维艰。下面笔者对乡村学校课程建设的开发就从教师的素质、制度和管理方面的支持者三个层面入手。

（一）提高教师开发乡村学校课程的能力

"作为教师专业发展的主要途径,校本课程开发的任务之一是培养和提高学校校长和教师的课程意识。"②在知识中心主义的影响下,很多教师往往着眼于教科书、习题册和实验器材,而将杜威的生活教育观置之度外,因此出现的问题有:乡村课程脱离生产生活实际,乡村教师抱怨课程资源不足。③从内部来看,这些现象说明教师缺乏开发乡村本土化课程的意识和能力,没有将课程开发的眼界与乡村丰富多彩的生活、文化结合起来,这种淡漠的意识使得乡村学校的课程无法凸显乡土文化的特征,存在于广阔乡村内的乡土文化、风土人情等内容就无法及时地进入乡村学校的课堂,造成很多有价值的课程资源的闲置和浪费。与意识方面的问题相比,能力上的问题更要严重一些,意识可以在短时间内得到转变,但是能力的养成则需要长时间的积累。很多教师虽具有开发乡村学校的课程意识,但往往因为自身能力的不足而作罢。此外,乡村学校教师因为时间和空间等方面的限制,影响教师接受课程开发的信息量。因此,这就需要教育局等相关部门给予教师适当的指导和培训,学校可以通过校本培训、聘请课程专家指导、教师之间合作等形式,使教师掌握扎实的专业知识,广博的文化知识和丰富的教育科学理论知识④,满足乡村教师的需求。

（二）为乡村学校课程的开发营造宽松的制度环境

在"抓成绩,保饭碗"的影响下,教师的工作任务和生活负担越来越重。还有一些学校引进新的评价机制,为了调动乡村教师工作的积极性,采用末

---

　　① 吴刚平.校本课程开发的思想基础——施瓦布与斯腾豪斯"实践课程模式"思想探析[J].外国教育研究,2000(6):7-11.

　　② 常维国,李宁.校本课程开发的条件与任务[J].沙洋师范高等专科学校学报,2009(5):25-28.

　　③ 黄晓玲.西部一乡镇中小学课程资源开发的调查研究[J].课程·教材·教法,2004(4):80-86.

　　④ 郭翠兰.校本课程开发对教师的要求[J].中国教育学刊,2008(9):63-65.

位淘汰制。虽然有些教师已经很努力了,一旦所带的班级成为最后一名,就面临着当众批评,甚至丢饭碗的危险。在这样的环境下,教师一门心思在提高学生成绩上,而对乡村课程的开发,学生乡土文化素养的提升置之度外,因为教师上班时间几乎已经全部用来为教学服务,更有甚者,还要利用下班的空闲时间进行备课、批改作业等,严重影响了其正常的生活,因此,很多乡村教师无法集中精力开发乡村学校课程。这就需要提供宽松的课堂环境,"营造一种大家分担责任、积极推进教育革新、勇于追求成功的氛围"①。降低以成绩考核教师的权重,提高乡土文化进课堂的考核权重,为教师在开发乡村学校课程的过程中,留有足够的思考和交流的空间和时间。总之,学校要为教师提供相应的制度保障,让教师在乡村课程开发中可以顺利进行下去。

(三)为乡村学校课程开发给予管理上的支持

乡村学校课程的开发需要管理层面的支持。首先,管理者应当坚定教师开发乡村学校课程的信心。开发乡村学校的过程中可能遇到多种多样的问题,并且是一个摸着石头过河的过程,需要的周期比较长,在很短的时间内是无法看到比较有成效的结果的。另外,也有可能在开发的过程中遇到失败的情况,这就需要管理者在管理上为教师坚定信心,免除教师在开发乡村学校课程过程中的后顾之忧。"我们看到一些基层教育部门在面临乡土文化和民族文化传承断根的慰藉之下做出了诸多努力和尝试,令乡村文明回归学校"②这是值得庆贺的。其次,管理者应对资金的筹措和使用进行相关的考虑。乡村学校课程的开发是一个系统的长期的过程,必然会设计资金的使用,为了不使乡村学校课程开发的过程中遭遇教育资金短缺的情况,要求管理者不仅要高效利用资金,还要多方筹集资金。最后,这种开发过程是一个民主参与的、开放性的课程决策过程,需要学校具有宽松的民主环境,形成一个以管理者为核心和纽带、教师积极参与的合作组织。总之,管理者要能正确地认识到开发乡村学校课程的必要性和紧迫性,协调好资金、思想和人员等多方面的内容,为乡村学校课程开发给予管理上的支持,帮助开发过程顺利进行下去。

---

① 李臣之.校本课程开发:实质、策略与条件[J].教育导刊,2000(12):20-23.
② 杨兰.构建乡土教育课程促进乡村文明回归——以贵州长顺县乡土教育实践为例[J].教育发展研究,2013(2):57-61.

第四节　乡村学校服务于新农村文化的课程评价

乡村学校课程的评价,不仅仅是校长和教师对本校开发的课程进行质量分析和监控的过程,也是学校对乡村学校课程进行跟踪管理的过程。只有采取行之有效的评价策略,才能在评价的基础上进行反思,总结经验和教训,不断调整、丰富和完善乡村学校课程,真正使乡村学校课程促进当地学生的发展。乡村学校课程的评价,应该以乡土文化为基点,以开发与实施过程为主线,以学生发展为目的。既要评价乡村学校课程开发的程序和内容,又要评价教师和学生在课程实施过程中的行为和体验,还要评价乡村学校课程作为教育信息载体在学校发生的作用。这就要求对乡村学校课程的开发与实施进行全方位的评价。笔者将从评价的内容与策略两个角度对乡村学校课程的运行机制作简要的分析。

一、乡村学校课程评价的内容

通过上述三部分的论述,我们已经知道课程建设的基本脉络。从静态角度看,课程建设包含了课程目标、课程内容和课程实施,但是,从动态角度看,这样的课程建设如何? 这就需要一个课程评价的问题。

在课程领域,课程评价作为一个独立的系统出现相对较晚。美国进步教育协会于 1934—1942 年所进行的"八年研究",标志着课程评价趋于成熟。时至今日,不管从理论上说,还是从实践上看,课程评价依然是一个焦点。有研究表明,课程评价基本遵循四种取向:"社会本位"的课程价值观、"个人本位"的课程价值观、"人本位"的课程价值观和多元课程价值观。[1]"回归乡土,亲近乡土,敬畏乡土,促进乡村少年的乡土认同、民族认同,促进个体与乡土之间的和谐互动,并由此促进乡村少年积极的自我认同与人格发展,这乃是乡村教育课程设计的核心与灵魂。"[2]基于此,笔者认为,乡村课程评价应该坚持"人本位"的课程价值观,将"人"看成是课程评价的主体,把社会需要与个人需要、个人价值与社会价值结合起来。以"人本位"的课程价值观为指导,乡村课程评价既要考虑到学生的发展需要,又要考虑到社会

---

① 张广君,曹静.课程评价基本理论问题研究综述[J].天中学刊,2006(6):5.
② 刘铁芳.回归乡土的课程设计:乡村教育重建的课程策略[J].现代大学教育,2010(6):14.

条件的制约和社会发展需要。课程评价的基本领域应该包括几个方面：对课程目标的评价、对课程内容的评价、对课程实施的评价、对课程系统的评价。①

（一）课程目标的评价

一般而言，一个好的课程目标应该满足这样几个要素。第一，与教育目标一以贯之。课程目标应该是教育目标的一个细化，有什么样的教育目标，就应该会在课程方面有所体现，这种体现最直接的反映就是课程目标。第二，课程目标要能够具体化和精确化。课程目标是用来指导行动的，过于泛化或者模糊化都不利于课程方案的落实。课程目标要能够让具体执行着找到行动的依据和方向，但是，需要注意的是，课程目标也不能太过于细化，否则会束缚课程实践者的手脚，缺乏创生空间。第三，课程目标要具有可行性。在制定课程目标的时候，制定者一定要考虑到学校或者地区的师资力量、基础设施、教育设备、学生发展水平等诸多因素，一味跟风只会伤害教育者的积极性。

（二）课程内容的评价

课程内容的评价，主要是指对教材、教具等教学实物的评价。课程内容的变化与否，是评价课程改革成败的关键要素之一。有研究表明，"乡村课程改革实施 10 年来，教学材料和学科内容总体变化达到了课程改革目标的 49.3%；72.5% 的乡村中小学教师全部采用新教材上课；59.8% 乡村中小学教师按照新课程标准进行教学；53.3% 乡村中小学教师按照新课程标准选择学生学习材料"②。从这个调查可以看出，在乡村学校，课程内容的变化还不是很大，也就是说，总体有过半数的教师依然在照本宣科。因此，课程评价急需关注课程内容。课程内容的评价主要关注两个方面。第一，逻辑性。课程内容是落实课程目标的具体手段，课程的育人功能也是通过课程内容直接体现出来。特别是学科教学，更要体现出学科的逻辑结构。以数学为例，数学的课程内容要围绕数量关系和图形几何两个方面，要体现出数学的科学性，这种科学性就是逻辑性。第二，适切性。面对同样的课程内容，不同地区的学生和教师往往会有不同的反应，究其原因，就是因为课程内容的适切性不够。特别是对于乡村学生和教师而言，由于城市取向的课程设计，

---

① 靳玉乐.课程论[M].北京：人民教育出版社，2012：365-366.

② 张新海.农村课程改革十年：问题、成因与对策[J].教育发展研究，2012(22)：76.

导致很多课程内容在情境性上缺乏对乡村实际情况的考量,这就要求教师对课程进行二次开发。这种开发,主要是从适切性的角度进行补充、完善和改造。

(三)课程实施的评价

课程实施的评价主要是针对课程实施过程和实施结果进行评判。课程实施过程的评价,主要是对课程安排、教学任务、教学方式、教学组织形式、教师和学生的教学参与度等方面进行评价。当前,一线教学中出现一种跟风倾向。比如,当一种教学方式出现时,往往会被行政力量所裹挟,在区域内大面积推广。笔者就曾经在乡村学校见到过这样的情景:学校推行小组合作学习,但是分组之后会发现教师根本无法驾驭课堂,学生也不会合作,整个课堂乱糟糟一片。对于这样的课程实施过程,我们需要质疑。乡村学校一定要立足自身实际开展课堂教学,盲目跟风追求形式只会对教育带来伤害。课程实施结果的评价,主要是结合课程目标,看课程目标是否达成,学生的学习成效如何。需要指出的是,当前对学生学习成效的评价还主要停留在认知领域部分,即将学生的考试分数与学生发展等同起来。这种评价在很大程度上忽视了学生的情感领域和学习过程领域,需要引起注意。

(四)课程系统的评价

课程系统的评价主要是对课程系统进行全局性的考察。课程系统,既可以是区域层面的,也可以是学校层面的。一般来讲,我们往往侧重于从学校层面对课程系统进行全局性考察。课程系统的评价,主要通过围绕课程总体设置、课时安排、组织安排、实施条件等方面展开。一个好的课程系统,一定是课程目标清晰,课程内容合理,课程实施得当的。简言之,好的课程系统一定是系统性的。

二、乡村学校课程评价的策略

乡村学校课程的评价,是乡村课堂教学的指向标和控制器。为了使乡村课程评价发挥其应有的功用,必须将原有的以知识为主的课程评价向以学生为主的课程评价。树立全新的课程评价理念,转变乡村学校课程评价的功能。用"基于乡村学校,依靠乡村学校,为了乡村学校"的理念,指导课程评价,充分考虑到学生的认知水平、实践能力、创新意识和个性心理品质等方面的整体发展。

(一)评价标准的灵活化

"课程评价过程中评价标准的重要意义在于它一方面可以为人们在总

结性评价时提供参照和依据,另一方面在协商和对话过程中向人们提供一个进一步建构的前提。"①乡村学校课程评价标准的灵活化,为乡村学校课程评价的特色化服务。这一表现其实暗含着评价主体的多元化。这是乡村课程评价走向民主化的表现,改变了过去单一评价主体的状况。毫无疑问,学生是学习的主体,在乡村学校课程的评价活动中,他们是积极的参与者和合作者。为了鼓励学生、同伴、家长和教师共同参与评价,就应该建立开放和宽松的评价氛围,帮助学生在自评、互评和师长评价的基础上,实现自主学习和发展。评价标准的灵活化,改变过去只关注学生学业成绩的单一评价方式,走向学生综合素质的评价,包括认知水平、情感态度、价值观等各个层面,承认学生的差异和独特,促进他们的个性化发展。

(二)评价方式的多样化

"全面的课程评价要有与之相适应的手段来配合。对课程的不同层次和不同侧面的评价,需要采用不同的评价手段。"②乡村学校课程评价的方式不能只强调量化的评价方式,应当逐步转向对质性的分析与把握,把量化评价和质性评价结合起来。学生作为活生生的个体,如果仅仅以量化的评价描述他们的成长,则显得过于片面。因此,我们应该关注乡村学校课程的质性评价,关注学生的个性特征和身心发展的特点,采用多种方法对学生进行评价既要有行为观察,又要有成长记录;既要有表层的课堂作业,又要有深层的学习日记,促使定性评价与定量评价相结合。此外,"综合开发和运用多种评价手段是课程评价改革的一个重要方面"③,能够更清晰、更准确地反映教师和学生的发展事实,为乡村学校课程开发和管理工作的改进,提供一定的借鉴意义。

(三)评价系统的综合化

"评价是作为一种工具,用它来帮助人们把教学计划做得更好"④。乡村学校课程评价系统也是将教学计划顺利实施的一种系统化的有效工具。乡村学校课程评价系统,一方面是指在进行课程评价时,充分考虑学生、教师、

① 刘志军.课程评价的现状、问题与展望[J].课程·教材·教法,2007(1):3-11.

② 林智中,马云鹏.课程评价模式及对课程改革的启示[J].教育研究,1997(9):31-36.

③ 林智中,马云鹏.课程评价模式及对课程改革的启示[J]教育研究,1997(9):31-36.

④ Stufflebeam,D. L. The CIPP model for program evaluation[C] // Madaus G. F, Scriven M. & Stufflebeam D. L. (eds.)Evaluation models:Viewpoints on educational and human services evaluation. Boston:Kluwer-Nijhoff Publishing,1983:118.

学校和课程诸方面的综合因素,多方面采集和收集信息,进行分析和综合,总结经验,找出差距,提出丰富、补充乡村学校课程的方案;另一方面是指将形成性评价和终结性评价结合起来,用综合分析的方法对乡村学校课程的开发与实施进行评估。特别需要注意的是形成性评价,要为总结性评价奠定基础、提供依据,使总结性评价具有客观性和说服力,进而提出改进工作的思路和计划,作为下一阶段教学活动的起点。这样一个循环往复的过程,既是乡村学校课程开发与实施的不断完善的过程,也是评价改革不断深化和发展的过程。以前面提到重庆市沙坪坝区西永第一小学校的特色课程为例,课程系统是对课程总体设置、课时安排、组织安排、实施条件等要素的综合考察。从课程的方案来看,学校在开发"跳绳"这门校本课程的时候进行了系统性考虑,从课程性质、课时安排、课程目标、课程内容、课程管理、课程评价等方面进行了顶层设计,具有一定的系统性和可操作性。

第八章　乡村学校服务于新农村文化的教学

社会主义新农村文化建设主要通过加强农村公共文化建设,开展多种形式的群众文化活动,丰富农民群众的精神文化生活,实现农村传统特色文化的可持续发展。乡村学校是农村文化的中心所在,承担着培养农村儿童成人成才和引领农村文化发展方向的双重任务。乡村学校为新农村文化建设提供强大的精神动力和智力支持,成为新农村文化建设的主阵地。同时,促进乡村学校教学又离不开新农村文化建设这个大背景。新农村文化建设在很大程度上影响着乡村学校的教学,从学校规章制度到教室里的课堂纪律,从显性的地方课程到隐性的师生礼仪,都可窥见新农村文化建设对乡村学校教学的影响。在此,我们从乡村学校服务于新农村文化建设的教学目标定位、所秉持的教学理念,以及教学组织活动等方面予以论述。

第一节　乡村学校服务于新农村文化建设的教学目标定位

在我国的乡村学校发展历程中,衍生出两种教育价值取向的嬗变,即以城市为中心的城本主义和以农村为中心的农本主义。[①] 两种价值取向的冲突在教学目标中就表现出"离农"、"向农"两种背道而驰的趋势。

---

① 苏刚,曲铁华.现代化进程中我国乡村教育价值取向的嬗变与重构[J].教育发展研究,2014(1):17.

一、基于"离农"取向的教学目标

"离农"式的教学目标,强调纯粹理论知识的教学,以实现为城市的建设和发展提供高素质的技术人员,培养离开农村、农业和农民进入城市主流文化而不是回归乡土文化的人才①。"离农"式的教学有其深刻的历史背景,早在清末民初的农村新教育改革中,就逐渐显露出离农的趋势。陶行知在《中国乡村教育之根本改造》中就一针见血地指出其弊端所在,"中国乡村教育走错了路,他教人离开乡下往城里跑,他教人吃饭不种稻,穿衣不种棉,做房子不造林。他教人羡慕奢华,看不起务农。他教人分利不生利,他教农夫子弟变成书呆子,他教富得变穷,穷的变得格外穷,他教强的变弱,弱的变得更弱"。这样教学以人才输出和选拔为动机,且教学内容游离于乡村社会之外,所以李书磊认为这样的乡村学校为"外置的象牙塔,乡村中的都市,村落中的国家"。由此可见,"离农"式的教学目标是城市化发展的必然结果,乡村学校附和于城市文明与文化的定位,不断培养能够为城市建设提供力量的人才,却相对忽视了乡村学校教学应当固着于农村发展现实的需要这一前提,从而导致因对新农村文化建设背景的考虑不全面,而掣肘于新农村文化建设的发展,使得农村文化一直处于"野"的状态。长此以往,"离农"的教学目标也使得乡村教育跌入应试教育的轮回和教育功利性的桎梏。正如有学者所言,"我们的教育成了'升学的教育',也就是说,既脱离了生活,也脱离了青少年的成长,唯一的目标,就是升学。因此,我们的乡村教育,是与乡村生活无关的教育,是完全脱离中国农村实际的教育,因而在某种程度上是脱离了中国基本国情的教育,是根本不考虑农村改造与建设需要的教育,也就是说,农村完全退出了我们的乡村教育以及整个教育的视野"②。这种以学生分数论英雄的乡村教学,在导致学生畸形发展的同时,也使得今日之农村弥漫着以教育为踏板、离开"生于斯长于斯"的功利性气息。

二、基于"为农"取向的教学目标

"为农"式的教学目标强调乡村生活技能的培养,培养农村所需要的人才,要求学生参加农村生产劳动,掌握农业生产技术,为农村的经济、社会发展服务。针对"离农"的弊端和长期以来乡村教育存在的问题提出的"为农"

---

① 张济州."离农"、"为农"? ——乡村教育改革的困境和出路[J].河北师范大学学报(教育科学版),2006(5):3.

② 钱理群.乡村教育的理念和理想[J].教育文化论坛,2010(1):12.

式教育,有人试图把"作为乡村少年基本生存场域的乡村进入乡村少年的精神建筑,使其成为乡村少年发展的精神场域,培养其基本的乡村情感和价值观,培养乡村生活的基本文化自信等等"①。无可厚非,针对不少农村出现文化衰落和"边缘人"的现象,这一切都是"离农"式的教学大肆追捧城市文化的后果,"为农"式的教学确实可以缓解、解决这一矛盾现象。它将广大的青少年"留"于农村,为农村的建设发展奉献自己的青春和智慧。

由此,我们可以看到,"为农"的教学目标是鼓励我们的学生以掌握农村发展所必需的知识和技能为要务,这也是我们所提及的新农民培养的方式之一,意在使我们的学生能够了解农村、理解农村,进而服务于农村建设。但是,"为农"的教学目标在帮助学校教育走出"离农"偏向的时候,却因为只是过度地强调立足农村发展的实际,而无形之中使学生失去了接受多元文化教育的机会。在某种意义上,"为农"的教学目标,又将带来一种新的不平等。"如果乡村教育只追求为农村服务,那么农村孩子永远进不了城市主流文化,实际上剥夺了他们参与城市生活和国家生活的权利,不利于社会阶层公平流动。法国社会学家布迪厄认为教育是文化再生产和社会再生产的工具,具有维护不平等社会关系的功能。如果乡村教育只面向农村劣势文化圈,那么只能导致农村孩子的低地位的社会再生产,农民永远摆脱了不悲惨的命运。"②

三、新农村文化建设下的农村教学目标

"离农"式的教学指责"为农"式的教学脱离实际,不利于学生个体发展。"为农"式的教学嘲笑"离农"式教学培养出的学生"种田不如老子,喂鸡不如嫂子",不利于乡村发展。在社会需要和个人发展之间,乡村学校教学目标的定位似乎陷入了一个两难悖论。实际上,教学目标有其发展规律和特点,是一个动态生成的过程,具有普遍性和特殊性的双重性质。"为农"式的教学目标忽视了教学目标的普遍性,一味地强调其特殊性,即在乡村学校中的教学要为乡村发展服务,而忽视了整个社会的发展浪潮。"离农"式教学目标只注重于城市化的进程,忽视了乡村发展的需要,也就遮挡了乡村学校教学目标的特殊性。由此,形成了一个非此即彼的二元对立的思维方式。所以,乡村学校的教学目标要着眼于其普遍性与特殊性的统一,也就是要在城

① 刘铁芳.重新确立乡村教育的根本目标[J].新华文摘,2008(3):16.
② 张济州."离农"、"为农"?——乡村教育改革的困境和出路[J].河北师范大学学报(教育科学版),2006(5):3.

乡一体化的发展的基石上,才能破除这一悖论。

在新农村建设过程中,乡村学校的教学目标定位于培养全面发展、适应农业现代化的人才,培养农村现代化的开拓者和创业者,培养"新型"农民。可以说,"新型"农民的目标培养立足于城乡一体化发展的定位,不仅是必然的,也是有其现实的发展依据的。

(一)城乡一体化发展是新农村建设和城市化发展的必然结果

城乡之间相互联系、相互作用的关系,始终贯穿社会发展的主线。人类社会发展史可以这样概括"乡育城市—城乡分离—城乡对立—城乡融合",这显示了城乡关系从农业社会的依存关系,到工业社会的统治与被统治的关系,到后工业社会城乡融为一体的关系。城乡融合也就是城乡一体化,是社会发展的最高阶段①。所以,新农村建设和城市化发展从来就不是相互对立的两种发展,而是城乡一体化发展这一共同体的两个方面。教育是一项具有前瞻性的工程,必须遵循社会发展的必然规律,并培养与之相适应的人才。所以,乡村教学也不例外,必须立足于城乡一体化发展的基石之上,着眼于能够培养推进城乡一体化发展的现代化人才。

(二)立足于城乡一体化是解决"离农"、"为农"矛盾的现实述求

关于"离农"、"为农",大多数学者都认为,这两者实际上都默认了一个前提性假设,城市和农村是可以分割开来的,城市和农村可以是完全不同的两个区域和概念,城市代表着文明和进步,农村代表着愚昧和落后。正是因为人们潜意识中对于这一假设有所认同,造成乡村教育成为城市教育的追随者和附庸者,乡村教育的独特性变得微不足道。"离农"式教学目标,就是这种现实推论的结果。事实上,物极必反,面对这样的现实,呼吁重视乡村教育独特性,发展学生主体性和基本农业生活技能的"为农"式教学应运而生。所以,解决这一矛盾的关键就在于科学看待这一假设的可信度。的确,城市和乡村是人类两种基本的聚居状态,而且在相当长的一段时期内,城乡是彼此独立,相对封闭的,生活在其中的人们有着不同的相对独立的生产、生活环境。由此,形成了城市和乡村两种不同的文明,在物质、精神、制度方面均有所不同②。但是随着生产力的发展,农业现代化,农业劳动知识化的程度不断提高,城乡差别逐渐缩小,农村生活质量和社会环境日益趋向城市

---

① 傅崇兰.中国城市发展问题报告[M].北京:中国社会科学出版社,2003:58.
② 马军显.城乡关系——从二元分割到一体化发展[D].北京:中共中央党校,2008.

化。而随着城市化的日益发展,大城市出现郊区化和逆城市化发展的趋势,这两种趋势汇合,使得城市和乡村走向一体化的发展道路。

(三)城乡一体化是实现教育公平的本质要求

长期以来,城乡之间在教育管理、教育投入、教师管理等方面存在巨大差异。乡村学校面向农村,培养农村所需人才,城市教育面向城市,培养城市所需人才,这种教育的"双轨制",加剧了城乡教育之间的不公平性。为此,我们在公平正义原则的基础上,重新设计我国国民教育体制,切实消除城乡教育双轨制:一方面,倡导城乡教育均衡发展,给予乡村教育是国家公共事业的身份和待遇,落实政府全力举办乡村教育的责任,推行国民教育均衡发展战略,促进城乡教育入学机会平等、教育财政平等、教育条件平等和成功机会平等;另一方面,要特殊优待乡村教育,在财政和人力等方面,优先考虑和满足乡村教育发展的需要,提供各种专项扶助,以便切实缩小城乡教育差距。[①]

所以,乡村学校的教学目标必须以城乡一体化发展为基石,在此基础之上来探索学校的教学目标。具体而言,就应该是培养全面发展、适应农业现代化的人才,培养农村现代化的开拓者和创业者,培养"新型"农民。

第二节 乡村学校服务于新农村文化建设的教学理念

教学理念,"是教学观念和教学理想的一种融合,是一种主客观的融合,是一种认识与信念的融合,是一种思想与行为的融合,是一种事实判断与价值判断的融合"[②]。谢弗勒从纲领性定义出发,认为教学理念"是从先进教学理论中演绎出来的有关教学活动的理性认识,是'教学应该怎样以及为什么需要如此'的理想化认识。反映着人们对教学实践的价值期待和理想追求"[③]。结合新农村文化建设的实践,我们把这里的教学理念理解为,乡村教师在长期农村教学实践中形成的,对教学活动的基本观念,以及在这基础上形成的相对稳定的思想和观念的体系。为此,通过回顾乡村教学的发展历

① 王本陆.消除双轨制:我国城乡教育改革的伦理诉求[J].北京师范大学学报(社会科学版),2004(5):12.
② 彭刚.支配与控制:教学理念与教学行为[J].上海教育科研,2002(11):32.
③ 段作章.教学理念的内涵与特点探析[J].教育导刊,2011(10):21.

史,所呈现的不同时代的不同教学理念在乡村学校中熠熠生辉,可以引申出当下的教学理念。

一、民国时期的乡村教学理念

民国时期,农村经济陷入崩溃阶段,而我国又是农业大国,此时依靠"农村复兴"实现"民族再造"成为有识之士的共同追求。在农村地区兴起了巨大乡村教育运动浪潮,涌现一大批睿智的乡村教育改革者们,诸如陶行知、晏阳初、黄炎培、梁漱溟等人。虽然他们的教学理念有所差异,但都受到实用主义教育理论的影响,十分重视实践式的教学方式,强调要"做中学"。

中华职业教育社的黄元培先生亲赴江苏省江阴、南通、苏州等地考察农业教育,强调农业生产与乡村学校的关系。黄元培对乡村学校的教学有着独特的见解,他认为当时乡村学校的教学过于"重理论而轻实习",知识教学华而不实。他在教学实践中阐述了教什么、为什么教、怎么教等教学思想与教学问题。

"平民教育"倡导者晏阳初及其同仁在中国农村地区进行长达30余年的平民教育实践,形成完整的平民教育思想理论。其核心就是"四大教育"、"三大方式"。所谓"四大教育"是指"文艺教育"、"生计教育"、"卫生教育"、"公民教育",分别针对解决中国的"愚"、"穷"、"弱"、"私"的四大弊端,以达到发展民众的知识力、生产力、强健力和团结力。所谓"三大方式"是指家庭式教育、学校式教育、社会式教育,以"三大方式"推进"四大教育"的开展。

陶行知的生活教育理论[①]主张"生活即教育"、"社会即学校"、"教学做合一"。陶行知反对教学内容脱离学生生活实际,积极倡导教育与生活的结合,提出生活即教育的思想,生活不仅是教育的内容,而且也是教育的方式,将学生从学校刻板的教学方式中解放出来,让学生真正地去体验生活、接触自然。学校传授的知识受时间、地域的限制,无法将社会上真正有用的知识传授给学生。故而提出社会即学校的思想,是为打破学校的围墙,拓展教学内容。"教学做合一"倡导做是教、学的中心,怎样教、教什么由学来确定,而学什么、怎么学由做决定,此为"行是知之始"。此外,陶行知的小先生制,让学生"即知即传",将自己认识的字和学习到的知识随时随地教给别人,这样让学生在实践中重温学习的内容,也体现了学生之间互帮互助合作学习的学习方式。

---

① 陶行知.陶行知文集[M].南京:江苏教育出版社,2008:112.

梁漱溟①在乡村教育运动的基础上不断探索思考,认为乡村教育应该承担着农村建设的责任,达到"创造新文化,救活旧社会"的理想。梁漱溟对当时的教学方式也提出了不同的看法,认为知识分为"知的知识"和"情的知识",两种不同知识要不同的教学方式,而中国总是以把"知的教育"强加于"情的教育"之上,也就是枯燥的说教方式代替了榜样学习等"情"的方式。所以梁漱溟主张"寓教于乐"的方式,反对枯燥的、扼杀学生灵性的教学方式。

二、新中国成立后的乡村教学理念

新中国成立初期,经历战争的创伤,乡村学校基本处于瘫痪状态。各行各业百废待兴,用于生产生活的知识备受关注,乡村学校的教学更加强调生产实践和劳动教学。改革开放后,乡村学校的建设逐步走上正轨,但是其课程、教学都是移植城市学校的理念。

及至近年来的课程改革,诸多新的教学理念被提出并被大力推崇,如研究性教学理念、对话教学理念、发展性教学理念等等。但是在乡村中小学中难以发现这些新的教学理念,乡村教师依然固守着原有的"传道授业解惑"……传统理念且只局限于知识的传授。乡村学校教学理念的更新具有严重的滞后性,之所以会产生这种现实,固然与乡村学校教师素质有关,但深层次的原因是乡村文化的边缘化的问题。长期以来,城乡二元文化体制,导致乡村文化一直处于"野"的状态,受教育自然被农村青年认为是脱离农村文化,进入城市主流文化的唯一途径,他们只有发愤图强,寒窗苦读,参加考试,金榜题名,才能摆脱农村文化的束缚,融入城市文化,离开农村,走向城市,因此应试教育的模式根深蒂固,学生、教师均无法走出藩篱,及时更新学习方法和教学理念。

三、新农村文化建设时期的乡村教学理念

新农村文化建设,需要破除城乡二元文化发展的机制,实现城乡文化发展的融合和统一。因此,乡村学校迫切地需要新的教学理念来适应这种乡村文化的变化,以推动教学发展和新农村文化建设的步伐,形成相互促进的局面。

在目前的乡村中小学课堂中,传统的教学方式仍然占有很大市场。在教学中师生之间对话与沟通严重缺乏。课堂教学仍然是以教师为中心,教

---

① 宋恩荣.梁漱溟教育文集[M].南京:江苏教育出版社,1987:213.

师是教学的组织者和领导者,严格控制着课堂教学的流程。这种单项的对话交流缺乏反馈,教师只是用着独白语言进行自白。生生之间的交往也是严重缺乏,教学中学生的交往一直处于被动状态,缺乏自主性的讨论。大多是处在老师引导下的讨论或者是静态下的交流,比如领读课文,角色扮演等。为此,在乡村学校形成交往教学理念是在对传统教学实践的反思、适应乡村教学实践特殊性和推进新文化建设的基础之上的。它的出现,有它的历史必然性和现实需要性。

(一)树立交往教学的理念对传统教学合理性的深刻反思

虽然课程改革已经推进了十几年,但是乡村教育改革存在严重的滞后性,一言堂、满堂灌的教学方式在乡村学校随处可见,其本质就是忽视了教学的交往特质,教学本身就应该是一种对话、交往,是教师与学生,学生与学生之间处在自由的位置上和谐的交流、对话,是一种"我"与"你"的相遇。乡村学校一味地追求升学率,使得学生素质教育的贫困化。而一个人的素质的构成十分复杂,他是多种品质的综合,而传统教学在主知主义的思想指导下,对于素质教育表现得很无能,也只有在交往教学的过程中才能培养学生知情意行各个方面的素养。

(二)交往教学理念是乡村学校教学特殊性的必然选择

乡村学校存在着区别于城市学校教育的特殊性,主要表现在受教育者方面。乡村学校面对的是农村儿童,城市学校面对的是城市儿童。这两类学生之间存在着诸多差异。城市学生可以享受完整的家庭教育、优质的教学质量、先进的实验器材、完善的升学渠道。而农村儿童大多是留守儿童,家庭方面接受的是隔代教育,面临升学和家庭双重压力。"隔代教育对农村儿童社会化的发展产生了多重影响。隔代教育下的儿童存在一定的优势,比如劳动能力,生活独立自主意识,责任心,道德礼仪,学习的自觉性,生活行为自律等,在一定程度上强于其他儿童。但在儿童的性格,人际交往心理,亲子交流,情绪情感表达与梳理,越轨行为监管教育等方面,农村留守儿童处于弱势"①。面对这种情况,乡村学校就要担负起应有的责任,在教学中注重对农村儿童人际交往方面的培养,而这正是交往教学的应有之义。交往教学就是要实现师生内在地、自觉地共生共长以及文化的生长。

---

① 司永劳.隔代教育对农村儿童社会化影响的研究——以西安市农村 S 中学为例[D].武汉:华中农业大学,2012.

（三）交往教学是新农村文化建设的有效措施

传统民间文化是新农村文化建设的生命所在。推动新农村文化建设，需要把传统民间文化以课程的形式呈现在乡村学校中，而交往教学正是促进这一生命体的催化剂。因为文化只有在交往中才能得以生成、传播、发展、更新。乡村学校是新农村文化建设的主阵地，而学生是农村新文化建设的继承人和传播者。只有当交往教学的思想涤荡乡村学校领域时，教师和学生才能真正地从教材、课堂中解放出来，成为文化的传播者、建设者，开创农村文化生命力重新焕发的局面。

因此，在新农村文化建设的大背景下，乡村学校就应该秉持一种交往教学的理念，把教学看作是一种特殊的交往的过程，实现学生与文化的双重建构。

第一，加大乡村教育投资力度，推进师资队伍建设。

一方面，要国家加大乡村教育的投资力度，调整教育投入结构，在高等教育和基础教育之间，要重心下移，在基础教育上投入更多的财力，尤其是农村义务教育。另一方面，要积极推进师资队伍建设。农村教师存在素质普遍不高、底子薄等问题，所以要加强教师业务素质的培养和师德教育，采取综合措施，对农村教师进行"充电"。例如，提倡农村教师积极参加在职或脱产进修，提高学历，提升教学水平。充分利用"国培"计划的契机，对农村教师进行全面的理论培训。总之，政府、学校要为农村教师专业成长提供一切便利的条件。

第二，农村教师要加强自身学习，及时调适教学过程中的文化冲突。

外在的驱动力只有与内在的自觉性结合，才能发挥最大的推动作用。在国家、学校为教师发展提供多种途径时，农村教师本身也要积极主动地去适应教学的变化，努力调适教学过程中的文化冲突，而不能保守残缺地以旧教学理念指挥新教学方式。所以，农村教师要坚持从自我出发，主动转变教学理念，坚持自我导向式学习，逐步摆脱传统教学思想的束缚，以全新的交往教学理念武装自己，发展自己。这样，单向的灌输关系才能适时地转变为双向的互动，从而使每个学生都能积极主动地参与到教学中来。

第三，要结合传统民间文化，积极开发校本课程。

目前，农村中小学使用的是全国统一编写的课本，这些课本大多以城市生活文化为背景的，渗透的是城市文明，脱离农村实际情况。而在升学压力下，乡村学校教学内容也出现单一化特点，仅仅是执行国家统一的课程方案,出现了"校校同课程,生生同课本"的局面。农村中小学的课程设置,除了要符合国家课程方案之外,还要紧紧结合当地的实际情况,为农村经济、文化发展培养人才。所以,乡村学校要充分利用当地的民间文化和风俗习惯,积极开发校本课程和综合实践课程,让传统民间文化以课程的形式,在交往教学中得以延续、传承和创新。

第四,营造良好的教学环境,更新校园文化。

教学环境是影响教学活动的各种外部条件。乡村学校要树立交往教学的理念,则乡村生活中就要存在着适合交往文化的生存环境。所以,要积极推进新农村文化建设,加强优秀传统文化的传承与发扬,在村里创设一个平等交流,平等对话的文化环境。改变传统的教学评价方式,取消学生成绩排名的措施,倡导小组、班级为集体的学习方式,减少学生之间的竞争性行为,促进学生更全面的交流与合作。总之,要形成一个自由平等的外部环境和交流对话的校园文化。

第三节　乡村学校服务于新农村文化建设的教学方式

目前,不论城市学校、乡村学校,班级授课制都是其主要的教学形式。在新的教学理念指导下,传统课堂教学形式难以实现学生自由、全面、和谐的发展。必须倡导新的教学组织形式和新的学习方式,创设生动的情景,使得教学活动成为师生之间自由平等交流的舞台。我们认为,在乡村学校课堂中,可以尝试采用主体参与式教学,在教学中强调学生主体地位的,通过师生共同组织教学,来促进学生的成长。

一、主体参与式教学的理论基础

主体参与式教学主要以心理学当中"内在激励与外在激励的关系"和"期望理论"两个研究成果为理论根基。

(一)内在激励与外在激励的关系

根据心理学的观点,人的需要分成内在性需要和外在性需要两种类别。其中,外在性需要对准和指向的目标或刺激物,是个体本身无法控制而由外界环境支配的。与此相反,内在性需要指向的是来自个体所执行工作和学习本身的意义。而内在激励与外在激励存在这样的关系:(1)当外在激励强而内在激励弱时,工作或学习本身枯燥乏味,个体自然就会把自己学习或工作的动力归因于外在激励的刺激;(2)当外在激励弱而内在激励强时,工作、学习本身有意义、有兴趣、有挑战性,因而个体会把自己的行为热情归因为学习或者工作本身蕴含的内在激励;(3)当内在激励、外在激励都比较弱时,也就是工作或学习本身索然无味,也缺乏有诱激力的报酬,此时,个体就会处于迷茫状态,不知道自己学习或工作的动力,因而无法归因,内心不稳定;(4)当内在激励和外在激励都比较强时,工作或学习本身就有意义,而且又存在外界的报酬。此时,个体无所适从,不知道自己工作或者学习究竟是因内在激励推动还是外在激励牵引,往往觉得工作或学习不过如此,在主观上压低工作或学习的效价,将自己的活动归因于外在激励。这主要是外在激励是客观存在的,很难歪曲和否认,而工作或学习本身吸引力则是自己主观判断的,较易随心所欲的调整。①

(二)期望理论

期望理论,又称作"效价—工具性—期望理论",是组织行为学中用以研究个体行为的一种过程性激励理论。根据期望理论每一个人都是某个行动的决定者,人们倾向于用一个最有效的行动去实现期望的目标。期望理论是由效价、工具性和期望三个因素构成的。其中,效价是一个人对某种行为结果效用价值的判断,指某种结果对于实现个人需要的效用价值。工具性与效价相关,是效价的一个主观中介。因为个人预期的结果有两个层次,即一阶结果和二阶结果。二阶结果是个人在某个行为中所想要达到的最终结果,而一阶结果是为了达到二阶结果所必须达到的最初结果。工具性就是人们对个人预期的最初结果和最终结果之间内在联系的主观认识。期望是指一个人通过自己的努力达某种结果可能性的大小的主观判断。由此可知,如果一个人在主观上认为某个目标对自己有重要价值,而且在自己努力之后可以实现,那么他的积极性就会受到激发;如果某件目标效价很高,但是个人估计达到目标的概率很低,或者某个目标效价很低,那么在这两种情况下均不能激起工作或学习的积极性。②

由此可见,想要调动学生学习的积极性,激发课堂活力。就必须给予学生更多参与教学的机会,让学生参与教学目标的制定、教学内容的选择和自我评价。这样才能让学生觉得教学内容对他们而言是充满意义和挑战的,

① 卢盛忠.组织行为学[M].杭州:浙江教育出版社,1993:138.
② 卢盛忠.组织行为学[M].杭州:浙江教育出版社,1993:25.

而且所要学习的内容在其最近发展区,即通过自己的努力可以实现预期的结果。而对于存在厌学情绪的学生,就应适当运用外在激励,即适当运动奖赏和惩罚或者以小组合作的形式带动其积极性,以推动学生参与到教学过程中来。

但是主体参与式教学在乡村学校中运用要充分考虑到农村教学资源短缺的现实,可以在班级授课制的基础上加入主体参与式教学的方法。既避免降低教学工作效率,又能有效提高教学质量。具体可以采取以下做法:(1)教师根据课程具体的教学目标,细化各层次的课程目标,学生也要参与其中,了解每节课具体教学目标,并根据自己的基础,选择自身所预期的结果。(2)根据课程目标整合教学内容,教学内容是为实现课程目标的客观存在,教师根据确定的目标实施教学,学生根据自己选择的目标有侧重地参与课堂教学的内容。这样,既能提高教师教学的效率,又能兼顾到每个学生的兴趣点。(3)根据学生兴趣、基础恰当分组,并给每个小组以具体的学习任务。以小组带动全部学生学习的热情,激励每一位学生参与到课堂教学中,避免个别学生滥竽充数。(4)倡导自评和他评结合,教师通过课堂表现和课后测试,对学生学习的结果进行评价;学生之间通过小组合作,对其他小组和本小组成员表现作出评价;学生自身通过课堂教学实现的结果与期望的结果比较,对自身的学习作出评价,反思存在的问题和进步,不断调整学习计划,总结并改善学习情况。

二、主体参与式教学的意义

班级授课制基础上的主体参与式教学符合乡村教学实际条件,兼顾个性化教学的,充分调动学生学习的积极性,提高教学工作效率;在实现知识拓展的同时,培养主人翁的意识以及提高交往能力、自我监控能力和创新能力。具体而言,在乡村学校,以班级授课制为基础融入主体参与式教学的理念,具有以下重要意义。

(一)符合乡村教学实际,有利于教学效率和质量的双重提高

乡村学校不论是学校硬件设施(如教学场地规模、体育设备、实验室器材等等)还是软件设施(如师资力量、教学环境、后勤服务等等)都处于相对落伍的状态。在这种条件下,要兼顾教学效率和教学质量是很难实现的。大多数乡村学校往往根据现有条件迁就于教学效率,比如一个教师可能担任几门的课程任务,或者一个教师可能担任几个班集体的教学工作。这样,以最少的资源实现效率的最优化,但是其后果是可想而知的,教师压力大,

学生无热情。教学质量难以提高。而在不改变班级授课集体教学的组织形式下融入主体参与式教学理念,给予学生自主选择的机会,参与到教学的全过程中,学生自然就去思考自己的兴趣点并选择与自身兴趣相符的课堂目标和教学方式。这样,学生激情得到释放,教师压力得以缓解,实现教学效率与教学质量的双重提高。

（二）有利于培养学生乡土情感,增强主人翁意识

乡村学校最被众多学者诟病的就是没有关注学生情感世界的培养,导致乡村学校中的大批精英逃离农村。在乡村,学校成为学生了解城市的中介,走向城市的跳板。在学生意识中,城市是文明的标志,乡村是落后的存在,他们极力地想要离开故土,投入城市文明之中。如果让学生参与到教学中,自主选择教学内容,充满乡土文化气息的教学内容进入课堂,不仅实现学生理论知识与实践的融合,更能培养学生对乡村特色文化的认知,增强归属感。农村在学生意识中不再是落后的代名词,而是充满真挚情感的故土。由此,增强学生对乡村文化的认同感、归属感。

1. 有利于促进学生个性发展,提高自我监管能力

每一个学生都是一个独立存在的个体,并以"个性"形成每个人之间的差异。主体参与式教学就是要发展学生不同的兴趣爱好,促进独特个性的发展。同时,个性的发展又要符合自身发展规律,宜鲜明而不张扬,要和而不同。这就要求学生在自主参与教学的过程中,明确学习的目标和方法,不断地调整、约束自己,以促进各方面的发展。在这个过程中,教师不再是学生发展过程唯一的监督者,学生自己成为自身的监控者,自我的监管能力得到很大的提升。

2. 有利于提高学生人际交往能力和创新力

农村少年儿童大部分是留守儿童,在人际交往、情绪情感表达方面存在一些问题。教师、同学是农村少年儿童主要的交往、交流对象,所以乡村学校有必要为其提供一个自由、平等的交流平台。主体参与式教学正是要突出学生的主体性以及教师的主体地位,让师生、生生以及"人文"能在课堂中自由、平等、和谐地交流,表达自己独特的见解,在交流中体现自我,认识自我、完善自我。在交往教学中完成课程目标的同时,人际交往能力、创新意识和能力也得到很好的培养。

在乡村学校中,不论是教师还是学生,都已经习惯了传统的教学方式。主体参与式教学改变了传统"一言堂"的教学方式,其优点不言而喻,但是在

具体操作中也依然存在着弊端。首先,主体参与式教学对教师能力要求比较高,而乡村教师对于参与式教学方式不甚了解,让学生参与其中,往往会迷失方向,无法准确定位教师的角色,出现放任自由的状态。这样,课堂就可能出现"干瞪眼"的情形,学生不会学,教师不会教。所以,主体参与式教学的实施需要有教师能够有能力去驾驭,否则适得其反。其次,主体参与式教学对学生自主性要求比较高,而对于乡村小学的学生难以达到这样的要求。小学生的自主意识尚未完全形成,缺乏自主性,只想跟着教师的教学进度前行,这就使得主体参与式教学的适用范围缩小,不适用于乡村小学课堂教学。

三、主体参与式教学的案例分析①

【案例一】

一次妙趣横生的作文教学

在一次作文课中,我在引课阶段提出一个问题:同学们,中秋节就快要快到了,我在想到哪位同学们家中去吃月饼呢,不知哪位同学愿意请我?

生:(踊跃举手,急忙喊)到我家!到我家!我愿意请老师吃月饼!

师问:大家都很热情嘛,我也不知道去哪位同学家了。要不这样吧,我看谁会做月饼,而且做得最好吃,我就去谁家,你们看行吗?

生:(面露难色,不知如何回答)

师问:这个条件可能让大家为难了。不过,距离中秋节还有几天时间呢,如果你们真心想请老师去,我相信你们肯定能学好的。

学生:(兴高采烈)好,一言为定!

(两天后的作文课上)

师问:同学们学会做月饼了吗?

生:(大声齐)学会了!

师问:呀,这么快?跟谁学的?

学生1:我跟妈妈学的。

学生2:我跟奶奶学的

……

---

① 参考网址:http://wenku. baidu. com/link? url = jEIETnla18rK7itOa4wcSZi6_8edcm5LsEsGZt7S9y1Tb4DVdmoDq6GBDBrItaWzbRuQ6l9cSRf9un4TxJrCg0PfngTyjLdvoVklBiZo-ve.

师问:感谢你们的一片诚心。那你们都是怎样做的?

生:(一片嘈杂声,学生七嘴八舌地说起月饼制作的过程。老师就随机点了几个学生上台说说他们的月饼制作)

师问:刚才这几位同学都讲得不错。听他们一讲,老师口水都快流出来了,我相信一定都很好吃。但是咱们班上这么多人,我也没时间让大家都到讲台上来说一说你们月饼制作的过程。你们说应该怎么办呢?

生:老师,这很简单啊,我们把说的改成写的,写成月饼的制作过程给你看,不就好了嘛!

师问:这个主意真好。这样,老师不但能知道你们怎样做月饼,而且还能比较一下谁做得最好,我就到谁家去做客,好吗?

生:好!

师问:好就快写吧。

【案例分析】

乡村学校的作文课时间基本是由两节课连上,也就是 100 分钟的时间,由教师宣布作文的题目和基本要求,学生在规定的时间、规定的范围内写作。这样的写作,以命题或半命题为主,且内容枯燥乏味,脱离乡村学校生活实际。所以学生难以融入真实的情感经验,从文章句式结构到感情的表达,充斥着模仿、假的痕迹。这样的写作课程使得学生一直处于被动接受的状态,必然导致"谈写色变"的局面。

在这个案例中讲述的作文教学体现了参与式教学的核心思想,让学生在教师引导下参与到命题作文的制定。从话题引入阶段来看,教师与学生面对面平等地交流,是一种师生关系,更是一种朋友关系的交流。以"老师要到月饼做得最好的同学家过中秋节"作为引子,不觉中给学生布置了学做月饼的任务。从命题内容来看,该作文的命题紧扣学生生活经验,符合乡村教学的实际,很容易就能引起学生的兴趣。选用"学做月饼"为写作内容,素材直接来自生活。从教学过程来看,教师在让学生写作前,先让学生对生活实践进行体验,在体验中培养学生观察、思考、表达的能力,这样学生才能有内容可写,有感情表达,而不至于落入"假大空"。从教学过程来看,学生一直处于主动交往状态,个个都充满了表达的欲望。整堂课上,老师只字未提"作文"二字,可学生们却在宽松、和谐的气氛中积极主动地完成了写作。在整个的教学过程中,都能看到学生主体的存在,他们积极参与课堂话题,讨论教学内容。

【案例二】

金色的鱼钩

课文教学中,老师让学生先熟读课文,然后完成一道填空题:这是一个_____的班长。之后小组合作讨论之后,学生代表发言。

生:这是一个忠于职守的班长。

生:这是一个舍己为人的班长。

生:这是一个诚实守信的班长。

生:老师,我反对。我觉得这个老班长并没有做到诚实守信啊。

生:这篇课文主要是讲老班长舍己为人,牺牲了自己,成全了三个小战士的事情,与"诚实守信"没有多大关系……

师:大家先别着急,让我们听一听这位同学的理由。

生:在课文中老班长答应过指导员,无论遇到什么情况,都会把三个小战士带出草地的。但是还没出草地之前,老班长就死了。所以我觉得他没有实现对指导员的誓言。而且,老班长自己最后也说了,"我没有完成党交给我的任务"。

师:老师很喜欢有不同的观点,说明了大家都有认真阅读和思考,以后大家也要想这样,要独立思考。在这里,人的生命只有一次,老班长为什么不想好好活下去呢?请同学们再读课文,边读边想,老班长为什么很固执地不喝救命的鱼汤?(学生读书思考)

生:老师我觉得从课文中"奄奄一息",可以看出来,老班长觉得自己快要死了,即使是鱼汤也救不了他的命了。所以,他干脆就不喝了,正好留下来给三个小战士们喝。而且在课文前面也说到了,老班长四十岁还不到就已经"背有点驼,高颧骨,脸上布满皱纹,两鬓都斑白了",所以我觉得老班长生命已经到了尽头了。

生:老师,我觉得老班长之所以会变得很虚弱,就是因为他总是舍不得吃,总是把吃的都留个小战士们吃,书上说得很清楚,"我从来没见他吃过一点儿鱼"、"他坐在那里捧着搪瓷碗,嚼着几根草根和我们吃剩的鱼骨头"。

生:老班长这么做的原因,在课文中已经有体现了,因为他自己说了:"眼看你们的身子一天比一天衰弱,只要哪一天吃不上东西,说不定就会起不来。真有个三长两短,我怎么去向党报告呢?难道我能说,'指导员,我把同志们留在草地上,我自己克服了困难出来啦'。"

师问:好了,同学们对于这个问题都有了自己的看法,那我们在回到刚才的问题,老班长算不算是一个诚实守信的人?

　　生:我觉得是,因为他答应指导员为把三个小战士平安地送出草地,而实际上他也做到了这一点,只是自己牺牲了。

　　生:老班长这是舍己为人、坚守诺言,因为如果每次老班长都自己先喝鱼汤,死的人就不会是他了,而他为了实现自己对指导员的誓言,牺牲了自己,也把三个小战士送出了草地。

　　【案例分析】

　　课堂不是一个统一观点的地方,不是以教师的意志凌驾于学生想法之上的地方。相反,教师应该要善于把握到课堂中不同的声音,以此为契机做出及时评价,引发学生思考。当学生有了争论的时候,教师不必立即表明观点,站好位置。在该案例中,面对一个问题的出现,教师引导学生先认真研读课文,找出自己观点的依据。而学生也能积极悟出课文字里行间所蕴含的前因后果,并以此为依据,佐证自己的观点。更加难能可贵的是,这次的讨论是由学生自发自觉地参与,因而生成的教育意义与教师的生硬解释有着天壤之别。所以,这样的教学方式对教师也提出了较高的要求。首先,要求教师要熟悉课文的来龙去脉,在学生引用课文时,能及时捕捉到相关的信息;其次,要求教师能够善于发现有价值的问题,以问题作为教育的生发点,但是如果教师随意把握生发点,对无价值的问题也展开一系列所谓的教学,只会导致无效的教学,造成无效的生成。教师能够捕捉到有价值的问题,并且及时评价引导学生自发讨论,学生才能"敢于直言"、"畅所欲言",只有这样的经历,学生才有可能做到"言者善绘"、"闻者有味",或者"言者善辩"、"闻者善断"。

　　在课堂教学中,尤其是语文教学中,学生是一个充满想象力和个性的思维的个体,学生思维的发散性很强,并富有想象,不同的学生对课文的理解有自己独特的感受。在上述案例中,学生是主体,学生讨论成为课堂教学的主要活动,教师不用一味地授课,而是把握课堂的亮点,成为课堂的发现者、开发者、欣赏者、组织者和引导者。在整个教学片段当中可以看到教师自始至终没有去干涉学生的学习行为,充分体现了以学生为主,让学生在课堂中交流、讨论、争辩、质疑。教师只是在引导讨论的方向和维护课堂秩序方面,作了适当地指导。学生在课堂中,不断地抛出观点,并引用原文证实自己的观点,尽情发言,表达自己对文章的理解、对老班长的看法,使得课堂成为学生畅所欲言的演讲室。这个教学片断体现了一种参与式的教学思想。参与式的教学思想在不知不觉中渗透到教学之中,但这并不是要让学生肆意妄为,放任学生,而是要做到对教材的开放,对学生评价的开放,鼓励多元化教学。

总之,参与式教学思想下的教学还有许多东西值得去实践、探究,以上教学片段中体现了课堂参与式教学的生成性、探索性,构建了"参与式教学"与"班级授课制"相结合的新型教学方式,对于参与式教学的实施,无疑也是一个大胆的尝试。

主体参与式教学并不一定只能在固定的课堂教学中实施,应该将主体参与式的教学理念渗透到教学甚至是文化建设的每一个环节。新农村文化建设也需要主体参与的理念,作为新农村文化建设的主阵地——乡村学校,以主体参与式的思想推动新农村建设,更是责无旁贷。当下,一批文化程度较高、思想敏锐、富于改革和进取精神的中青年农民已经成为农村文化事业的主体①。这些中青年农民分布在乡村学校、村委会、文化站等岗位,而大部分真正享受农村文化服务的主体并未参与到文化建设之中。新农村文化的建设必须充分挖掘当地农民的文化传统、文化需求、文化理念。所以乡村学校主体参与式教学要注重与乡村文化建设结合,例如在乡村文化活动中,可以组织教师或者学生,自编自导自演地参与文化活动,以师生的参与式合作热情,带动群众文化创造的热情,形成文化共生、文化共享的局面。

---

　　① 　财政部教科文司,华中师范大学,全国农村文化联合调研课题组.中国农村文化建设的现状分析与战略思考[J].华中师范大学学报(人文社会科学学报),2007(7):39.

第九章　新农村建设中农村教师的文化担当

农村教师之于当今正在转型的农村社会,已经不仅仅是一个传统意义上的"教书匠"。为新农村建设提供精神动力和智力支持的文化建设,是新农村建设的重要组成部分,也是农村教师履行社会责任的重要途径。农村教师是农村社会的一员,其所承载的公共性社会角色和社会责任感,标志着农村教师这一社会群体与农村经济社会发展及农村社会生活的改善息息相关。在当前新农村建设的伟大实践中,广大农村教师,应该自觉地投身改革的洪流,在新农民的造就和农村新文化的建设中,以主人翁的态度去施展自己的才华,履行自己的社会责任,实现自己的社会担当。

第一节　农村教师的文化责任

根据当代教师的主要生活领域和职业特点,我们可以把教师的各类活动从活动主体的角度归纳出以下五对关系:教师与学生、教师与自我、教师与学校、教师与家庭和教师与社会。并由此分别构成了教师的五种责任:法律责任、专业发展责任、学校管理责任、家庭责任和社会责任。

《中华人民共和国教师法》规定,"教师是履行教育教学职责的专业人员,承担教书育人,培养社会主义事业建设者和接班人、提高民族素质的使命。教师应当忠诚于人民的教育事业"。根据教师在社会、学校、家庭各个领域中所扮演的角色的不同,教师所履行的责任自然各不相同。如图所示,教师与学生之间的关系居于同心圆的核心,构成教师的法律责任。教师法

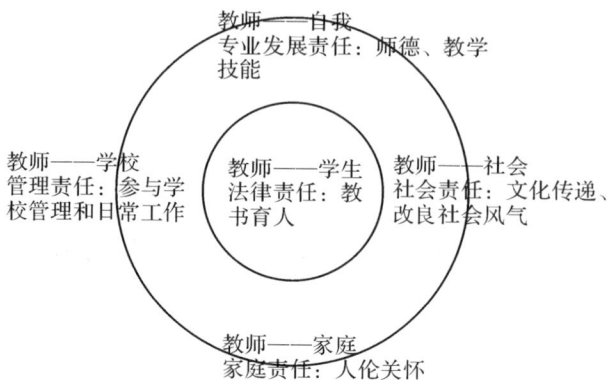

图　教师责任的外延与内容

律责任是教师责任的核心,是教师区别于其他职业的最本质的体现。

　　教师的文化责任是教师社会责任的重要组成部分。从教师的职业特点和教师作为农村社会的"知识分子"所具有的公共性等角度看,教师理应成为农村社会先进文化的传播者、创新者与悦纳者。然而,从目前的实际情况看,从文化责任意识的建立,到文化责任、文化自觉的形成,从对文化责任的态度,到履行文化责任能力的提升和文化责任的践行,近年来,尽管农村教师做了不少的实践与探索,但从整体上看,当前对这个问题的研究还没有引起社会各方的足够的重视,存在的问题还不少。

　　关心"国事家事天下事"是我国教师文化的一个亮点,是我国知识分子传统文化中的一个显著的特征。诚然,当前我国的农村教师在社会生活活动中的地位不高,但"位卑不敢忘忧国",我国的知识分子一向有"天下兴亡匹夫有责"的社会责任感和社会担当。这里把教师的文化责任与"天下兴亡"联系起来,"责"所指的就是"责任"、"人人有责"这层意思。具体地说,教师的文化责任"其实指的就是文化盛衰的传承责任,是文化影响人的道德精神的责任"①。农村教师在履行这一"浸染于社会风气之中"的"教师文化责任"过程中,要具有与时俱进的改革创新意识,富有鲜明的时代感。就当前而言,在新农村文化建设方面应有所关注,并主动参与,有所作为。如,党的十大八提出的建立"富强、民主、文明、和谐,自由、平等、公正、法治,爱国、敬业、诚信、友善"的社会主义核心价值观,其所倡导的价值精神,体现了我国当代价值观建设的主旋律,反映了当代社会生活对"真、善、美"的追求。农

---

① 杨启亮.教师的文化责任[J].江苏教育,2004(20):1.

村教师,作为农村社会先进文化的代言人,时代新风的倡导者与践行者,应自觉地充当党的宣传喉舌。努力使自己成为积极践行和弘扬社会主义核心价值观的先锋,这是时代的选择,也是农村教师作为我国知识分子的必然要求。

第二节　边缘化:农村教师的文化生存现状

一、公共性的旁落

农村教师作为乡村中的知识分子,同时具有专业性与公共性双重性质。农村教师的公共性,决定了他们不仅要关心自己教育专业领域的事情,还要关心乡村社会的经济、政治与文化等问题,履行社会的公共责任。然而,在时下轰轰烈烈的新农村建设运动中,"这里的黎明静悄悄",乡村教师依然处于"冬蛰"的状态。新农村建设中几乎看不到他们的身影,听不到属于他们的声音。正所谓"两耳不闻窗外事,一心只教考试书"。面对新农村文化建设这一社会责任,农村教师这一农村中的知识分子群体出现了集体性的"失声"。

（一）农村教师从乡村社会的淡出

农村教师是新农村文化建设必须依靠的知识力量。但是作为乡村知识分子群体,尽管他们一直与乡村社会缺乏应有的互动,但从未像现今这样疏离村庄,疏离他们生活其中的乡村文化。很多年轻的乡村教师都有在城市求学的经历,但回到乡村后,却很难再次融入曾经生活其中的乡土社会,很难找到与农村的契合点。他们除了在课堂上向少年儿童灌输着往往远离农村和农民生活的知识之外,几乎和乡村社会没有什么联系。于是,"伴随着现代文明与教师专业化的发展,乡村教师似乎在潜移默化中正在拔除古老文明之根,不可思议地退出传统的农村社会舞台,日渐丧失其在公共生活中的知识分子身份"①。对农村文化的陌生和无知,使农村教师缺乏与农村社会沟通的"资本"。"百无一用是书生",是不少农村教师,尤其是年轻的教师在乡村社会中的真实写照。多年的城市求学经历让他们对曾经生于斯,长于斯的乡土产生了隔膜。很多年轻教师农业生产技能的匮乏,以及对农村

---

①　张儒辉.外在规约:乡村教师公共性旁落的根源[J].大学教育科学,2008(5):64-66.

生活和礼仪的无知,使得农村教师无法与乡村社会融为一体,更不要说相互应和。他们无形中已被排斥在乡村社会之外,俨然成为农民眼中的"异类"。在社会生活中,有作为,才能有地位。农村教师长期在乡村社会中,尤其是文化活动中的缺位,使得他们服务农村的功能萎缩,影响力减弱,不能取得农村社会的广泛认同。

(二)城市化的教师专业发展模式与应试教育的双重"挤压"

历史上,农村教师作为乡村中的知识分子,曾对农村社会的进步和乡土文化的传承发挥过重要作用。他们曾是一乡、一村之中的文化权威,是乡村公共文化生活的活跃分子。其时,在课程与教学领域,农村教师在学校内外也曾拥有过较大的自主权,产生过较大的影响力。但伴随着教育权力的集中,尤其是城市文化"霸气"的形成,农村教师的地位日渐式微,就连教师自身的专业发展,从内容到形式都有按城市教师的需要而制定的严格规定,这种城市"抄袭版"的教师专业发展模式,使农村教师失去了自主发挥的空间和话语权。同时,对农村教师影响很大的另一个因素是:应试教育对农村教师的利益驱动。学生的考分成为评价教师业绩的主要指标。于是,农村教师受到了城市化的教师专业发展模式与应试教育的双重"挤压",就像两把高高悬挂在农村教师头顶的利剑,把农村教师和乡村社会剥离开来。

二、本土知识践行的缺失

本土知识,是本土人民在自己长期的生活和发展过程中所自主生产、享用和传递的知识体系。这是一种扎根于生活的知识,是生活在其中的人们在充分认识自然,认识周围环境与自身的有机统一基础上,所总结出来的经验和智慧。遗憾的是,在实践中,农村教师鲜有将乡村知识运用到教学和生活中,有调查显示,"乡土知识在农村社区或乡土社会中广泛存在,也是必不可少的交流工具。然而,乡土知识却在农村学校的课堂教学中被忽视,传授乡土知识的教师实践活动少之又少,这种变化趋势无论在课堂内外,抑或是学校的社会环境,均有不同程度上的体现"①。

(一)本土知识是重要的教育资源

教育需要相应文化背景的全面滋养,需要本土文化的悉心呵护。首先,就知识的性质而言,本土知识具有经验的、系统的特征,具有很强的"基础性"、"层次性",由此,有助于学生从认识周围的环境开始,进而探索更为广

---

① 刘方林.农村教师乡土知识的现状调查[D].重庆:西南大学,2014.

阔的世界。其次,理解是爱的前提,本土知识深深地根植于农村的日常生活,更能为学生所理解并引起共鸣。所以,本土知识能帮助学生更好地适应本土社会生活,服务和建设本土社会。尤其是在热爱家乡情感的激发,乡土情怀的培育方面能产生积极的影响。鉴于本土知识在农村中小学学生的知识学习和情感教育中所具有的教育功能,本土知识自然被视为是一种促进学生健康成长的重要教育资源。

(二)本土知识是乡村教师专业素质的重要补充

教师的知识结构不合理,本土知识欠缺,是当前很多农村教师面临的共同问题。他们中的不少人,虽然生在农村,但对生活其中的土地缺乏了解,对家乡的文化地理知识也知之不多。由于本土知识的匮乏,农村教师对乡村少年的生命呵护之能力受到限制。在城市文化占绝对优势和主导地位的今天,受文化虚无主义的影响,本土文化受到了强烈的冲击。从文化的传承和创新的角度看,这无疑是在拔除本土人民赖以生存的精神之根。乡村教师与本土文化有着天然的联系,不管怎么否认、回避,本土文化就像胎记一样与生俱来,渗透在人们的血液与骨髓里。乡村教师是保存、创新本土知识最为理想的群体。乡村教师只有提升自己的本土文化素养,完成文化上的回归,才能找回自我,实现自身的成长。乡村教师要自觉担当起拯救和保存本土知识的重任。但本土知识的保存不能采用孤立的方式,一旦将本土知识从它们所赖以存在的自然和人文环境中孤立出来,它们就不能够再得到发展。因此,要想使本土文化继续得到生存与发展,只有使它们融入自然和社区生活。

三、文化素养不足

教师的文化素养是科学素养、人文素养、审美素养、信息素养的总和。教师的综合文化素养状况,直接影响着基础教育质量,并与自身的幸福感与成就感密切相连。只有具备了深厚的文化素养,教师才有可能成为博大精深的"师者"。从我国当前中小学教师的实际看,农村教师的文化素养普遍不足。以信息素养为例,有研究者做了调查,发现存在"农村教师信息意识淡薄、信息道德不完善、信息知识匮乏、信息能力有限"等方面的问题。[①]

(一)导致课堂教学的僵化

学者阿莱克斯·斯坦迪什说过,教学不仅仅是一门技术,还需要教学理

---

① 崔颖.农村小学教师信息素养的现状问题与对策研究——以烟台地区招远市为例[D].济南:山东师范大学,2011.

论、哲学、文化的支撑,这样才能深入价值层面、思想层面、精神层面。从教师素养的应然状态看,"理想的教师"首先应该有深厚的文化底蕴。教师一旦缺乏文化积淀,课堂将面临无穷的危机。"有知识,没文化"的课堂就是众多常见"危机"中的一种。主要表现为:课堂活动缺少对人性的关注,照本宣科,教学过程呆板乏味,难以引起学生的学习兴趣。教师在课堂上面对学生碰到的问题或者提问,往往习惯于只从课本上找答案,或者就事论事,视野狭窄,不能从社会文化的大背景上去阐释。这种缺乏文化依托的教学,往往会导致把教学过程演变成单纯技术信息的传输,冷漠生硬,了无情趣,缺乏生命的活力。

(二)妨碍对乡村少年精神花园的营造

教师的文化涵养单薄,会妨碍教师引导学生进行人生意义的探索与思考。根据当前我国农村教师队伍整体的文化底蕴不够深厚的实际,要让他们独立支撑起乡村少年精神世界的天空,不管是从主观还是从客观的情况看,都将是困难重重。在一般情况下,他们面对与考试相关的知识性方面的问题往往能应付自如,然而,当学生需要得到老师提供精神世界的关照与呵护时,许多农村教师往往会表现出手足无措,无能为力,难以提供实质性的帮助。

(三)导致教师的职业生涯后续乏力

和城市的学校比,农村教师的生活单调、枯燥。用一位农村教师自己的话说:我们天天都在"重复昨天的故事"。乡村教师这种平淡,缺少精神寄托与文化支撑的日常生活,让他们很难获得幸福感与满足感。而乡村教师长期处于这种缺乏理想和激情的生活境遇中,很容易产生职业倦怠,进而对教师生涯失去动力。试想,假如乡村教师仅仅把教师工作看作是"养家糊口"的工具,抱着这样一种"当一天和尚撞一天钟"的敷衍心理,昔日的专业理想、专业抱负就很容易在"柴米油盐"中被淡化,被淹没。

第三节　农村教师文化责任的担当

从早年的乡间私塾到现今的农村学校,农村教师一直肩负着传统文化的传承责任。当前,农村教师服务新农村文化建设的基本途径主要有两条。一是利用自身的特长和优势,采用直接参与的方式服务新农村文化建设。如,某位音乐教师,根据社区为丰富文化生活,开展文娱活动的需要,利用自己的音乐特长,直接参与相关社区的文娱活动。二是采用间接的方式为新农村文化建设服务。其特点是:教师围绕着诸如"建设新文化"、"造就新农民"这样一类具有一定操作性的核心目标,并在以上目标的指引下,通过参与学校为提高人才培养质量的有关教育改革,以间接的方式为新农村文化建设服务。两种方式各有"长短",优势互补。下面以"农村社区文化建设"和"乡土教育"为例,分别加以说明。

一、直接参与式:农村社区文化建设

(一)学习先贤们以改变乡村落后面貌为己任,自觉履行文化责任

乡村教师的公共性和社会赋予的责任,要求他们与乡村社会发展及农民的生活改善相联系。在这方面,先贤们曾有过不少的理论构想和实践探索,对当前的新农村文化建设仍然具有启示和借鉴作用。如,陶行知于1927年创办了中国第一所乡村师范学校——南京晓庄师范,他倡导"乡村学校做改造乡村生活的中心,乡村教师做改造乡村的灵魂"。他对乡村教师寄予了厚望:小而言之,关乎"全村之兴衰",大而言之,则"全民族的命运都操在小学教员的手里"。陶行知主张"政富教合一"①,并认为教师可以把群众凝聚起来,而成为事实上的领袖。《山东乡村建设研究院设立宗旨及办法概要》说,农村教师至少有两种伟大作用:一是乡村的耳目。他容易感觉问题,亦有"呼喊"的工具——文字。二是乡村的喉舌。"果真除得几分乡村人的愚昧,果真乡村人受到祸害能呼喊出来,中华民族前途便有了希望,乡村建设便算成功了一半。"、"较有能力的知识分子,其在乡间将有第三种作用便是替乡间谋划一切建设事宜,好比为乡村添了脑筋。"时代在发展,社会在进步,先贤们重视树立乡村教师自觉投身农村社区文化建设的责任意识,重视发挥乡村教师的作用的思想,在今天仍有重要的启示意义。

(二)充分发挥乡村教师的带头作用,做好社区文化建设的"领头羊"

文化是农村社区的灵魂,是农民的精神支柱,是农村地区文化发展的源头活水。为履行好文化责任,乡村教师不仅要生活在乡村学校中,还要生活在村落里。乡村教师应该走出学校的围墙,充分发挥自身文化的辐射作用,带动乡村社区文化的繁荣和发展。目前乡村社区文化建设不容乐观。首先是社区活动开展得少,有的地方干脆就没组织活动,即便是有一些活动,也

---

① 陶行知.晓庄三岁敬告同志书[M]//胡晓风.陶行知教育文集.成都:四川教育出版社,2007:232-237.

不一定就有文化意义。社区活动贫乏，单调，甚至不健康，这已是当前农村社区建设的一个普遍性问题，村民们的娱乐方式基本上除了看电视、打牌，还是看电视、打牌。乡村的文化生活单一、枯燥、缺乏生气与魅力。

作者把乡村教师在新农村社区文化建设中的"角色"定位在"领头羊"上，主要是出于以下几个方面的考虑：一是有助于充分发挥乡村教师现有的影响力和号召力。二是相对于村里的其他群体，乡村教师具有较高的文化水平。三是相对于一般的村民而言，他们看待事物的眼光要更敏锐，更善于从整体上把握事物的发展方向，更容易看到事物的本质，把握社会动态。四是相对而言，乡村教师具有较高的文化修养、言谈举止文明礼貌，具有浓郁的人文情怀。五是在生活方式方面，如消费观念、衣着打扮等，一些乡民往往会把乡村教师作为仿效的"标杆"。乡村教师以上的这些优势和特点，使得乡村教师能够成为社区文化的组织者、指导者、合作者，把散落在乡间的文化资源聚合起来，重拾遗失的美好，把乡村建设成一个美好的精神家园。

二、间接参与式：乡土教育

（一）明确乡土文化对促进乡村少年成长的价值

农村儿童的成长，需要得到包括乡土文化在内的文化之全面滋养。农村有丰富的乡土文化资源，如淳朴敦厚的风土民情、生动感人的民俗故事、精湛的民间工艺、传奇的名人轶事，这些都是有待开发的很生动、具有很高教育价值的课程资源。还有，农村学校地处乡村，贴近自然。这里的一山一水，一草一木；天上挂着的一轮明月，地上铺满的金黄色的沙滩等自然景物，包括绚丽多姿的季节变化，都有可能成为乡村教师去发掘、去利用的宝贵的教学资源。挖掘并利用好乡土文化资源，唤醒学生原始的生命活力，让学生充分体验到学习的快乐，这是当前农村乡土教育中应普遍关注的一个问题。

（二）消除乡土教育的"空载"现象

教科书是教学改革中最为重要的教学资源之一。著名教育家徐特立认为，"教学最好是从实地实物的观察入手，这就要把乡土和学校周围的事物补充到一般的教科书里去，使这教科书与学者生活联系起来，使学者能够进行对教科书的批判，给以删削与补充"①。目前的乡土教育中应引起我们关注的一个问题是：由于对农村学校教材的城市化取向未能得到有效的抑制，

---

① 徐特立.教育讲座：课程、科目和教材［M］//中央教育科学研究所.徐特立教育文集.北京：人民教育出版社，1979：157-168.

客观上扩大了教材内容与学生的现实生活的距离,剥离了乡村少年对乡村社会的感知,疏离了他们对乡村文化的感情,加重了乡村少年在文化精神上的"无根"状态。再加上在目前农村中小学的课程结构中,与乡土文化相关的课程占的比例非常小,而且分布范围狭窄,大部分集中在文科课程方面,具体表现在作文课上,但大多也只是点缀和应景而已。

针对现有教材的城市化明显的倾向,"乡土文化缺失"的现象普遍,大多数农村学校对乡土资源开发的意识不强,不具备独立开发的能力。同时,还存在着"乡土教育"方面的学习缺少安排,导致宝贵的乡土教育资源白白流失。在应试教育的大背景下,乡土教育很容易会出现"空载"现象,并由此造成文化传承的中断,乃至文化的"断裂"。"空载"现象还会直接动摇乡村少年的文化自信,并在文化冲突中引起价值观上的混乱,导致他们中的一些人,错误地认为乡村是一个贫困落后的荒蛮之地,而城市则是文明富足的天堂。乡村少年读书求学只是为了逃离乡村。走向城市,才能有一个光明的前途。乡村少年是一个有着强烈的向师性的群体,并且处于一个心智不成熟的年龄,乡村教师的这种偏向城市的价值取向,必然会作用于他们年幼的心理,影响着他们最初的城乡观念,对他们日后的发展造成深远的消极影响。

第四节 农村教师文化责任的实现

要促使我国广大的农村教师自觉履行教师的文化责任,发挥农村教师在新农村文化建设中的作用,有必要建立起一个促进农村教师服务新农村文化建设的支持系统。支持系统的建设,将会有助于教师发挥主体能动性,引导教师积极投身到新农村建设中,为新农村建设添砖加瓦,为农村社会的发展贡献智慧和力量。总体而言,这套支持系统将会涵盖教师本人、学校、当地政府等方面,借助各方的共同努力,实现农村教师的社会责任与担当。

一、形成文化自觉意识

农村教师当有正确的文化自觉意识,"'文化自觉'指生活在一定文化中的人对其文化有'自知之明',明白它的来历、形成过程、所具有的特色和它的发展趋向,不带任何'文化回归'的意思,不是要'复旧',同时也不主张'全盘西化'或'全盘他化'"①。文化自觉是一种主动的态度,它要求农村教师对生活于其中的乡土文化能积极地接触和了解,认识它的历史变迁过程、主要的地方特色等;文化自觉是一种理性的思考,要求农村教师既能欣赏乡土文化的魅力,认识乡土文化在民族文化中的重要价值和意义,也能正确对待乡土文化中的不足之处;文化自觉更是一种文化实践,在对乡土文化有了深度的认识和理解后,有所继承和发展。

形成"文化自觉"意识,农村教师有必要做到以下几点:在忙碌的教学工作和家庭生活中抽出些许时间,认真感受乡土文化的魅力;不断拓展自身的文化视野,在与外来文化的比较中,感悟本土文化的价值;以一种理性的态度对待乡土文化,不要先入为主地、想当然地视乡土文化为"落后"的代名词。农村教师要用心去感悟,用行动去践行,在乡土生活中形成正确的"文化自觉"意识。

二、改革考核评价体系

教师的考核评价,对教师来说是一种鼓励和鞭策,更是一种引导。当前对教师的考核评价大多关注学生的分数,它迎合了应试教育的需要,却不能如实地反映农村学生的真正需求、农村社会的真正需要和农村教师的实际贡献。改革农村教师考核评价体系,需兼顾农村教师在农村公共生活中的付出和努力。

改革农村教师的考核评价体系,鼓励农村教师在教书育人之时,不忘投身于社会主义新农村建设,在时代发展的洪流中有所建树。我们认为,当前农村教师的考核评价在以下几个方面有待改进:首先,抛弃以学生的分数来作为决定教师"优"或"劣"的唯一标准,应关注学生综合素质的培养和全面发展。其次,评价体系应能引导教师的专业成长,能够提升教师的教学技能、课堂管理能力和师德师风建设,考核评价必须为教师的全面成长提供制度保障。最后,评价体系应增设对农村教师服务地方社会的考察,客观评价农村教师在公共生活中所做出的贡献。

三、推动公共服务平台建设

农村教师公共性的发挥需要相应的平台,包括宽松的文化氛围、有利的制度创建、有形的公共场所等。农村基层政府应当不遗余力地在服务平台建设上发挥创造性探索,以鼓励农村教师参与当地公共事务的热情和意愿。

---

① 费孝通.对文化的历史性和社会性的思考[J].思想战线,2004(6):30.

地方政府可以通过以下几个方面来强化服务平台建设:第一,加强服务平台建设的常规性。农村建设需要包括农村教师在内的农村知识分子的长期参与,地方政府有必要把服务平台建设作为一项常规性事务,通过座谈、走访等方式来了解农村教师的所思所想,了解他们对农村公共事务的意见和建议。第二,加强服务平台建设的实效性。服务平台建设重在实效,要把农村教师提出的意见和建议及时反馈,有助于改善农村社会且具有可行性的应付诸实践,不能实施的,应向农村教师反馈,告知其原因,这将有利于保持和激发农村教师的参与热情。第三,加强服务平台建设的机制保障性。农村教师参与农村事务必定会占用农村教师的部分工作和休息时间,农村基层政府可以把参与农村事务作为农村教师考核的一项内容,鼓励农村教师参与农村事务、并提出建设性的意见。

四、职前教育中加强"三农"教育

当前的师范生教育多关注在学科知识、教育学知识、实践技能和教师职业道德等方面,对于农村生活和乡土文化关注不足,造成一些农村教师走上工作岗位后无法尽快适应农村生活和地方文化,更别提承担起农村社会建设和文化繁荣的重担了。因此,在农村教师职前教育中有必要加强农村内容的教育。

在教育目标方面,农村教师要能够正确对待农村社会和乡土文化,能够理解、珍惜乡土文化的价值,能够适应和热爱乡土生活,能够积极参与农村社会改造,推进农村文化的大发展和大繁荣。在教学内容方面,乡土文化是个系统,涵盖农村的生产、流通、消费等物质层面,风俗、礼仪等制度层面及信仰、崇拜等精神层面。其中精神层面是核心,它会影响到制度和物质层面。教学内容要把握好全面性、时代性、代表性。在教学方式方面,可以通过课堂讲授法,利用必修课中农村教育模块,或者开设选修课,在课堂教学中讲解农村社会的发展、农业劳作、当地农村的特色文化等。还可以观看农村社会发展方面的影像,了解农村社会的过去和现状。还可以到农村实地参观,感受农村田园生活的魅力。

第十章　新农村建设中乡村教师的文化养成

　　当前我国全面建设小康社会的重点、难点在农村,农业丰则基础强,农民富则国家盛,农村稳则社会安。《十一五规划纲要建议》中提出要按照"生产发展、生活宽裕、乡风文明、村容整洁、管理民主"的要求,推进社会主义新农村建设。其中,"乡风文明"正是农民素质的反映,是农村精神文明建设的体现,要达到这一目标,必须要在加强农村公共文化建设的基础上,开展多种形式的、体现农村地方特色的群众文化活动,从而丰富农民群众的精神文化生活。在新农村文化建设进程中,农民群众整体文化素质的提升是必不可少的,教育在其中发挥着至关重要的作用。多年来,乡村教育问题始终受到党和国家的高度重视,各级、各类乡村学校不断建立,作为教育发展中坚力量的乡村教师则成为该进程中的重点关注对象。乡村教师是新时期社会教育发展的主力军,亦是新农村文化建设的人才基石。可以说,乡村教师队伍的专业化发展程度直接影响着新农村文化建设的进程,因此,各类机构应审时度势,培养有利于推动新农村文化建设、促进社会发展的乡村教师团队。

第一节　培养"为农型"的教师

　　乡村教师成为决定乡村教育方向和教育质量的关键,建设一支高质量的教师队伍也是新农村建设的要求。在当下,农村社会的特殊情况和社会需求惹人心忧。很多生在农村,长在农村的人们不满于当前农村艰苦、落后的现状,他们看到的更多的是城市生活的绚烂多姿,容易产生背井离乡、到城市里闯荡生存的念头,在农村壮年劳动力大量流失的情况下,农村的建设发展存在着相当大的隐患:正常的农业生产被破坏或搁置,许多田地因为没有劳动力的耕种而荒废,农作物产出减少;孩子缺乏父母的关爱和教育,有的家庭出现隔辈溺爱,导致孩子虽然生活在农村,但却养成铺张浪费、骄纵跋扈的性格;农村的基础设施建设因为青壮年劳动力的缺乏而难以展开……这些都是新农村建设的绊脚石。为使孩子们从小树立回报家乡、建设农村、发展社会的信念,对农村孩子的教育更应慎之又慎,对乡村教师的思想要求也应更加严格。乡村教师只有真正树立"为农"的角色理念,为农村本地的发展服务,为农村学生的发展服务,积极适应农村生活、热爱农村生活,以无私的奉献精神在平凡的岗位上默默耕耘,在艰苦的条件下辛勤工作,才能真正地为乡村教育事业尽自己的绵薄之力,才能真正成为新农村发展建设的助推器。

一、乡村教师应"以情待农"

陶行知先生曾指出:"乡村学校应成为改造农村生活的中心,乡村教师应当作改造农村生活的灵魂。"乡村教师是农村文化建设的积极参与者,内源性的热爱远比外源性的要求更能激发他们对教育事业的责任和热情。有的老师出生在农村,成长在农村,对这片土地有着很深的感情,期望乡村教育事业发展的愿望和对乡村生活的适应力相对强一些;但也有的乡村教师来自城镇,之前的优越条件或许会令他们对乡村生活不适应,从而影响了对教育事业的热情和职责。对他们来说,内心的认同感尤为重要,只有先具备了坚定、崇高的思想情感,才能将其转化为对乡村教育工作的责任感、荣誉感和事业心,即使农村的教育条件再差、生活条件再苦、工作任务再累,也愿意为乡村教育贡献自己的微薄之力。因此,乡村教师要热爱农村,以积极热情、稳定向上的情感对待农村、农民、乡村教育事业,以建设社会主义新农村为己任,才能产生献身乡村教育事业的强大内驱力。

作为一名乡村教师,最重要的就是要把满腔热情倾注在自己的教育对象即农村学生身上。由于生活环境、文化氛围等诸多因素的影响,促成了农村儿童区别于城市儿童的特殊心理品质及表现形式,他们可能不如城市儿童活泼、健谈,甚至有时会简单、粗鲁,但教师应从心底接纳他们、尊重他们、关爱他们,充满爱的教育才会成就心中有爱的学生。"经师易遇,人师难求",那些懂得对学生敞开自己的心扉的老师,往往在教育之路上走得更稳定、更持久,而骄傲自满或自欺欺人的老师,则通常会陷入故步自封、闭门造车的漩涡。因为有的时候,老师的态度对学生的影响是决定性的,更有甚者,学生的一生会仅仅因为老师的某个眼神、某一句话而改变。或许他们会因为不愿意听某个老师讲课而导致该门课程成绩不理想,进而更加不喜欢这门课,中考、高考因几分之差与成功失之交臂,改变了今后的命运;如果小时候的海伦·亚当斯·凯勒没有遇到莎莉文老师,她也许仍是那个骄纵任性、厌恶老师、厌恶这个世界的小姑娘,正是因为莎莉文老师的尊重、对她的爱的感化,才让她慢慢接受了身处的世界,才成就了一位举世闻名的女作家和教育家。陶行知曾说过:"你的教鞭下有瓦特,你的冷眼里有牛顿,你的讥笑里有爱迪生。"任何学生都有其闪光之处,都有自己的志向,有自己的热情,有自己的人格,都渴望得到老师的理解信任和尊重,因此人民教师要关心、爱护全体学生,尊重学生人格,平等公正对待学生,以真诚、真心、真情来影响学生。

二、乡村教师应"以意亲农"

有的大学生毕业之后,期待着去困难地区支教以磨炼自己,这种想法的初衷是好的,但是很多大学生面对农村落后的教学条件,艰苦的生活环境,不甚知意的学生,顿觉低估了支教地区的环境恶劣程度,高估了自己的意志力,以至于待在乡村、山区不久,便由于不能忍受身体和精神上的负担,而放弃支教的任务,回到城镇中工作。作为一名乡村教师,则要发挥艰苦奋斗的精神,具备刚毅顽强的意志,在面对困难时要排除障碍,正确认识和对待挫折,不屈服于眼前的艰难险阻,不屈服于内心的退缩,坚定意志,坚持不懈,只有这样,教师们才能为乡村教育事业的发展、为新农村文化建设做出贡献。

意志坚定的乡村教师在乡村教育改革过程中的作用是明显而强大的,与那些生在农村、长在农村的庄稼人来说,虽然后者也有丰富的乡土知识和生活经验,但仅止于表面层次,他们无法深入发掘这些知识、经验最本质的联系,不懂得如何将这些知识经验完整、系统地传递给下一代,此时,乡村教师的作用就显得十分重要了。他们能够引导乡村教育的发展方向,将对学生的发展、农村的发展、社会的发展有用的东西教给孩子们,他们是乡村教育的灵魂。因此,乡村教师们要以改造农村为己任,以发展乡村教育为己任,和农民紧密联系,深入了解广大农民的难处和痛苦,甚至要做到农民的活儿他们都会干、农民的心他们读得懂,要有一颗与农民同甘共苦的心,真心地亲近农民、亲近农村生活,真正融入农村、农民及乡村教育事业,把自己当作农民的一员,理解他们的难处,明白他们的需求。

此外,有一点还需要我们关注,正如上述所说,其实在广大农民群众中存在着大量的人才,他们有意愿也有能力参与乡村教育的发展建设,只是没有相应的恰当的方式和途径来实现自己的愿望。如在连云港市赣榆县的一个村庄中,一位退了休的老红军常常看着村里的孩子们叹息,有人问他为什么这样做,他回答说:"现在的孩子一点吃苦的精神、节约的意识都没有,我看了真是痛心,要是能给娃娃们讲讲我们当年抗战期间的艰苦岁月,他们一定不会像现在这样。"有人将此事反映给村里学校的校长,在校长的安排下,这位老红军经常到学校里作汇报。过了不久,校长果然发现不少同学有意识地节水节电,看到别人浪费,有的学生还会制止:"你忘了当年红军们是如何艰苦了? 我们不能这么浪费。"综上,为使乡村教育更好更快地发展,作为一名"亲农"的乡村教师也有义务把这样一些致力于发展乡村教育的农民们团结起来,引导其正确参与乡村教育,最终为乡村学校的发展建设贡献一分力量。

三、乡村教师应"以信为农"

自信是一种理智,是一种人生修养,它建立在人们的能力、魅力之上,代表个体对自己的信任,对自身正确的认识与评价,它可以作为人们的精神支柱,使人们拥有坚定的理想和目标,执着追求,并在任何情况下都不放弃、不动摇。而面对农村艰苦的环境和复杂的工作,更需要乡村教师具备自信、乐观、开朗、活泼,且勇于创新、积极进取的性格特征,以乡村学校发展建设为己任,解决好各方面的复杂问题。乡村教师在生活上要知足常乐,保持乐观心态。这种自信和乐观不是自以为是、眼高于顶,没有能力、没有修养的自信只能是胡搅蛮干,一事无成。因而,教师们在面对自己的工作时固然要充满信心,但也要学会与其他教师团结合作,还要善于和学生、家长及社会有关方面交往配合;要勤奋进取,能利用各种环境,为自己创造教学条件,获取教学资源,充满信心、创造性地开展工作。

乡村教师之所以需要自信、积极的心态,是因为"在很长的一段历史时期里,盲目崇拜城市文化和外来知识孕育了师生对整个乡土社会的自卑意识,这种自卑消解了对自己生存环境的感情"[1]。在农村,家长或老师通常会

---

[1] 俞晓婷."为农"的农村教师角色内涵及实践[J].现代教育管理,2009(9):9.

这样教育学生："要读好书，不然就留在农村种地！"言语中充满对城市的向往，却满是对乡土的厌恶，没有丝毫热爱之情。他们潜意识中认为农村生活永无出头之日，只有城市才可以让他们生活得更好，而孩子们好好念书不是为了更好地发展乡村教育和文化建设，不是为了家乡的发展，而是尽快脱离这令人身心俱疲的"囚笼"。长期受这种思想的影响，回乡务农就成了农村儿童最厌恶的事，更奢谈乡土情感。

所以，要培养学生的乡土情感，乡村教师就要首先树立乡土自信，并珍视在农村成长的经历。这种经历并不一定精致与光鲜，却是亲近自然、淳朴温暖的，这种经历可能是物质贫乏、生活艰辛的，却锻炼了农村少年坚强的意志品质、独立的性格以及朴质的心灵，这些都是农村少年成长的重要资本，是区别于城市少年的重要特征所在。

四、乡村教师要"以行奉农"

无论是对农村深刻的情感，还是坚定的意志品质，抑或是积极向上的自信，当落实到新农村文化建设当中时，只有实际行动才是大家可以有目共睹且能真正对乡村教育事业的进步发挥作用的。乡村教师是新农村建设人才的培育者，是农村学生成长的引导者，他们丰富着学生的内心世界，塑造着学生的灵魂，因此乡村教师要爱岗敬业、甘为人梯、静心教书、潜心育人，以无私的奉献精神投身乡村教育事业，身体力行地为乡村教育事业贡献自己的力量。

陶行知先生在《我们的信条》一文中曾说过："我们从事乡村教育的同志，要把我们整个的心献给我们三亿四千万的农民，我们要向着农民'烧心香'，我们心里要充满那农民的甘苦，常常念着他们所想的幸福，我们必须有一个农民甘苦化的心，才能为农村服务，才配担负改造乡村生活的新使命。"古往今来，没有哪一个人眼高手低还可以功成名就、受人尊重的，身体力行是将自己推荐给大家、接受大家评判的最佳方式。要引起注意的是，这种"行"是"知行合一"的"行"，是发自肺腑的。有的乡村教师到农村去教书纯粹是为了个人的晋级或升迁，而不是单纯地为了乡村教育事业的发展；有的教师看到别的老师拿到"优秀教师"、"先进个人"等荣誉，自己也便装模作样地起早贪黑，关爱学生，等得到自己想要的奖励，便骄傲自满，再不复之前的和蔼可亲、兢兢业业，这样的"行"，不要也罢。农村的教育事业值得广大的乡村教师以"捧着一颗心来，不带走半根草去"的无私奉献精神为之努力，值得农村教师把全部的爱以实际行动更好地奉献给伟大的教育事业和可爱的农村孩子们。

在实际工作中,乡村教师的无私奉献精神首先表现在平凡的岗位上默默耕耘,诲人不倦,脚踏实地地投身乡村教育发展。其次表现在艰苦清贫的环境下辛勤工作,以"红烛"般的无私奉献精神投身乡村教育发展。在小学基础教育阶段,学生的认知能力、逻辑思维能力尚未发展完全,外界对他们的影响仍然起着十分重要的作用。这时候,教师更要以身作则,表里如一,兢兢业业地为教育事业发挥自己的作用,并教育孩子们,与城市教育相比,乡村教育的发展更加急迫,使他们在青少年时期,就形成发展乡村教育的意识,即使以后很多人不会做乡村教师,也会从本源上消除以前存在的那种"回农村会被看不起"的想法。在当下,更是有不少乡村教师正在用自己的实际行动来诠释对乡村教育事业的热爱及人民教师的无私奉献精神。家住在哈市道里区新华街的姜萍老师,1990年读完师范后,家里人都希望她留在城市里工作,而姜萍却不顾家里人反对,毅然选择了去一所偏僻的乡村小学校——太平镇劲松小学校教书,1999年因工作需要调到华美小学校工作,在农村教师的岗位上无怨无悔,一干就是17年。她每天上班迎着黎明奔走在去乡村学校的乡间小路上,下班后披着星斗返回城里的家。春夏秋冬,无论是冰天雪路,还是大雨倾盆,都没有因为路途遥远或恶劣的天气影响她给孩子们上课。有一次,由于身体过度的劳累再加上她原有的低血压病,姜萍晕倒在讲台上,医生让她好好休息几天,可她说什么也不离开学校,在办公室里挂起了吊瓶,点滴后继续给学生上课,当天姜萍再次晕倒在集体备课现场,学校领导和同志们强行将她送进医院。姜萍就是这样一位好老师,只要为了乡村的教育事业,她能豁出命去干。这是太平中心校所有老师对她的一致评价和认可。[①]

姜老师是乡村教师的楷模,她用自己的实际行动诠释着乡村教师的神圣天职,她以无怨无悔的高尚精神把自己无私的爱献给了农民子弟,用美好的青春在乡村教育的沃土上谱写出了感人的篇章。

第二节　发展"智慧型"的乡村教师

乡村教师是一种先进的生产力,是乡村学校发展的动力源泉,亦是新农

---

① 刘玲.一名农村女教师的奉献[J].学理论,2008(7):3.

村建设中文化传播与创新的主导力量,是新农村教育建设中一切课程、教学资源的组织者、领导者和实施者,他们为新农村文化建设提供了智力支持和人才保障,源源不断地输送着各级各类服务于社会发展大背景的人才资源,并且不管教师是有意还是无意,愿意还是不愿意,他们在日常生活中的一举一动,他们自身所富有的知识文化体系、价值观、人文素养等,都会在不经意间对学生产生潜移默化的影响,学高为师,身正为范,基于此,乡村教师的专业发展显得尤为重要。在新农村文化建设的浪潮中,乡村教师所具备的知识、技能应凸显"农村境遇性",适应农村条件,要关注乡村文化生活,只有这样,才能在农村特殊的条件下最大限度地推动乡村教育的发展。

一、提升思想意识层面的人文素养

(一)乡村教师要具备广阔灵活的思维模式

学术上讲,思维是人脑借助于语言对客观事物的概括和间接的反应过程,它起着探索和发现事物的内部本质联系和规律性的作用,是人们认知过程的最高阶段,对于知识的学习、智力的形成起着关键性的作用。现代教育十分注重儿童思维的培养和发展。为了培养和发展儿童思维能力,首先必须十分重视教师思维的培养和发展。相比于城市,农村的社会、政治、经济、文化、生活等方面显得更为广阔,这就要求对教师要有广阔、灵活的思维,以解决好来自各方面的复杂问题。比如,农村的整体人口素质要低于城市,家长把孩子送来学校,或许并没有像城市父母那样明确的目的和心思,他们会单纯地认为只要孩子进了学校,那么教育问题就不是自己的责任而是学校老师的责任,孩子的行为出现偏差,他们通常不会从自身出发找问题,而是将孩子臭骂或暴打一顿,然后跑去学校质问老师,质疑学校的教育。面对这些问题,当大多数的家长都这样想的时候,乡村教师便应解放思维,实事求是,探求农村的家长们所能接受的劝解方式,使他们明白家庭教育的重要性。

除此之外,乡村学校分布较宽散,不像城市邻近有学校"群落"便于老师们交流学习、各个学校之间合作探究,因此要求乡村教师必须有独当一面进行教育研究、善于独立思考、开拓创新的能力,具备思维的独立性和深刻性,跟上教育改革的步伐。许多乡村教师认为做研究、搞创新是离他们很遥远的事情,与自己无关,而他们的任务就是给学生上课、布置作业、批改试卷,从未想过在这些日常的教学过程中发现问题、研究问题、解决问题,日复一日,即使有几十年的教龄,但教学水平依然止步不前,教学效果依然不明显,新农村文化建设则要求乡村教师打破这种思维框架的束缚,以积极饱满、敢于挑战、勇于创新的精神投入乡村教育中去。

(二)乡村教师应具有农村劳动热情

苏霍姆林斯基指出,只有把土地、果园、菜园当成思考的实验室,把单调的劳动过程不是当作最终的目的,而是当作达到目的的手段,使人享受到创造性的、研究性的、试验性的劳动的欢乐,才能产生对农业劳动的热爱。[①]

很久以来农村劳动被视为低人一等,很多人认为,农村劳动是不需要任何智慧的、机械的、单纯的体力劳动,事实上,参加过农村劳动的人们应该明白,这种观点严重忽视了农业生产中所需的科技成分,及其在市场经济中的重要作用。在古时靠天吃饭的年代,科技的作用也许还未表现得如此明显,但在当今这个技术飞速发展的今天,就算是农业劳动,也渗透着科学技术的影子。试想,一个学富五车但从未干过农活的文人,给他镢头、化肥、种子,他未必就知道如何让庄稼长出来;惯于驾驶奔驰、宝马的人,未必懂得如何启动拖拉机。城镇劳动之于农村劳动,只是术业有专攻罢了,并没有贵贱之分。所以,乡村教师应树立乡土劳动热情,要在教学过程中将理论知识的学习与农村实践活动紧密结合,例如化学课和农民种地使用的化肥的调配结合,地理课的地形结构可以结合当地的地理环境,生物课中植物的生长过程和农村多样的农作物结合,这样在向学生讲述理论知识的同时,与实践结合,完成有意义的学习,同时也使得农业劳动更吸引人。从这一程度上讲,生活在农村的孩子在学习某些课程时更有先天的地理优势和经验优势。

(三)乡村教师要成为留守儿童的严父慈母

留守儿童是乡村所特有的群体,这已经成为社会关注的焦点。教育本应是教师、家长、社会成员共同合作、一起努力才能完成的活动,但是近二十年来,随着"打工潮"的兴起、发展和热烈化,农村人口大量外出。以前大部分是青壮年男劳动力外出务工,村子里还到处可见抱着孩子的妇女、上山割草的姑娘,但随着社会经济的发展,人们对物质的要求越来越高,对城市的向往逐渐加深,更多的妇女、青少年们也加入了"入城打工"这一行列,导致现在的很多农村,尤其是条件恶劣的山区,一年到头几乎看不到年轻人,只剩下了老人和孩子。这些孩子在长期缺乏父母关爱的情况下,产生了诸多的问题。他们没有安全感、自卑、不会表达自己,人际交往能力差,久而久

---

①　苏霍姆林斯基.给教师的建议[M].北京:教育科学出版社,1984:405.

之,导致了他们学习动机的缺失。因此,本该是家庭、学校、社会共同承担的孩子的教育任务,便生生全部压在了学校教师的肩上,使乡村教师的工作更显艰巨。面对这种在父母角色严重缺失的情况下,乡村教师们更应担当起学生们,尤其是那些留守儿童的"严父慈母"。

许多留守儿童由于长时间无人看管,放任自流,最终导致他们的任性行为,这时教师就应充当父母的角色,收起他们的自由,不仅要负责他们的学习,还要对他们的日常生活进行管理。除管教以外,他们需要更多的是关爱和信任。陶行知先生说过:"千教万教教人求知,千学万学学做真人。"①这就要求教师不仅要教会学生知识,更要教会学生如何做人。作为一名教师不可以高高在上,要以慈母般仁爱的心对学生一视同仁,用真诚的态度、豁达的心胸、炽热的情感来做到诲人不倦。此外,要多关注他们生活质量和心理氛围,多与他们沟通交流,倾听他们的心声,对他们的孤独感及时地进行疏导,对他们的不良行为要耐心引导,不能放弃对他们的信任和关怀。几乎每位老师都会遇到调皮捣蛋、难以管教的学生,对待这些孩子,是疾言以对,还是循循善诱,都要靠老师的智慧。认真观察下来,没有哪个孩子是无可救药、天生顽劣的,但他们之所以会表现得如此任性不羁,或许仅仅是因为父母长期在外打工,对他们缺少关爱,致使其安全感的缺乏,他们想以此来获取他人的关注,显示自己的"强大",保护自己。智慧的老师应看透孩子们内心的想法而对他们加以正确的引导,与家长联系沟通,关注孩子的健康发展,让孩子明白自己存在的真正价值,切忌不问青红皂白,对学生进行体罚,导致难以挽回的后果。

（四）乡村教师应具备自我专业发展意识

作为一个教育教学的专业人员,每位教师都会经历由不成熟向成熟逐步递进的过程,在踏上工作岗位以前,虽然很多乡村教师已经接获得了作为教师的资格,但这样并不意味着他已成为一名合格的人民教师,一位成熟的教育专业人员。发展是一个持续不断的动态过程,永无止境,教师的专业发展亦没有到达顶点的时候,"资之深,则取之左右逢其源"。自我发展程度高了,教师处理起教学任务来会更加得心应手。但是,受主、客观因素的影响,乡村教师的专业提升存在着专业发展背景知识薄弱、自主专业发展意识不强、缺乏对自我专业发展的规划以及对自己专业发展过程进行系统反思的意识和能力、教育

---

① 赵雯娟.陶行知生活教育理论对当今高中英语教学的启示[J].读与写,2013(6):3.

科研能力较弱等问题。在面对相对于城市而言相对匮乏的教学资源的情境下,乡村教师更应有意识地进行自主专业发展,树立自我更新、自我发展的意识,通过积极主动的学习实践、系统的自我反思、主动与同事交流合作等方式,逐步提高自己的专业发展水平。只有这样,才能在一定程度上缩小由于物质、人力资源匮乏而引起的乡村教育与城市教育水平之间的差距。

1. 树立"由内而外"自我发展意识

联合国教科文组织在第 45 届国际教育大会上提出:推进教师专业化是改善教师地位和工作条件的最有前途的中长期策略,因此,推动新农村文化建设进程的乡村教师必须通过自身的发展、政府的支持,改善教育环境、教育质量。教师自我发展意识的内在生成远比外力强加的要求重要得多,也更能加强乡村教师进行自我专业发展的自觉性和持久性。随着现代教育技术手段的提升,新农村文化建设步伐的加快,乡村教师们应接不暇,逐渐感受到了自身职业发展的危机。所以作为乡村教师,应努力追求崇高的职业道德,不断丰富汲取专业知识,娴熟掌握各项专业技能,树立自我更新、自我发展的意识。有了这种意识和动力,进而向这个方向去努力,才能促使他们自己从生存型教师向发展型教师转变,成为具有自我发展需要和意识的教师,成为一名"自我引导学习者"。

2. 勤于反思,加深专业发展程度

教育本身就是一种创造性与创新性相结合的工作,对乡村教师来说,敏锐细致的观察力、生动流畅的表达力、良好的组织管理能力、深刻独特的反思能力以及缜密有发散的创造性思维能力,都是必不可少的。高尔基说过:"懒于思索,不愿意钻研和深入理解,自满或满足于微不足道的知识,都是智力贫乏的原因,这种贫乏通常用一个词来称呼——愚蠢。"作为教师,对教育教学的反思恰恰是正确认识自己的过程,以人之长,度己之短,先自知然后才能改进之,因而,乡村教师要勤于反思,善于反思,这样才能真正推动自身专业发展的深入。华东师范大学叶澜教授认为:"一个教师写一辈子教案也许不能成为名师,但是写三年反思就有可能成为名师。"美国的波斯纳也曾提出:"教师成长就是经验加反思相互作用的结果。"反思是一个人成长的绝佳路径,需要注意的是,教师的反思应有法。在反思的内容上,教师应该深入思考自己在教学实践背后隐藏的态度和观念,不断提醒自己,注意自身专业发展中有价值的行为和存在的问题,正确认识自己专业发展的薄弱之处,从而合理定位发展阶段,制定合乎现状的个人发展规划,有目的、有条理地指导自己以后的生活、工作和学习。在反思的方法上,一是记反思日记,并养成习惯。在一节课或一天的教学工作结束后,教师要写下自己的所得所失,并分析成败的经验教训。找出隐藏在现象背后的深层次的问题及原因;二是写教学故事。对观摩到的自己或别人的教学,进行详细的描述,然后进行分析,用旁观者的眼光重新对教学过程进行审视,发现自己或他人教学中的不足与问题,优点与长处,以人之长,补己之短。三是进行交流讨论。如在教研活动中,让来自不同学校的教师聚在一起,首先提出课堂上发生的问题,然后共同讨论解决的办法,集思广益,最后得到的方案为所有教师所共享。四是进行行动研究。在反思的程序上,首先确认教师困境的存在;其次,对引起教育困境的情境所具有的独特性及其与其他情境所具有的相似性进行充分思考,在此基础上对困境作出解释,解决教育困境,并促进以后的教学工作的顺利开展。

总之,反思是教师专业成长和自我发展的基础,教师可以从经验中学习,在学习中反思,在反思中成长。基于这样的逻辑体系,就教师自身而言,反思的深入程度能决定教师成长的速度和高度。乡村教师应该让反思渗透到教育活动的每一个环节,贯穿于教育生涯的始终,以此来更好地推动自身的专业发展。

3. 积极参与教育研究

社会的现代化发展,国际化交流的日益紧密,国外教育思想的涌进和冲击,都时刻对当代乡村教师的教育教学能力提出更高的要求。社会的复杂、竞争的激烈使得对现在的农村学生的教育不能仅仅止于书本,更要向其他方面深入发展。如何发现社会所需要的人才类型? 如何掌握学生的心理动向,更好地促进其发展? 如何有效提高乡村学校的教育质量? 这些都是教师们应纳入考虑范围之内的问题。对此,老师们不能仅从课堂教学过程中观察学生,从已有的研究成果中寻找答案,还应积极参与到相关教育研究中,发现问题,解决问题。在乡村教育质量相对落后、教育环境更为复杂的情况下,乡村教师相对于城市教师而言,更应积极主动地参与到学校的教育科研中来,在教育教学实践中反思探索,提高自己的研究能力。

首先,教师要摆脱畏难心理,树立主体科研意识,把教育研究视为解决日常教育实践中问题和困惑的途径,相信自己通过培养和自主发展能够成为"行动研究者"。其次,教师要主动学习教育科研的基本理论知识,参加各级教育培训机构组织的科研培训,深入了解教育科研的本质和方向,掌握中小学教育科研的特点、原则、基本方法、研究程序、研究方式以及要求,为有效地开展教育研究打下坚实的理论基础。最后,要善于捕捉教育教学中的问题。在教育教学实践中,每个教师都会遇到这样或那样的问题,如怎样转化差生,如何提高课堂教学的效率等,深入思考这些教育教学中的疑惑或困境,并将问题转变为课题,然后主动积极地对这些源于实践课题进行研究。这样,教师通过研究,来改进和解决教学实践中的问题和困惑,从而逐步锻炼和提高教育研究能力,实现自主专业发展。

二、打造知识技能层面的知行合一

（一）乡村教师应具备丰富的乡土知识、积极开发乡土课程

教师的劳动是一种复杂的、创造性的、生成性的劳动,要成功地完成教学任务,取得预期中的教学成果,除了具备一般的教育、心理学的知识,学科知识外,还必须了解掌握丰富的乡土知识,为开发乡土课程奠基。

我国农村地区范围广阔,地大物博,蕴藏着丰富的自然知识、传统文化知识和生活实践知识等,这些都是广大农民们必须具备的知识。而现在大多数的农村孩子并非真正意义上的农村人,他们没有掌握丰富的农业知识、技能,也不具备农民的动手能力,自然也就不能深度适应农村生活,更谈不上改造农村生活。因此,教师要利用农村特有的教学资源,开发乡土课程,这样既弥补了农村物质条件的不足,也使得教学和课程贴近学生实际生活,学生们可以完成理论和实践的有效对接。农村有广袤的田野、葱翠的树林、高低起伏的山峦、善良淳朴的农民和源远流长的乡土文化,这些都是城市教育中所欠缺的,甚至有的生活在城市中的孩子,虽然已经学过了《小松鼠找花生》这一课,却仍然不知道花生的果实是长在地下的。新时期的乡村教师们要积极补充乡土文化知识,利用好这些取之不尽、用之不竭的课程资源,为农村的孩子们打开一扇扇认识大自然的神奇之门。

（二）乡村教师应掌握适用于乡土知识的教学方法

农村的政治、经济、文化及人力资源的匮乏使得乡村学校无法像城市学校一样给学生们提供良好的物质环境、文化背景以及优秀的教育者等资源,但多年的乡村教育研究告诉我们:如上述方面的匮乏可以借助新型的师生关系、创造性的教学方法来得到补偿。扎根于乡村教育的老师们在拥有丰富的乡土知识的基础上,还要学会选择适当的教育教学方法,这样才能够有针对性、有效地使学生接受这些知识。乡村学校班级的特点往往是班级人数少,学生活动空间大,教学任务和学习环境相对宽松,这些现实为适用于乡村教育的教学方法提供了发展空间。教师可以充分利用农村的本土知识和农业生产空间,采取互动教学法、情景教学法、游戏教学法等,而不是一味

地使用从城市照搬过来的单一的课堂讲授方式。例如,在上劳动技能课时,城市的孩子们往往待在教室或者实验室里学习,而在农村,空旷的操场则可以成为学生们的试验田。老师可以将学生们分组,进行种植、施肥、浇水等活动的教学,不仅可以让学生轻松地学到知识,还可以收获自己的劳动成果,真正体验到劳动所带来的幸福和喜悦的体验。

(三)乡村教师应具备渊博的知识、广泛的爱好和才能

由于物质、人力资源的相对匮乏,乡村学校教师往往一人多职,有时甚至是一人一校,这就要求他们能够一专多能,甚至多专多能。例如甘肃省华亭县的刘霞老师,一人一校,既是教员,又负责班主任的工作,还担任校长的职责,敲钟洒扫,修缮教学,无一不能,该内容在第四节中将会具体叙述。

1. 扎实的教育基础知识

他们要有从事教学工作的扎实和宽厚的基础知识,如心理学、教育学知识,这是对一个合格的教师最基本的要求。但是,在农村地区,一些从教多年的教师,尤其是中老年教师,他们在教学活动中仅仅凭借多年的教育经验来进行教学管理和学生管理,经验固然重要,但不能过分依赖经验或只靠经验去教学。这些教师不注重教学理论的研究,不愿意深入探讨事物的本质和事物之间的因果联系,他们就像契科夫笔下的"装在套子里的人",只愿"不要出现什么乱子"就好。教育教学工作是复杂的实践活动,有其特定的规律,作为教师,尤其是乡村教师,在各方面资源匮乏的情况,更应积极地去了解教育的客观规律,熟悉学生的心理特征和个性特征,讲究科学的教育方法,只有这样才能取得较好的教育效果。这就要求乡村教师有一定的组织能力,善于管理学生,具有管理能力、活动能力、表现能力和一定的教育技能和技巧。教师要走上教育科学研究的道路,只有将整个教育生涯都不断地用来研究教育学、心理学,不断地总结教育实践经验,才会真正成为教育工作的行家能手。苏联教育学家赞可夫认为"教师不应当只限于传授知识、训练技能和技巧,还要教育学生,这是教师的神圣职责"。

2. 深厚的学科专业知识

乡村教师还应掌握学科专业知识,包括与该学科有关的事实、概念、原理、性质、理论,该学科的框架结构、知识标准,以及该学科的信念和未来发展、对学生的作用等等。很多教师,教了多年的书,但若问他"什么叫语文?为什么要教这门课?这门课对学生的发展什么作用?"时,却哑口无言,不知怎么回答,究其原因,正是他们没有完全掌握该学科的专业知识。当然,新

时期的乡村教师不能止于对本学科专业知识的掌握,他们应在透彻地懂得所任教的学科知识的基础上,还要有意识地掌握几门与他们任教的学科有关的专业知识,在教学活动中做到游刃有余,能够直接诉诸学生的智慧和灵魂。具体地说,教师仅仅熟悉教材和本学科的内容还不够,还必须有宽广的知识,具有广泛的一般文化科学知识素养,使自己在教学中能对教材内容有较深刻的理解,并能从中提取精华部分传授给学生。

3. 广泛的爱好和才能

乡村学校的娱乐器材较少,学生不能随心所欲地借助器材游戏、玩耍,而想要将学生培养成德、智、体、美、劳全面发展的人,乡村教师们还应具有多方面的爱好和才能,要有强烈的求知欲和乐于思考问题的习惯,因为青少年尤其是小学阶段的孩子们精力充沛,活泼好动,但又由于他们自身生活经验的限制,对一切都充满着好奇心和探究欲,使得他们的兴趣和爱好较为广泛,这就要求教师也必须有广泛的兴趣和爱好,多才多艺,这样才能满足孩子们的好奇心,才能更好地指导学生开展丰富多彩的活动,才能充分利用好农村环境所蕴含的丰富的物质、文化资源,才能在新农村文件建设中充分发挥作用。试想一个不会唱歌、不会画画、不会跳绳的老师,如何能走进天真可爱的孩子心里,获得他们的崇拜和尊重,与他们共同学习、一起进步呢?

古人云:"亲其师,信其道。"老师若想学生接受自己正确的观点、按照自己的预想健康发展,则必须先使学生信服自己。在如此绽如朝花的孩子们面前,如果不能歌善舞、"无所不知",恐怕很难得到学生们的认可。

第三节　素质"教育型"的乡村教师

现阶段我国的发展仍处于可以大有作为的重要战略机遇期,优先发展教育,建设人才资源强国,那么乡村教师的责任是什么? 教师,这份太阳底下最光辉的职业,在今天依然焕发出它的耀眼的光芒,培养人才、传承文明固然是它的历史使命,但在社会主义快速发展的新时期、新形势下,社会主义核心价值观、依法治教、立德树人这些具有鲜明时代特征的党的精神世界的精髓,在我国教育事业发展的领域,为教育的进一步前进指明了方向。学校教育是践行这些党的精神世界精髓的主阵地,教师则是教育世界的专门工作者,而作为我国学校教育人力资源主体的乡村教师亦是肩负着培育和践行社会主义核心价值观、依法治教、立德树人的光荣使命。毛泽东说:"教改的问题,就是教员的问题。"不能成为新时期教育改革的推动者,就必然会成为教改的阻碍者。改革、发展乡村教育,没有高水平的教师就没有高质量的教育,没有高质量的教育,又何谈建设人才强国? 因此,在明确了新时期乡村教师的光荣使命的前提下,老师们需要一丝不苟地认真执行,为祖国的发展大计献光献热。

一、践行社会主义核心价值观

党的十八大报告指出要"倡导富强、民主、文明、和谐,倡导自由、平等、公正、法治,倡导爱国、敬业、诚信、友善,积极培育和践行社会主义核心价值观"。加强社会主义核心价值观教育就是当代中国学校教育的重要任务,它的发展方向就是要把中国的学校建设成为培养社会主义合格建设者和接班人的坚强阵地。为此,作为学校教育实施者的教师就要担负起履行核心价值观的历史使命,因为师之德乃教之魂,在日常的教育教学中,教师的人生观、价值观和世界观甚至是日常行动,都会潜移默化地影响着学生,对学生人格的塑造、健康成长成才起着至关重要的作用。

(一)树立坚定的理想信念

培育和践行社会主义核心价值观是实现中国梦的价值取向。理想信念是人们对美好未来的向往和追求,是支撑着教师们坚定不移地遵循国家未来发展要求最坚固的后盾。从事塑造灵魂、塑造生命、塑造新人工作的教师,理所当然应是社会主义核心价值观的模范践行者。广大教师只有以培育和践行社会主义核心价值观为己任,把教书育人当作崇高使命,树立远大志向,涵养高尚情操,具备扎实学识,具有仁爱之心,才能当好人类文明的传递者、学生人生道路的引路人,才能为实现中华民族伟大复兴之梦培养有德之才。教育梦连着中国梦,实现中国梦离不开教育的支撑,离不开教师实践教书育人的神圣使命。实现中国梦,最坚实的土壤在学校,最直接的场所在课堂,教师就是最伟大的"筑梦人"。[①] 新时代的好老师要带头践行社会主义核心价值观,用好课堂这个神圣讲坛,用好校园这个宝贵阵地,用自己的修身立德、为人师表、职业操守为全社会树立崇高的道德标杆,做学生健康成长的指导者和引路人。当然,在践行该使命时,乡村教师们也应该注意学生的领悟力,选择恰当的方式教给学生,让学生明了。

---

① 沈建.教师理应成为社会主义核心价值观的模范践行者[J].唯实,2014(11):13.

（二）创新核心价值观教育的组织方式

为提高社会主义核心价值观的教育效果,教师要创新价值观教育的组织方式,发挥价值观教育活动组织者的主体作用。

1. 开发校本课程

相对于城市学校的充沛资源,乡村学校的资源配置显得很寒碜。但不能因为这样,乡村学校就失去发展自身教育的信心。从另一方面讲,因为落后,进步就会很明显,从中所获得的荣誉感和自豪感也会更强烈些。但即使再落后的地区,也有它的独特之处。每所学校都积聚了价值观教育的资源与优势,学校和教师应该利用这些优势,以核心价值观为指导,开发一批说理充分、思想性与逻辑性强的校本课程和教材。这样,在教师的引导下,学生会对这些课程和教材感兴趣,教育内容才能入脑入心。很多偏远地区的教师抱怨所学课本与现实相差甚远,例如在这个科技占据人们主要生活内容的时代,教科书的编写必然会涉及电脑、智能机等高科技支持的内容,而对于那些身处偏僻地区的孩子们来说,连电都通不上,更不要说网络、手机了。在这种情形下,乡村教师们大可转变思路,与孩子们大致说一说这些高科技物品的信息,转而发掘本学校的特色,开发校本课程,让孩子们懂得虽然没有外面世界的五彩斑斓,但自己的家乡亦有值得自豪的事情,这样不至于使学生形成崇尚城市、离弃家乡的想法。

2. 做好班级主题活动

班级主题教育活动,是紧扣某一教育主题,与学生展开交流、讨论,集中解决某一教育问题的活动,它是中国中小学学校教育的传统项目,也为推进社会主义核心价值观教育提供了有效途径。结合当前青少年思想特点,教师要不断创新班级主题教育活动的主题、内容与形式,可以将之前由教师主讲的局面打破,释放、培养学生的主人翁意识,让学生做主题班会的主持人,教师为辅,在旁边对学生的讨论加以点评、引导,使教育主题的内容、形式更切合学生的思想实际和生活实际,丰富教育内容,拓展教育形式,有效解决学生渴望解决的思想困惑。

3. 组织好社会实践活动

随着物质生活的充裕,很多学生虽出生于农村,但一些简单的力所能及的事情却不会做,动手实践能力亟待提高。新时期的接班人不仅要头脑灵活,还要身体灵敏,眼高手低的人必然会被社会所淘汰。因而在乡村教育中,教师们也应该注重锻炼学生们的实践能力,尤其是社会实践能力,不仅训练学生手脑兼顾的习惯,还可以培养学生在社会中为人处世的交往能力,以及提高师生、生生间的合作能力。此外,这些社会实践活动,能够成为青少年学生喜闻乐见的价值观教育活动,把抽象的、观念形态的价值观,通过具体的活动得到展示,使"活动"成为青少年学生接受价值观的有效载体,教师要积极引导学生走进社会,参加各类社会志愿服务和公益活动,到社会中锻炼、了解社会,加强社会公德教育,感受变革的社会所凝聚与积淀的民族精神和时代精神。

(三)创新核心价值观的教育方式

目前仍有很多学校将课堂讲授灌输的方式作为培育社会主义核心价值观的主要方式,这不仅会降低学生参与核心价值观教育的主动性,还会造成与学生所持的价值观的冲突,最终难以实现价值观教育目标,所以教师要创新核心价值观教育方式,为真正做到践行核心价值观做好准备工作。

首先,教师在教学内容、教学方案的设计和教学评价的组织上,要充分调动学生的积极性、主动性,这样做可以增强较直观教育的实效。其次,教师要在价值观教育过程中及时总结经验、教训,借鉴各国实施价值观教育的成功案例,不断创新价值观教育的方式。最后,教师要利用好现代科学技术开发核心价值观教育。加强核心价值观教育,要与学生思想实际相结合,除了利用主题班会、讲座、板报等宣传手段之外,还要充分利用现代科学技术手段和传播方式进行价值观教育方式的创新。比如我们现在的电子邮件、QQ群等。这样,可以扩大正面信息的覆盖面,增强核心价值观教育的科学性和有效性。

二、恪守依法治教

依法治国基本方略落实到教育领域就是要依法治教。依法治教既是宏观的国家和社会层面的事情,也是微观的是每一个社会组织,每一个公民都应身体力行的事情,特别是从事教育工作的教师,更是依法治教的主力军。

(一)教师要学法、知法、懂法

教师首先要学法、知法、懂法,要树立强烈的教育法律意识和高度的教育法制观念。教育法律意识是人们对于教育法律现象的思想、观点、知识和心理。知是行的先导。教师只有先行学习和深刻理解我国教育方面的法律法规,树立起强烈的教育法律意识,才能在自己的从教实践中内化为自己的守法行为。所以,教师要加强对教育法律法规的学习,要系统了解教育的本质特征、教育的法律规范、教育者和受教育者的权利和义务,以及如何实施教育法规。除此之外,还要具备起码的行政诉讼法、民法和刑法的基本知识。目前,主要与教育有关的法律法规有:《中华人民共和国教育法》《中华人民共和国义务教育法》《中华人民共和国教师法》《中华人民共和国教师资格条例》《中华人民共和国未成年人保护法》《中华人民共和国职业教育法》等等。所以,教师要学法,并最终做到知法懂法,需要长时间的学习、理解及消化的过程。

（二）教师要依法治教、依法执教

教师要做到依法治教,必须要严格遵守法律法规。遵纪守法是教师依法治教的前提。教师只有自己率先做到遵纪守法,才能给学生做出表率,才能在学生的面前理直气壮地"说法",严格以法律为准绳,去规范自己的教育教学行为。此外,教师还要依法执教。教师要依据法律法规,来履行教书育人的神圣职责。教师的教育教学行为,不能与法律法规相悖,要在法律法规所允许的范围内施行。师生是平等的法律主体。教师不能把"好心"当成"办错事"的借口。[①] 教师的教育教学行为违反法律法规,同样也是要受到惩处的。没有任何一条法律法规,授予教师可以凌驾于学生之上的权力。

（三）教师要用法规范约束自己、同时维护自己和学生的权利

教师要用《教师职业道德规范》来约束、规范自己,教师的教育教学行为要符合《教师职业道德规范》。师德倡导:德为立师之本,无德便无以为师。教师职业道德规范的核心是"教书育人,为人师表",即教师要做到:依法执教、爱岗敬业、热爱学生、严谨治学、团结协作、尊重家长、廉洁从教、为人师表。每位教师只有以此来约束自己,规范自己,才能逐步树立起教师的德望,只有以此来诫勉,才能无愧于人类灵魂工程师的光荣称号。此外,教师还要懂得用法来维护自己和学生的权利。知法懂法的最终目的,就是要会用法。用法律去维护自己、维护学校、维护学生的合法权益既是教师法定的权利,也是教师应尽的义务。对于学校自身而言,应严格遵守法律法规,用法律规范自己的行为,不得侵犯教师和学生的合法权益,也不得侵犯社会上其他组织和个人的合法权益,这叫依法治校。而当社会上其他组织或个人侵犯了学校的合法权益时,要敢于运用法律的手段,依法保护学校的利益,这是教师的义务;当教师、学生的合法权益受到侵害时,教师要善于和敢于运用法律武器,通过法律途径保护师生的合法权益,这既是教师的义务,也是教师的权利。

三、履行立德树人

苏联著名教育家马卡莲柯说过"没有爱便没有教育",师爱是学生树立

---

① 康树元.教师如何做到依法治教[J].法治与经济,2011(75):22.

良好品质的奠基石。这种"爱"源于高尚的师德,意味着无私的奉献。① 教师的言行对学生起着较大的影响。有的老师喜欢以成绩取人,认为成绩好的同学做什么都是对的,即使犯了错误,老师也会宽容地一笑而过,很少大声训斥,认为这只不过是好学生一时大意才产生的纰漏,只要不影响学习成绩,一切都好说;而对于那些成绩不理想的学生,老师甚至连看都懒得多看一眼。因为在他们的认知里,学习差=调皮捣蛋=一无是处。勿怪很多学生成绩不理想,但却总爱在教室里出风头、搞破坏,刨根究底,只是他们不愿被老师、被前排的那些所谓的好学生们遗忘在教室的角落里而已。仔细观察我们可以发现,那些老师们口中的"差生",只要一个小小的赞许的微笑,就能让他们高兴好半天;只要一句简短的鼓励的话语,就可以让他们安安静静地坐在座位上一下午。相比于整天被老师们捧在手心里的"宠儿",他们是如此容易满足。因此,每一位教师都应平等地对待每一位学生,做一个有爱心的人,注重人文关怀和心理疏导,尊重、信任和理解学生,学会用欣赏的眼光看学生,即使学生的成绩再差,总会有一两处闪光的地方,比如体育好,比如唱歌好。此外,教师们还应虚心听取学生的意见,吸取学生的有益思想,说到这一点,就不得不提教师们的"虚荣心"和"好胜心"了。常在河边走,哪能不湿鞋,有时候在教授学生时,教师总会有那么一两次犯错的时候,如果被学生指出来,教师只需要虚心聆听、认真分析错误产生的原因就可以了,这没什么大不了的。但有的教师却认为这是对教师尊严的极大挑战,遇到这种情况,必得和学生争得面红耳赤,失了身为老师的气度。教师只要懂得维护学生的人格尊严,用"心"与学生交流和沟通,做学生的知心朋友。只有这样在潜移默化中把良好的师德传递给学生,才能培养出有爱心的学生,才能培育出一代又一代具有高尚思想道德的人才。

(一)教师要做以身立德的示范者

崇高的道德情操是教师践行教育使命的核心品质。陶行知说,教师的"一举一动,一言一行,都要修养到不愧为人师的地步"。教师的思想政治水平和职业道德水平直接关系青少年的健康成长,关系国家和民族的前途命运,教师的价值观潜移默化地影响着学生,对学生人格塑造、健康成长成才起着至关重要的作用。教师是人类精神文明的传播者,教师的职责不仅要在学业上释疑解惑、循循善诱,更要为学生人生指引方向;不仅要促进学生身体

---

① 项进,田红芳.以人为本立德树人[J].思想教育研究,2008(4):3.

健康成长,更要关注并努力丰富他们的精神世界,使他们的精神生命也健康丰盈;不但要做教书的"经师",更要做育人的"人师"。一位有着高尚道德情操的好教师,一定是注重立德修身、以德立身、以德施教的老师;一定是拥有深厚知识修养和文化品位,献身教育、严谨治学、严于律己、无私奉献的老师。

（二）教师要引导学生树立正确的人生目标

教师是学生们的人生导师,是人生路程中的领路人。因此,在学生培养中,教师既要传授知识、培养能力,又要培养学生良好的思想和道德品质。教师要关心关爱学生,指导学生制定科学的学习计划,确立正确的人生目标;教育学生既要勤奋学习,又要学会做人做事,培养良好的道德素质;还要教育他们,无论是待人、处事,还是学习、工作,都要勇于进取,善于合作,吃苦耐劳,精益求精,从而把自己的聪明才智更好地用于造福人类的事业上,做德智体美全面发展的合格的社会主义建设者和接班人。

（三）教师在教学中要注重培养学生知行合一的精神

教师在释疑解惑、传授知识的同时,要把德育放在首位,在教学生获取知识时,要先教学生学会如何做人,要把德育教育融入学生学习的各个环节,使学生在学习知识过程中,自觉加强思想道德修养,提高思想觉悟。实践教学是立德树人的重要环节,广大教师要在认真组织各类课程设计中找准德育的切入点,使学生在学习过程中思想道德受到熏陶,提升道德水平。教师应认真对待实践教学环节,积极参与到学生的实践活动中去,使得德育教育进入各实践环节,进一步促进学生的全面成长。

第四节　走近新时期的乡村教师

随着新农村建设的不断推进,农民的整体素质也在不断提高,而这一切,都离不开乡村教师们的辛勤耕耘,无悔付出。在这一进程中,众多可亲可敬的老师们奋战在教育一线,谱写了一曲曲感人肺腑、激励人心的篇章,他们似黑暗夜空中的星,虽纷繁平常,却在新时期的教育之路上,照亮了学生前行的道路,温暖了学生失落的内心,将爱和责任撒向人间。在此,我们可以通过案例来走近乡村教师、理解乡村教师:[①]

---

① http://lzcb. gansudaily. com. cn/system/2008/02/25/010602384. shtml

"世上只有妈妈好，有妈的孩子像块宝。投进妈妈的怀抱，幸福享不了……"妈妈，是心的呼唤；妈妈，是爱的化身……在关山深处一个偏远落后的小山村，有这样一位妈妈，为了山里娃的幸福和明天，为了让山里娃娃飞得更高，走得更远，她放弃了自己的梦想和追求，用整个青春和人生书写着博大宽广的母爱情怀。

刘霞，女，甘肃华亭县人，自参加工作以来，一直任教于华亭县马峡赵庄小学。一人坚守学校近三十年，为普及义务教育、振兴地方经济做出了卓越贡献。2011年、2008年曾被华亭县委评为"师德标兵"，2008年曾被全国妇联等15家单位评为"中国十大杰出母亲"，2002年获中国教育学会"优秀复式教师"称号等。她爱生如子，三十年来，她资助学生的善款过万元，每年寒冷的冬季，她靠自己微薄的工资给贫困学生买衣服，代管膳食近三十年；为了达到直观教学，她自制教具上千件。由于她的坚守，关山林区的学生入学率达到100%，经她培养，走出山区的学子达六十多人。

一、吃苦耐劳，坚守学校近三十年

"我是关山的女儿，为了关山的下一代，我必须坚守。"一句承诺，让刘霞把人生最美好的岁月留给了关山的山山水水。

成长在一个子女众多的山区家庭里，刘霞幸运地读完了高中，凭着优异的学习成绩，她面前已有一条更宽畅、更美好的道路——参加高考，走出大山，追求自己的人生。然而，父亲和村支书无意间的几句闲谈，却让她做了一个让家人、乡亲和老师们都诧异的选择——留在村里当民请教师。

原来，村里的学校因为原来的教师调走，又没有别的教师愿意来而面临停办。这所学校坐落在关山深处，离最近的公路还有七八里山路，不通车、不通电，每逢雨雪封山就与世隔绝。艰苦、劳累、寂寞占全了，当然没有人愿意来这里。刘霞深知教育的重要性，她曾在日记中写下这样的一段话："望着老支书饱经风霜的面庞，望着质朴的父老乡亲，望着门外手拿放羊鞭被太阳晒得像黑牛犊一样的山里娃，我深知教育和知识对他们意味着什么。我无法不让自己不留下。哪怕这条路多么难走，我也决定选择走下去！"于是凭着这股信念，在众多的惋惜声中，刘霞站上了三尺讲台，一站，就是近三十年。

当最初的新鲜感渐渐消失后，面对着一个个"孩子王"，无聊、枯燥等种种不良感受都会无一例外地"光临"。三间晴天散发霉味，雨天到处漏雨的教室；一根教鞭、三尺讲台；这个孩子要小便，那个孩子摔了跤，又有两个孩子拌了嘴；刘霞运用复式教学法，一个人教着4个年级，开设7门课，自己敲钟,自己讲课,既是教员,又是班主任,还是校长……"所有的烦恼都忙得没有时间去想!"这些就是刘霞生活的全部。

爱美是女人的天性,而这一切却距刘霞有点远。她当代课教师非常辛苦,但是工资却还没有正式老师多,多的时候每月也只有 220 元。面对这份和她的工作付出极不对称的报酬,她说:"够得很了,我基本不花钱。"偶尔,妹妹带她逛街,她常走丢了;她去问商品价格,没人理她,因为她样子太寒酸;逛街道、逛集市,手里的几块钱纸币捏出了汗,这看看、那问问,太贵!只有到了书店里,刘霞最奢侈。十几元、几十元的辅导资料她狠了心"出血"。买一份,赶快回家趴在桌子前,点着煤油灯,用复写纸一笔一画地抄。天亮了,眼红了,学生手里却有了一份免费的"手写体"学习资料。

关山绿了,又黄了,校园里刘霞和孩子们栽的几棵落叶松长到了碗口粗。就在这样的简单重复中,她的青春岁月随着关山上的溪流渐渐逝去。她播撒着希望,也收割过幸福,饱尝了艰辛。

二、充实自身知识,创造复式教学法

要给孩子一滴水,自己就要有一桶水,这一直是刘霞所信奉的。

因为不是"科班"出身,为了提高自己的教育教学能力,她就自学,几本借来的《教育心理学》《教育学》已不知被她翻过几遍;她自学考取了大专文凭,自费上完了陇东学院中文函授班;取得了普通话二级乙等证书和小学教师任职资格证书等。

教学时没有同行可以讨论,有了问题就自己苦琢磨,实在琢磨不透就"出山"请教;"山里娃"接受能力差,她就绞尽脑汁备教案,力求让课上得更生动,她采用的"扑克牌方式识字组词"教学方法,简单实用,赢得了许多同行的好评。她还把低年级学生所学的知识编成儿歌和顺口溜,让"小助手"组织在室外搞游戏活动,使低年级学生在有限的活动中,快乐地学习,掌握所学的知识,创造出了"刘霞弹性课堂教学法"。

为了使孩子们能听得懂,学得好,她就地取材,用木棍、纸板、废铁丝等制作了大量的直观教具,创造了一节课里连用了 72 件直观教具的"吉尼斯世界纪录"。原来,刘老师上课时,先给三、四年级学生上语文课古诗,让学生背熟后用识字卡片到黑板上贴拼古诗;回过头给二年级学生上数学课,还利用古诗 4 行 7 个字给二年级学生讲 4×7 乘法、$7+7$ 加法;让二年级学生练习计算时,又给一年级学生教字母;然后又回过头检查三、四年级学生学的古诗。她忙而不乱,将四个年级的课穿插起来上,这种多级复式教育的上课难度相当大,她要花费大量时间精心备课、做很多教具。多年的琢磨、探索,让刘霞创造了一套独特的复式教育经验。香港救助儿童基金会与兰州大学合作实施"乡村教育研讨课题",在苍沟小学设立试验点,兰州大学的孙冬梅、曾涛教授对刘霞老师的复式教育予以很高的评价。2002 年 8 月,刘霞被中国教育学会复式教学专业委员会评为"优秀复式教师"。她还利用课余时间撰写了 10 多篇教学论文,其中论文《化作春泥更护花》在 2003 年"农村复式教育教学国际研讨会"上获一等奖,受到了中国教育学会复式教学专业委员会的表彰。

除了寒、暑假和开会,刘霞几乎没有给自己休过假,总是上课、补课。镇上开校长会,刘霞老是迟到、早退,"我一走学校就没人,学生没人照看,我心里着急啊!"为了鼓励山里娃好好学习,刘霞经常从自己微薄的工资中挤出钱,买笔、笔记本等作奖品。课堂上,看着孩子们亮晶晶的眼中流露出的"我明白了"的光芒时,刘霞觉得自己的心血没有白费。

刘霞有她自己的执拗,自己的幸福:课堂上,看着孩子们亮晶晶的眼中流露出的"我明白了"的光芒时;雨雪封山时,她和学生们围坐在火堆旁,和孩子讨论稀奇古怪的问题时;山里的孩子很少见到水果,当她把亲友们给她带来的为数不多的水果分给孩子们吃,孩子们却切出一块塞到她嘴里,说一声"老师您也尝尝!"的时候;当孩子们手捧着一张张奖状给她看的时候;当她个人获得"中国教育学会复式教学专业委员会"优秀教师、教学论文《化作春泥更护花》获得"农村复式班教育教学国际研讨会"一等奖的时候;逢年过节,乡亲们给她送来一束青菜、几颗鸡蛋的时候;当乡亲们、毕业多年的学生路头路尾碰到她,尊敬地叫一声"刘老师!"的时候……她说:"我最爱的还是教师这份工作,虽然收入微薄,但我会感到精神的充实;我最喜欢的生活还是敲完上课钟踏上讲台的感觉,虽然很平淡,但面对学生稚嫩的笑脸,我感到很幸福。"

2008 年 1 月 7 日,刘霞当选为"感动平凉·2007 年度人物"。在盛大的颁奖晚会上,颁奖辞这样赞美她:"20 年,坚守一份执着的追求! 20 年,独掌一盏智慧的明灯! 一盏灯火,照亮了山村孩子蒙昧的心。三尺讲台,见证了她永不褪色的承诺! 琅琅读书声,是她绽放的最美丽的笑颜! 因为她有一个神圣而高洁的名称:人民教师!"

网友在感动平凉新闻网投票时写下了发自内心的感言:"你让一批批的孩子走出了大山,走出了贫穷,而你却仍然坚守在大山深处,坚守着三尺讲台,坚守着你的承诺和希望……"

"我绝不能耽误了山里的孩子,他们是山里人的希望!"她怀着满腔挚爱一次次书写着自己的"奇迹"。

三、评析

葱茂的关山作证,刘霞把她的青春献给了大山深处的教育事业。在今天,200多元的工资可能做不了什么,但刘霞用这样微薄的待遇却成就了很多山里孩子的梦想。为了山里人的希望,她不仅献出了青春年华,也失去了一个完整的家庭。虽然清贫,却依旧坚守希望,正如关山苍莽丛林中的一株小草,即使卑微而平凡,但她却用坚韧和执着支撑着生命的希望;更似陇原大地吹出的一缕微风,清新且温润,触动了人们心灵中最柔弱的部分。

或许有人会说刘霞老师傻,因为她的付出与所得的报酬极不相称。真正的教育是不以物质奖励作为衡量标准的,对像刘霞这样的乡村教育工作者们来说,精神的奖励、心灵的慰藉远比金钱重要得多。这就是乡村教师的独特之处、崇高之处,于细微处显真情,于平凡中见伟大。作为教师,他们不仅仅在扮演着老师的角色,更演绎着孩子们父母亲的角色,用世上最无私的爱,爱着别人的孩子、社会的孩子。爱岗敬业、无私奉献的优秀品质,自强不息、克服困难的顽强意志,积极进取、乐观向上的生活态度,热爱生活、舍己为人的高尚情操,始终把理想和信念锁定在人民的教育事业上,落实在教书育人的一言一行中,这正是一个具有鲜明时代特征的师德楷模,在新农村建设进程中,我们需要这样的老师,我们敬重这样的老师。

鲁迅先生在他的那个年代说:"吃下去的是草,挤出来的是奶。"作为当代乡村教师,亦要始终秉承这样的高尚情操,无私奉献,不计得失,多为孩子们、为乡村教育事业和社会的发展着想,"当他回首往事的时候,不因虚度年华而悔恨,也不因碌碌无为而羞耻"。很多农村地区并不如城市那样富裕,更有如前面的案例中所提到的那样,在一些偏远的山区,甚至连公交车、水电都通不上,遑论网络。在当今这个信息化的时代,对那些生活在城镇、远离农村的人们来说或许有些匪夷所思,但它却是真实存在的。农村不比城市,没有五光十色的夜景,没有巍峨壮观的校舍,不少人或许会对它望而却步,但事实上,正是这样的环境,更能磨炼一个人的意志,体现人生的价值,为促进城乡一体的发展贡献自己的光和热。

新时期的乡村教师要吃得苦、耐得劳。辛勤劳动、吃苦耐劳本是中华民族的优良传统,但在物质生活逐步改善的今天,很多人却慢慢淡忘了这些,开始变得慵懒散漫,相当一部分城镇孩子,由于家庭的溺爱,根本不懂"吃苦耐劳"的真谛。然而受客观条件的限制,农村的交通不是十分便利,资源设备也相对短缺、落后,学校没有专门的后勤中心,需要教师自己动手修理桌椅窗户、挑水做饭等情况十分常见;学校没有充裕的资金为教师配备电脑,准备教具,也需要教师自己搜集资料、制作教具给孩子们上课。没有多媒体、没有音乐室,没有体育馆,没有娱乐时间,有的只是一支粉笔,三尺讲台,长满青草的操场和天空中自由飞翔的鸟儿的叫声。乡村教师以坚定的姿态,日复一日,年复一年,守护黑板与讲台之间那片狭窄的天地,用知识的甘露滋润一颗颗渴望的心灵,丰满学生们翅膀上的羽毛,使他们怀揣理想,飞向祖国的大江南北,飞向世界的广阔山河。吃得苦中苦,方为人上人,虽然没有做那人上人的雄心抱负,但每一位乡村教师都应力求成为自己心中的"人上人",成为学生心中的"偶像"。

新时期的乡村教师要知识丰厚、善于运用。现代社会是一个以知识、技术、人才竞争为核心的社会,新农村建设也必然要考虑这三者的实现。乡村教师作为一名知识工作者,每天都要接触、使用很多知识,如果教师自身没有足够的知识基础,又何来使用一说? 案例中的刘霞老师生活非常拮据,但她为了更好地教育孩子们,不惜贷款也要上函授班,充实自己的专业知识,丰富自己的知识结构。在日常教育教学过程中,她还经常对自己的工作进行反思、总结,发现自己的不足之处,并在以后的教学工作中不断改进、完善。虽然与城镇的学校教师们相比,她的专业知识、接受的系统培训不多,甚至较为匮乏,但刘老师可以在没有同事支持、没有竞争对手、没有领导要求、仅凭良心做事的情况下依然能够认真、深入地反思自己的教育教学,始终保持积极、上进的工作心态,是十分难得的。不仅如此,通过一些研究者的调查发现,很多乡村教师虽然学了一堆教育学、心理学的知识,却没有办法运用到实际教学当中,在面对一个个鲜活的教学情境时不知道怎么运用所学知识解决问题,这就是不会灵活应用知识、难以将理论与实践相结合的问题。对于此,乡村教师们应该充分了解自己的个人知识,有效管理自己的个人知识,通过热情实践——理性反思、对个人知识划分归类、掌握一定的信息技术、隐性知识显性化、随时收集点滴信息和典型案例等方式,进一步提升反省自知的能力,促进自身的专业发展。①

新时期的乡村教师要不断创新、与时俱进。受中国传统思想中"保守"、"尊师重道"等文化的影响,受过去"传到授业解惑"的教师作用的影响,中国

①　王少非.新课程背景下的教师专业发展[M].上海:华东师范大学出版社,2006:119-127.

课堂上随处可见老师机械教授、学生死记硬背的现象,新课改虽然已经实施了十多年,但在乡村学校中,这种情况始终没有太大程度上的改变,究其原因,这与乡村教师本身的教育理念、授课思想没有得到彻底转变有很大程度的关系。教师是知识传授的源点,在学校教育中占重要地位,在学生的学习中扮演引领者的角色。课堂上绝大部分学生的学习方式取决于教师的引导,教师机械讲授,学生没有发表自己看法的时候,就只能死记硬背、叫苦连天;相反,如果教师在备课的时候能够考虑学生的想法和兴趣,多采取灵活多样的上课方法,不再在课堂上"满堂灌",而是倾听学生的声音,不仅教师教得省心省力,学生也会学得开心深刻。要想达到这一目的,教师应该不断寻求创新,寻求教学知识的创新、教学方法的创新、教学智慧的创新,并且在自身进行创新的同时,注重培养学生们的创新、发散思维,使他们提升多角度思考问题的能力。社会瞬息万变,信息的更迭速度比我们想象当中的要快,但在乡村教育教学中,为了使孩子们能够跟上时代发展的步伐,乡村教师们也要紧扣社会潮流,不断更新自己的知识、眼界,通过新闻、杂志,与他人交流、学习,有条件者可以通过网络等方式,了解最新教育动态,让自己的思维之泉永远新鲜、活跃,避免变成一潭死水。案例中的刘霞老师,通过对日常教育教学过程中点点滴滴的小事的观察,对一个个教学案例的分析总结,整合自己已有的知识,形成自己独特的教学经验、教学模式。她用废弃的物品做教具,用教室外广阔的山野做实验室、体育馆,创造性地用"小先生制"进行小组学习活动,参加镇上的教育研讨会,到书店里购买最新的学习资料,虽然条件艰苦、信息闭塞,但这些无一不体现着刘老师在那样的环境中依然寻求创新、与时俱进的坚毅品质。

　　振兴民族的希望在教育,振兴教育的希望在老师。报纸、杂志上对乡村教师的赞美和宣传比比皆是,这令我们欣慰的同时更坚定了发展乡村教育事业的信心。"脚下是泥土的芬芳,身上是露水的清香,眼神是坚定的执着,心灵是无悔的高尚。"这或许是用来形容乡村教师再贴切不过的句子了。在时代飞速发展的今天,每一个有志青年更应以"蜡炬成灰"的坚定精神投身乡村教师行列,以"明天会更好"的积极姿态迎接新时期的乡村教育,奠祖国教育之基,促和谐社会发展!

第十一章　新农村建设中乡村学生的文化反哺

　　文化反哺作为新农村文化建设中必不可少的环节,蕴含着提升学生主体意识、培养好公民的文化素养以及构建民主和谐校园的价值诉求。同时它也包含科学知识观和生活价值观的基本内容,在进行文化反哺实践过程中,可以从学生、家长、教师、学校和社会五个方面做出努力,以使文化反哺能够在新农村建设中发挥应有的价值,为新农村建设带来美好的开始。

第一节　乡村学生文化反哺的价值诉求

　　乡村学校以组织、引导学生开展"文化反哺"的活动方式开展服务新农村文化建设,主要希望获取以下教育价值。

一、学生主体意识的提升

　　"主体意识"是作为主体的人意识到自己是自足的存在,具有主观能动性,能够在自己意识的支配下主导自身的发展。① 学生的主体意识就是指对世界、自我、自我与世界的关系的认识,以及能够主动参与现实生活,在现实生活实践中不断改造世界与自我教育的意识。学生主体意识的提升主要体

---

　　①　[英]大卫·马什,格里·斯托克.关于政治学中"本体论"与"认识论"及其关系的相关论述[M]//政治科学的理论与方法.景跃进,张小劲,欧阳景根,译.北京:中国人民大学出版社,2006:16-17.

现在以下方面。

（一）学生对自身作为主体存在的认同感增强

学生对自身作为主体存在的认同感是指意识到自己是作为主体存在的，在对象性关系中处于主动地位，发挥主体的自觉性和能动性。

首先，学生意识到自己是集体和社会不可分割的一分子，但不是附属分子，并且是一个享有权利和人格尊严的完整而独立的个体。十八岁以下的学生属于未成年人，依法享有的不仅有受父母照料权、受教育权，还有全面参与家庭生活、文化生活、社会生活的表达权等。在日常的学习和生活中，学生都在集体之中，作为班集体的一分子或共同兴趣构成的集体的一分子接受教育，作为家庭一分子或班集体一分子享受生活，学生能强烈地意识到自己是集体的一分子，但由于在这个过程中，学生更多的是被动的行为，所以无可避免地认为自己是集体的一个附属分子。而文化反哺活动的开展，使得他们从被影响、被教育角色转化为去影响、去教育的角色。在这个过程中，他们能明显地意识到自己是活动开展的"主人"，具有去实现文化反哺的权利，能够发挥自己的主体作用。自己是现有权利和人格尊严的完整而独立的个体。

其次，学生的主动性、积极性、自觉性增强。在展开"文化反哺"活动前，学生更多表现的是一种主体意向[①]，即知道了"我"的存在，开始尝试向他人表达"我"的欲望和需求，也充满了想独立活动和探索世界的兴趣，但却没有付诸行动的意识。"文化反哺"活动的开展，给学生创造了一个平台，让他们自由发挥，激发学生去实现独立活动和探索世界的意识。在这样的环境中，学生能主观能动地独立开展"文化反哺"活动，充分发挥他们的主动性、积极性和自觉性。

（二）学生对自身能力和意志的自为性增强

学生对自身意识和能力的认知的自为性是指学生有意识地全面认知和提升自己的意识。

首先，学生意识到自己的特殊性。每一个个体都是一个特殊的存在，都具有"未完成"性，不可重复性和唯一性，在他面前，都拥有一个尚未展开的可能性世界，这是个体的本性所在。[②] 学生对文化的理解不完全相同，反哺

① 胡江霞.学生主体意识的唤醒与培植[J].中国教育学刊,2011(2):79.
② 白莹.论个体主体意识的发育与社会公正的实现[D].西安:陕西师范大学,2006:8.

方式也存在差异。在开展"文化反哺"的活动中,学生会意识到自己具有与众不同的能力和独特的价值,意识到自身的无法替代性。

其次,学生将提升自我意志的意识。学生在集体被动的学习生活中,如果遇到了失败,更多地会归因于神、上帝或者是集体和他人,会埋怨命运的不公平。而在"文化反哺"活动的过程中,学生意识到这是主体的行为,是自己选择的行为,继而将勇敢地面对现实,敢于承担自己的命运,积极地创造自己的生活,坚信"我"就是自己安身立命的根本,坚信自己就是自己的主人,自己的意志能够支配自己的生命活动。因此,学生将在对自身意志认知的基础上,提升进行独立人格的独立思考,并且磨炼自身坚忍不拔的意志。

最后,学生将具有提升能力的意识。对单纯的学习和生活,学生很容易适应并形成惯性,只能浅显、简单地认识自己诸如是否能取得好的成绩之类的部分能力。而"文化反哺"活动的开展,能够让学生深入地了解自身的能力,例如是否具有创造力,是否具有良好的沟通能力等。因此,学生能明显意识到自己的能力的优势与不足,进而产生提升能力的意识。

学生对自身能力和意志的自为性增强能促使学生在自我认知的基础上设计活动,实现自我价值。

（三）学生实践意识增强

实践意识是指人能动改造客观世界的物质性活动的意识。学生的实践意识就是学生在行动中能意识到自己是自觉的主体,依据自身的意志、愿望,设定目标,制定规划,使客体满足主体的需要。黑格尔说:"人的真正存在是他的行为"、"有什么样的行为,就有什么样的个人"。[1] 因此,学生完整的主体意识中蕴含着积极主动的实践意识。

只有在实践过程中,人才能成为对象性关系中的主体,处于主动地位,发挥能动作用。因此,实践是人作为主体发挥自身能力,实现自身价值的必要环节,实践的最终成果是个体主体性实现的最后见证。[2] 在这个意义上,积极主动的实践意识的提升是学生主体意识提升必不可少的一个内容。

学生的实践意识不仅包括学生对实践过程的计划安排,即在观念领域中对实践活动的步骤、途径、方法及其结果进行具体的预期和展示,又包括

---

① ［德］黑格尔.精神现象学（上卷）［M］.北京:商务印书馆,1979:213.
② 白莹.论个体主体意识的发育与社会公正的实现［D］.西安:陕西师范大学,2006:9.

把实践观念外化为实际行动,形成现实的实践过程。"文化反哺"活动展开中,学生将在学校的组织下,根据自己的情况计划通过什么途径,在什么实践中以何种形式和方法去开展活动,估计活动可能出现什么结果。并驱动学生将计划落到实处,将实践之后的实际情况与预期情况进行对比,学生在这个过程中能清晰地感受到实践带来的乐趣和满足,增强对实践追求的信心。同时,学生也会感受到良好的实践意识对实践的推动和践行的强大功效,进而增强提升实践意识的意识。

二、"好公民"的文化素养培育

(一)公民培养目标

高兆明在《制度的公正论——变革时期道德失范研究》一书中认为培养公民的目标为使公民成为有参与公共事务的积极态度、实践能力和价值观念的权责主体。[①] 葛操则将培养目标界定为使公民具有公民意识、公民能力和公民品质。包括形成核心价值观,学习参与公共生活的技能和知识,发展自由思考和自主行动的判断、批判和反思能力,学习承担公共生活的责任和义务,学习维护自己的权利等。[②] 杨东平对公民教育的概念进行了概括,认为公民教育就是将青少年和社会成员培养成合格的社会公民的教育,核心理念是培养具有健全的法律意识和良好的公共道德,能有效行使自己的权利和义务,具参与社会公共事务的价值、知识和技能的"社会人"、"政治人"。[③]

综上所述,笔者认为,好公民的基本素养就是遵守伦理道德和有关法律法规。主要包括公民道德、公民意识和公民能力。

公民道德的培养首先体现在公民的个人道德品质塑造上。中华文化源远流长,其优秀文化传统和民族精神包含许多传统美德,如善良、诚实、公平、拼搏、奉献等,这也是公民应具有的基本道德品质。其次,公民道德的培养体现在培养公民正确的人生观、世界观和价值观上。

公民意识包括权利意识、责任意识、政治意识等诸多方面。首先,公民意识的培养体现在公民的民族和国家意识形成上,包括对公民爱国意识,对

---

① 高兆明.制度的公正论——变革时期道德失范研究[M].上海:上海文艺出版社,2001:87.

② 葛操.公民社会能力素质研究[M].郑州:郑州大学出版社,2005:271.

③ 杨东平.为 21 世纪中国培养合格公民[J].中国教育报,2005(12):6.

国家、民族的责任感和使命感的培养。其次,公民意识的培养体现在民主法治意识的形成上。在经济快速发展的今天,我们既需要自由的民主环境,也需要健全的法律制度,更需要公民有民主法治观念。

公民能力培养有助于公民自主思考、自主行动,提高参与社会生活的能力。首先,公民能力培养体现在社会认知能力培养上,能了解社会历史,认识历史的规律;也能认识目前的社会,对人物、时间、现象进行客观的认识和评价。其次,公民能力培养体现在合作能力的培养上。社会分工日趋细化,交流与合作是必不可少的。最后,公民能力培养体现在参与能力的培养上,不仅体现在社会参与上,还体现在政治参与层面。即培养能够积极主动且有能力参与政治、经济建设、社会生活的公民。

(二)公民文化素养

文化是人类在长久发展过程中创造出来的精神财富和物质财富的总和,这其中就包括艺术、文学、自然科学、人生观、世界观、方法论等意识形态和非意识形态的部分。公民文化素养是人在精神领域的创造物,包括科学素养、道德伦理素养、人文素养、宗教文化素养、文学艺术素养等。①

公民的文化素养体现在科学素养上。公民科学文化素养这一概念最早的提出者是美国的赫德,他指出公民文化素养就是个人从自身角度对科学文化基本的理解。欧盟国家科学素养调查的领导人 J. 杜兰特提出了科学素养概念的三维模型,将科学素养分成三部分:科学知识、科学方法、科学技术与社会。我国教育部在《科学课程标准》中对科学素养的解释为:科学知识与方法;科学理念、人生观、价值观、科学钻研、科学。总的来说,公民科学文化素养内涵主要有三个方面:公民对科学概念和科学理念的理解能力,公民对科学的认知能力、公民在个人生活和生产中运用科学文化的能力。②

公民的文化素养体现在人文素养上。在文艺复兴时期,"人文"主要指人们对文学涵养、美学涵养等人文学科的热爱;人文主义主要指在思想领域中发生的对古典文学、批判精神和个人主义精神的复兴,认为人和人的价值具有首要意义,关心人本身充满仁爱、人道主义精神。相关专家学者认为人文主要是泛指以人类为中心的学说,通过哲学来解释人文,通常指把人看作

① 张喆.我国公民文化素养研究[M].济南:齐鲁工业大学,2013:54-55.
② 刘书雁,翟玉晓,戴同斌.关于公民科学素养的几点思考[J].科技创业,2011(2):38.

是一种形而上学的生物,把人脱离于历史条件和社会关系;利用现代哲学来解释人文,通常是指与科学哲学相对立,否认理性的作用,更加强调人的作用。① 人文素养主要指在注重以人为中心的文化理念当中,注重突出个人理想、宗教信仰、内心信念、正确的价值观、审美、文化品质和自我创造能力等一系列内容,倡导在求真、求实基础上的以求善、求美为宗旨的人文精神内涵,一个人具备基本人文素养必须应当具有丰富的人文情怀、高尚的情操和崇高的道德责任感。②

公民的文化素养体现在道德素养上。公民道德素养是指经过个人在道德上的自我锻炼、自我教育以及学校、社会等教育所达到的较高的道德水平。在公民培养目标中已阐述。

（三）"文化反哺"活动对"好公民"文化素养培育的影响

第一,"文化反哺"活动有助于"好公民"文化知识的培养。学生参与"文化反哺"的前提是具备参与所需的各方面知识。包括科学社会主义常识、经济学常识、科学思维常识、生活中的法律常识、公民道德与伦理常识等政治、经济、法律、社会等学科的知识正是好公民培养所需的部分文化知识。以法律常识为例,作为社会公民,每个学生在成长的不同阶段,都依法享有一定的权利和履行相应的义务。十八周岁以下的学生属未成年人,除受保护权、受教育权等,还依法享有全面参与家庭生活、社会生活、文化生活的表达权、娱乐权、闲暇权等。同时,未成年人也须尽自己的学习义务,还包括作为一个社会公民所必须履行的遵守公共秩序、遵守劳动纪律、爱护公共财产、尊重社会公德等义务。家庭、学校亦属于社会的延伸,学生热爱劳动、爱护财物、尊重长辈等。同时对历史与地理知识的学习,能突破时间与地域的限制。了解我国公民文化素养的历史变迁、了解我国历史发展、地形地貌、环境保护等知识,也是好公民培养所需的部分文化知识。此外,全球化发展趋势与知识增长类型的转变,对人的发展提出了更高的要求,在知识上发展要求也更高③,因此,学生知识范围扩展到国界之外,需要获得全球的、综合性的视野,例如国家与国际组织常识有利于丰富公民的文化素养。

第二,"文化反哺"活动有助于"好公民"文化礼仪的培养。学生在学校

---

① 谢宗全.人文素养在科学创新中的作用[D].桂林,广西师范大学,2008:76.
② 张喆.我国公民文化素养研究[M].济南:齐鲁工业大学,2013.
③ 杜育红.论学习型学校[J].北京师范大学学报（社会科学版）,2004(2):67-71.

学习和日常生活中已经学习并能使用日常礼仪,例如,通过小学生"思想品德"课程,学生知道感谢别人时要说"谢谢",见到长辈要问好。但很少对这些礼仪进行整理和拓展的学习。例如,学生都知道我国是传承千年的礼仪之邦,但很少有学生了解我国礼仪、礼乐文化的发展历史。同时,对于很多不经常用的礼仪,学生大多有一个模糊的印象却不知怎样表示。"文化反哺"活动给学生提供了一个很好的机会去了解、去整理、去践行。每个国家的礼仪身后都蕴含一定的历史文化,都蕴含着民族性。不同民族对文化背景不同,礼仪也是不同的。例如,同样是问好,有的民族使用握手礼,有的民族使用鞠躬礼,想要知道区分就需要通过各种渠道深入了解。而这些都能借助"文化反哺"活动的契机去实现。

第三,"文化反哺"活动有助于"好公民"文化认同心理的培养。公民意识教育在于帮助受教育者树立公民意识理念,培养出与公民身份相适应的心理意识状况。公民道德教育是帮助受教育者养成参与公共事务所需的基本品德,这些基本的品行要求有助于受教育者形成对于公民社会的价值观。"文化反哺"行动,能够让学生深入了解"好公民"文化需求,加强"好公民"文化素养培育与自身发展的认知联系,从而增强自身对"好公民"的文化认同感。

第四,"文化反哺"活动有助于"好公民"文化技能的培养。公民需要融入国家政治生活以及公共社会活动中。这种技能是公民民主参与所要求的技术、技巧和能力的综合,是公民知识和情感、态度在实践层面的反映。要求公民将掌握的知识以及养成的意识,应用到公民社会中,参与政治生活,行使职权,履行义务,承担自己的责任。学生在"文化反哺"活动中能很好地锻炼自己的技能。例如,在活动中,学生立足于自己的知识储备,进行材料搜集、整理和表达自己以知识为基础的观点,从而锻炼自身的材料整理能力、表达能力。而在公民的文化素养中同样需要这些能力。

三、民主的和谐校园构建

(一)民主的和谐校园

校园的和谐主要是校园组织结构要素的和谐、教育环境的和谐、教师间人际关系和谐、学生间人际关系和谐、师生关系和谐,以及自我教育、家庭教育、社会教育和学校教育的和谐等。[①] 民主是和谐的源泉,是构建和谐校园

---

① 李敏,马中星.创建和谐校园问题的若干思考[J].上海教育科研,2006(6):83.

的政治基础。民主具有丰富的内涵。

首先,民主和谐校园充满无限生机和活力。走进这个校园的时候,就会被民主和谐校园的精神和文化所感染,让人体验到一种蓬勃向上的进取氛围,每位学生都充满生气、创造力、张扬个性。这样的校园丰富了学生的智慧、塑造了学生的性格。

其次,民主的和谐校园充满着诚信友爱,教师与学生之间平等和谐,学生与学生之间互帮互助。每位学生在学习和生活中,碰到磕磕绊绊,都能宽容对待。

(二)"文化反哺"活动对民主的和谐校园构建的影响

首先,"文化反哺"活动有助于强调人的理念。人本主义心理学家罗杰斯认为"每个人都具有自身的尊严和价值,因而是值得尊重的;每个人都有通过自己的努力达到自我实现的能力和权利,并且只要给其机会,都能做出明智的判断;每个人都能够选择他们自己的社会准则;每个人都能够学会建设性地承担社会责任;每个人都有能力处理他们自己的感情、思想和行为;每个人都有潜能发生建设性的变化和推进个人发展直到自我实现"[①]。因此,只有在尊重的前提下谈论学生的民主自治建设才有意义,"文化反哺"活动尊重每个学生的尊严、权利、价值和愿望。每个学生都有权在这个过程中发表自己的看法和建议,这有助于整个校园倡导和保护思想自由、言论(表达)自由,倡导和维护学术平等、学术宽容,尊重和支持知识创新。同时,在这个过程中,学生将根据自己的专业特长和能力选择适合的行动,发挥他们的潜力,实现自己的个人价值。这些都为学生提供了一个广阔的平台,让学生充分发挥自己的长处,尊重学生,使学生真实感受到"以人为本"的民主氛围。

其次,"文化反哺"活动有助于人际和谐。《学会生存》一书对于传统的师生关系提出批评,"我们应该从根本上重新评价师生关系这个传统教育大厦的基石,特别当师生关系变成了一种统治者和被统治者的关系的时候。这种统治和被统治的关系,由于一方在年龄、知识和无上权威等方面的有利条件和另一方的低下与顺从的地位而变得根深蒂固了。在我们当代的教育界中,这种陈腐的人类关系,已经遭到了抵抗"[②]。"文化反哺"活动中,教师

---

① 陈会昌.德育忧思——转型期学生个性心理研究[M].北京:华文出版社,2000:212.

② 联合国教科文组织国际教育发展委员会.学会生存——教育世界的今天和明天[M].北京:教育科学出版社,1996:107.

和学生之间的思想互动是平等的。教师虽然拥有更多的知识和技能,但并不能命令学生做什么,而是发挥引导作用,共同探讨更好的方式方法。在平等的氛围下,以平等的心态与学生交往,以平等的方式与学生交流,实现思想互动的平等性。创建民主的师生关系。

最后,"文化反哺"活动有助于强调自治理念。所谓自治,就是按照自己的意愿,通过自己的选择来活动,自己做自己的主人,自己的利益由自己来决定,自己的事务由自己来管理。"文化反哺"活动中,学生自我决定的事情和自我管理的事务的范围更宽一些,有助于学生自治理念的培养,从而促进校园民主自治氛围的建设。

第二节　乡村学生文化反哺的基本内容

一、科学知识观

知识观是对于知识的观念,是随着知识的累积和增加对知识的认识与思考。知识观依据西方的哲学派别可分为三种:理性主义知识观、经验主义知识观以及实用主义知识观。例如,Plato、Rene Descartes 为核心的理性主义把知识看作主观理性思维的成果;Francis Bacon、John Locke 为核心的经验主义支持知识依靠客观感觉经验;William James 和 John Dewey 为核心的实用主义则把知识作为活动的"工具"。[①] 笔者将从以下角度阐述文化反哺的基本内容。

(一)书本知识

书本知识,顾名思义,即书本中的知识。随着年段的不同,书本知识也不同。但是显然,书本部分知识会以直观的方式反哺到乡村。以小学数学为例。下表是人教版小学数学的各部分内容分布:

---

① 夏冬杰.知识观转型及其对学生作业改革的启示[D].上海:华东师范大学,2009.

表 11-1　人教版小学数学内容分布

年级	板块	内容	知识要点
一年级上	数与代数	1.数的认识 2.(20 以内)	1.流利地数出 1～20 的数 2.说出 20 以内数的组成 3.区分 20 以内数的大小
		数学运算:20 以内进位加法	1.正确计算 20 以内的加法 2.计算方法有多种
		常见的量:认识钟表	1.正确认读钟表 2.会说经过时间
	空间与图形	认识物体与图形	1.认识几何体和图形 2.说出图形的特点
	统计与概率	象形统计图	感知象形统计图
一年级下	数与代数	1.认识 100 以内数 2.20 退位减法 3.100(一) 4.时间(分)、人民币 5.找规律	1.按顺序数出 1～100 2.区分 100 内数有大小 3.认识不同面值的人民币 4.通过观察找出图形、数字变化的规律
	空间与图形	1.图形拼组 2.左右 3.位置	1.培养空间观念 2.找出物体间的相互位置关系
	统计与概率	以一当一	会用简单条形统计图进行统计
二年级上	数与代数	1.100(二) 2.表内乘法 3.认识米、厘米 4.逻辑推理 5.排列组合	1.100 以内的两位数进退位加减法 2.7～9 的乘法口诀 3.认识长度米、厘米 4.简单的物体搭配
	空间与图形	1.认识线段 2.角、直角、量线段 3.轴对称 4.认识三视图	1.认识线段、角、直角 2.量出指定物体的长度 3.认识轴对称图形 4.辨认物体的三视图
	统计与概率	以一当二	在数据统计中以一当二记录数据

续表

年级	板块	内容	知识要点
二年级下	数与代数	1.认识万以内数 2.表内除法 3.万以内数的加法和减法（一） 4.克、千克 5.找规律	1.用多策略解决问题 2.利用表内乘法口诀进行除法计算 3.认识万以内数 4.感知克和千克的重量，学会感知物体重量的方法 5.万以内的加法和减法 6.探究物体、图形、数列间的规律
	空间与图形	1.锐角、钝角 2.平移和旋转	1.区分锐角与钝角 2.感知平移与旋转现象
	统计与概率	1.以一当五 2.复式统计表	学会用一当五或当几绘制条形统计
三年级上	数与代数	1.分数初步认识 2.万以内数的加法和减法（二） 3.多位数乘一位数 4.有余数的除法 5.时、分、秒	1.多位数的进退位加减法 2.多位数的乘法 3.有余数的除法 4.正确进行时间换算 5.感知可能性
	空间与图形	1.四边形、平行四边形 2.周长、长方形和正方形的周长	1.认识四边形 2.会计算四边形的周长
	统计与概率	可能性	辨别可能性大小
三年级下	数与代数	1.小数的初步认识 2.除数是一位数的除法 3.两位数乘两位数 4.年、月、日 5.面积单位 6.集合和等量代换	1.小数位是一位数的小数意义 2.一位小数的大小比较 3.除数是一位数的除法计算 4.两位数乘两位数或三位数 5.有关年、月、日的知识 6.面积单位的认识
	空间与图形	1.位置和方向（八个方向） 2.面积、长方形和正方形的面积	1.物体方位的感知 2.常见图形的面积计算
	统计与概率	数据分析、平均数	利用统计图表进行数据分析

续表

年级	板块	内容	知识要点
四年级上	数与代数	1.大数的认识 2.计算器 3.三位数乘两位数 4.除数是两位数的除法 5.角度 6.运筹（合理安排）	1.培养较大数的数感 2.用计算器进行数数的运算 3.笔算除数是两位数的除法 4.区分角的大小 5.合理安排
	空间与图形	1.角 2.垂直和平行 3.多边形 4.角的度量	1.认识角，并画角 2.认识平面内两条线的位置关系 3.认识多边形 4.运用量角器进行角的度量
	统计与概率	并列条形统计图	复式统计图的数据分析和制作
四年级下	数与代数	1.认识小数 2.运算定律和简便计算 3.小数加减法 4.植树问题	1.多位小数的意义 2.小数的大小比较 3.小数的加减法 4.间隔问题
	空间与图形	1.三角形 2.位置与方向（八个方向、路线图）	1.三角形的认识与分类 2.方位感的建立
	统计与概率	折线统计图	能制作简单的折线统计图
五年级上	数与代数	1.小数乘除法 2.解方程 3.编码	1.小数的乘除法的运算 2.方程的意义 3.解方程 4.编码方法
	空间与图形	1.多边形面积 2.三视图	1.多边形与组合图形面积计算 2.空间观念的培养
	统计与概率	1.中位数 2.公平性	1.认识中位数 2.感知游戏的公平性 3.游戏的设计

续表

年级	板块	内容	知识要点
五年级下	数与代数	1.因数与倍数 2.分数的意义和性质 3.分数加减法 4.体积单位 5.找次品	1.认识因数与倍数的相互关系 2.认识分数的意义 3.分数的大小比较 4.分数的加减法 5.认识常见的体积单位 6.运用推理找次品
	空间与图形	1.长方体和正方体 2.直线和射线 3.平角和周角 4.表面积和体积、长方形和正方形的体积 5.平移、旋转90°	1.认识长方体与正方体 2.区分直线与射线 3.认识平角和周角 4.认识物体的表面积 5.物体运动:平移与旋转
	统计与概率	1.众数 2.复式折线统计图	1.感知众数 2.认识复式折线统计图,并对折线统计图进行数据分析
六年级上	数与代数	1.百分数 2.分数乘除法 3.鸡兔同笼	1.百分数的意义 2.百分数应用题的分析与解答 3.分数乘除法的运算 4.解答鸡兔同笼问题
	空间与图形	1.圆、直径、半径 2.圆周长、圆面积 3.轴对称 4.坐标	1.认识圆 2.圆面积的计算 3.轴对称的认识 4.认识坐标,并用坐标描述物体位置
	统计与概率	1.扇形统计图 2.等可能	1.扇形统计图的认识 2.概率——等可能
六年级下	数与代数	1.负数 2.百分数运算 3.比、比例 4.抽屉原理	1.生活中负数认识 2.百分数应用题 3.比和比例认识 4.思维训练:抽屉原理
	空间与图形	1.圆柱、圆锥和球 2.表面积和体积	1.圆、圆锥、球的认识 2.圆、圆锥的体积与表面积计算
	统计与概率		统计知识的综合运用

二年级学生学习了表内乘法之后,掌握了知识的基本原理,就能够学会应用,帮助父母做生意、进行简单的乘法计算。在学生学习了轴对称之后,学生能更快地剪出美丽的图案,过年的时候就能做装饰。以科学为例,学生

在学习了种子萌发条件之后,能够更深入地去了解农作物的萌发,将父辈、祖辈关于种植的经验知识整理为系统的科学的知识。

（二）经验知识

经验知识,包括来源于先天的范畴,也包括来自生活学习经验的范畴。日常生活经验知识通常是指生活中听到过、遇到过或者经历过,知道该怎么做这件事情,却极少思考这样做对不对或者为什么这么做的知识。

日常生活经验知识和学习过程产生的经验知识通常是零碎的,也可能是错误的。"文化反哺"活动有助于将零星的经验知识整合起来,形成较为系统的、完整的经验知识;有助于发现并改正错误的经验知识。

学生自身在学习和生活中体验得出的经验,将会通过"文化反哺"活动,给乡村生活一个很好的借鉴。以小学科学为例,学生在科学学习中,不断体验探究式学习,积累如何针对一个问题,开展了探究过程的经验知识。在"文化反哺"活动中,学生会将这种经验知识传播给更多的村民。

（三）活知识

活知识是强调过程的知识。从内容看,包括书本知识难以表达的只可意会不可言传的知识,也包括兴趣、情感、意志等非智力因素。从形成看,指存在于个体对内、对外操作过程中的知识,即对内的思维加工和对外的感性活动中的知识,具有向外的延拓性和扩展性。从功能看,主要承担知识的运用、创新及部分传递功能。"文化反哺"就是对知识的综合应用,对知识的创造。

"文化反哺"活动的活知识,有助于重组和改造学生已有的认知结构。掌握知识能够改变学生知识结构,但更多是知识量的增加,是对知识结构简单的调整。而学生在"文化反哺"活动中,不断在思考和运用知识,是激活了的知识,将对个体原有知识结构做出更为精细的调整。

活知识有助于丰富我们的生活。孙忠民老师曾说,"教育的终极目的,不该完全是追求知识,获得智慧,或者塑造一个神一样完美的人,而是学会如何幸福地生活"。"文化反哺"活动有助于学生将原有的知识与活动联系起来,与活动中的一连串复杂的感性知觉、情感、欲望以及调节思维的精神活动联系在一起。

二、生活方式观

随着社会的不断进步,必然会引起生活方式和观念的转变。如今,人们已经步入了信息化的时代,在各种新器物、新潮流充斥着我们生活的前提下,年轻一辈人对于新兴事物的接受能力和运用能力更胜于年长一辈人,并通过"文化反哺"的形式影响着年长一辈人的生活方式与观念,主要体现在对新器物、新兴用语、新的生活方式的接受程度上,在晚辈们的影响和长辈们的虚心求教下,不论是家庭还是社会都发生了巨大的变化,这也给新农村建设带来了机遇和挑战。

电子设备不断推陈出新,各式各样的电器进入了寻常百姓的家庭中,也为人们的生活带来了极大的方便,提高了生活质量。在电脑、液晶电视、全自动洗衣机、智能手机等各式各样的新器物面前,父辈们面对这些新器物往往束手无策,即使懂得基本的操作,使用起来也是战战兢兢,生怕一不小心就出故障。而一旦遇到突发状况,经常无所适从,只能求助于晚辈。特别是在这个信息化时代,电脑已成为人们生活中一个不可缺少的伙伴,在学习、工作和生活中对电脑的依赖性越来越严重。可如何操作电脑成为大多数成年人非常头疼的问题,许多家长承认,自己是在孩子的教导下,才学会使用电脑和接触网络,掌握一些基本的电脑操作,开始懂得网上冲浪、设置网页、开通微博、网上购物等等。①

除了新器物的出现带来了生活上的变化,一些新兴词语或者网络用语的普遍运用,也让父辈们感到困惑和无从适应。这时,青年人对于这些新潮流的掌握和运用体现出明显的优势,不管是时尚资讯、前沿动态、国际潮流、社会热点,还是网络话题、娱乐新闻等等,在家庭中,青年人总是掌握着更多的话语权。父辈们对于这些新兴词语、网络用语经常"丈二和尚摸不着头脑",只好请教青年人。而青年人也愿意将他们熟知的新用语、新资讯传递给长辈们。在这种较为普遍的"文化反哺"形势下,长辈们也渐渐理解并接受新用语的使用,甚至主动去了解更多的多媒体信息,并热衷于与青年人讨论这些热门的话题,以跟上信息化时代迅速的步伐。

相对于以往农村生活中保守、务实的生活观念,现今社会经济与文化的发展确实推动人们生活方式发生翻天覆地的变化。比如:以往的乡村百姓总是通过省吃俭用,积攒多年的积蓄来盖新房,如今更多的是"超前消费",通过贷款提前享受,满足自身需求;以往耕地种田是主要的收益方式,如今自主创业、利用新科技提高生产力带来了更多的收益;以前吃饱喝足便是幸福的生活观念,如今转变为追求健康、养生等高品质的生活理念。这些种种

---

① 陈洁君.论"文化反哺"对青年社会化的影响及应对[J].内江师范学院学报,2013(7):84-87.

生活方式的转变,很大程度上是长辈受到晚辈的影响,通过晚辈传递的新的消费观、审美观、生活方式的潜移默化渗透,长辈们的生活观念才会发生较大的改变,这种改变给农村生活带来的影响是巨大的,不仅提高了农村的生产力,而且也为农村文化注入了新的活力。

第三节　乡村学生文化反哺的实施过程

党的十六届五中全会提出的社会主义新农村建设,这是近百年来,中国乡村运动史上的一次创新之举。建设社会主义新农村,涉及农村经济、政治、文化和社会发展的各个方面,是一项集经济建设、文化建设、民主建设与和谐社会建设为一体的系统工程。需要全社会的协作与共同参与。同时,文化反哺作为一种晚辈对长辈施行的教育方式,在学校教育中实证研究还处于起步阶段,更多的还停留在理论探讨。为保证其顺利、有效的实施,需要从学生、家长、教师、学校和社会五个方面共同作出努力,共同推进新农村文化建设。

一、加强学生的文化反哺意识使其真正成为主体

学生作为"文化反哺"的主体,掌握着"文化反哺"的主动权,也拥有"文化反哺"的时代优势,在学校和社会中学习到新知识、新思想、新文化能够直接、有效地传达给长辈们,这是新农村建设中文化反哺的主要途径。因此,加强学生在文化反哺中的主体性意识,将会扩大并加深"文化反哺"的影响力和实效性。

(一)了解文化反哺的现象

首先,学生需要从书本和社会现象中了解"文化反哺"现象的普遍性和重要性,改变以往传统思想中固定的文化传承只能是由长辈传递给晚辈的观念,认识到自身可以通过文化反哺将更多的知识教给长辈,使他们更好地适应和融入新时代的文化潮流中来。

书本和社会现象都是了解文化反哺现象的途径,不仅仅限于课堂中老师所教授的知识,还可以从课外读物、报纸杂志等读本中了解,并且社会新闻以及举办的各种社会公益活动也会渗透文化反哺的现象,这将能从实践的角度给予学生正能量。

（二）积累文化反哺基础

其次，学生应该认真学习课堂知识，通过各门学科的学习建立并不断完善自己的知识框架；阅读更多的课外书籍，尤其是科学、人文方面的书籍，能够逐渐扩大学生的知识面并开阔视野，提升认知水平；积极主动参与学校举办的各种活动和社会开展的公益活动等等，切实提高各方面的实践能力，为文化反哺打下良好的知识储备和实践基础。

文化反哺现象的了解是为学生的文化反哺行为奠定思想上的储备基础，而学习更多的丰富的知识将会给学生带来文化反哺的资源，只有学生自身文化水平的提高，才能通过文化反哺的渠道将更多先进的信息传递给长辈们。因此，学生更需要扎实自身的知识储备，提高文化反哺的素质。

（三）加强文化反哺主体意识

再次，要意识到并加强自己作为"文化反哺"的主体认同，多渠道地与家长沟通交流，不能受限于家长的权威和时代发展引起的代沟问题。在学习和生活中主动进行"文化反哺"行为，掌握适宜的交流技巧，有利于改变亲子关系模式，打破家长保守僵化的思维模式，提高他们的社会适应能力。

在传统的家庭教育和相处模式中，学生总是处于被动的一方，习惯上接受家长的文化熏陶，但是随着时代的发展和大量信息的传递，学生拥有着更为迅速接受并运用信息的能力，于是在信息化时代下，学生成为文化反哺的主体，并形成一定优势。学生应该意识到并把握在文化反哺中的主体地位，良好地运用这一传递知识的途径，让家长也能够因此而得到更有效的知识提升。

（四）树立文化反哺榜样

最后，除了言语上"文化反哺"形式，还可以在行动上做好榜样式的带头作用，这种方式是潜移默化地影响着长辈的生活观念和生活方式，既不会产生直接的冲突，又能够达到反哺的效果，但在时间上可能相对会长一些。

这就需要学校和社会更多地普及相关的榜样人物新闻，学生也要自觉地对榜样人物进行学习，包括在生活上和学习中，学生从小就具有较好的学习能力，榜样人物的示范作用会给学生带来正面影响，也会在行为上潜移默化地感染着学生，给予学生思想和行为上的示范作用，帮助学生树立文化反哺的意识，积极将文化反哺落实到家庭交流中。

二、家长需要转变观念来营造自由的文化反哺氛围

千百年的传统文化传承模式和农村相对封闭的文化传播途径，使得家

长亟需转变传统农村社会中亲代作为教育者的角色规则。这不仅是时代发展的需要，也是新农村建设的急切需求。

（一）调整文化反哺的心态

一方面，家长应该听从学校老师的建议，正确看待"文化反哺"，以积极开放的心态，主动接受、适应子女的"反哺"①。家长应给予孩子在家庭生活中更多的话语权，以一种正确、积极和鼓励的心态对待孩子传递给自己的新知识和新观点，可以以一种平等、自由的方式与孩子进行交流，营造一个宽松的家庭氛围，甚至可以引导低龄段的孩子主动传递他们的知识，培养"文化反哺"的习惯，这是"文化反哺"的环境基础。

与此同时，学校应组织的各种亲子互动活动，家长应主动积极配合参加，既可以提高自身的素质，又可以与子女建立更加和谐亲密的关系，也有利于子女和家长的双向学习，这是"文化反哺"的活动基础。

（二）加强对学生的积极引导

另一方面，家长还应该重视加强对孩子的正确教育和积极引导，帮助他们克服错误的文化倾向。随着信息化时代的到来，大量的网络信息充斥着学生的生活，而很多不良或者不实的信息也通过各种渠道传播开来，未成年人仍处于价值观未形成和认知水平不完善的阶段，所以需要家长进行有效的引导。

但同时也需要注意纠正的方式，不能过于极端，压制孩子的积极性。很多时候由于家庭氛围的严肃，导致很多文化反哺行为的不顺畅，这样会带来消极的作用，让孩子缺乏一种言语自由的条件，所以即便是在孩子出现一些意识上的错误时，家长也要采取适当的方式，尽量减轻孩子的压力，促进他们形成积极、健康、向上的文化观，从而利于发挥文化反哺的积极效应。

三、发挥教师的桥梁作用从而搭建反哺之桥

在农村家庭的"文化反哺"中，教师扮演者非常重要的角色，他既是教育者——学生的知识观的引导者，又是受教者——家长的信任者。因此，文化反哺的顺利实施需要教师发挥巨大的桥梁作用，搭建起扎实、通畅的文化反哺之桥。由此，教师可以从以下几方面着手。

---

① 江菲.文化反哺：乡村学校服务新农村文化建设的有效途径[J].考试周刊,2012(51):31-32.

（一）通过学科教学帮助学生在知识和能力上做好准备

农村的信息资源相对于城市的信息资源比较匮乏，农村教师向学生传授的知识成为农村学生获得知识的最主要途径，因此，农村教师在合理利用国家课程的情况下，多多开发和采纳一些适合农村家庭生活和带来新观念的校本课程，比如："家电设备使用"、"农副产品养殖"和"现代信息生活"等校本课程的开发。

除此之外还可以利用丰富的社会和学校资源，拓宽书本知识结构，对农村学生因材施教，让学生了解更多感兴趣的知识，培养学生的兴趣，使他们的知识水平得到应有的提升，能力结构也日益丰富，这将为学生的文化反哺打下坚实的知识基础。

（二）构建有效的支持系统并做好家长的沟通工作

一般情况下，农村教师在农村家长的心目中占据着非常重要的位置，也是农村家长非常信赖的人。因此，农村教师应该充分发挥这一优势，通过家长会、家访等各种方式和家长近距离接触，开导学生家长，让其转变原有的传统观念，主动接受来自子女的优质信息资源。

通过这些形式不仅能够丰富家长的知识，提升家长的素质，也会为家庭生活带来了很多的便利和改变，教师通过与家长的良好沟通与交流，使得家长能够积极配合教师和学校开展的相关活动，也在家庭中形成一个良好的文化反哺氛围，会给学生的文化反哺提供一个强有力的支持后盾。

（三）通过家庭作业形式对家长进行必要的知识传输

在城市，大部分中小学校都要求家长对学生作业进行辅导或批改。为了辅导孩子和批改作业，家长就要进行相应知识的学习，在这个过程中家长自身的知识水平会有很多提高，并潜移默化地受到新文化意识的熏陶。而在农村，由于家长农活及家务繁重，加之他们中的许多人缺少相应的知识储备，不能对在校孩子的作业进行辅导和批改。

为保证"反哺"活动的进行和活动的实效性，教师可以和学科教学活动结合起来，作为学科学习的延伸和拓展，采用家庭作业的方式进行具体落实，对于这些没有能力辅导或批改家庭作业的家长，学校不妨开展"考爸爸，问妈妈，让爷爷、奶奶都知道"的"反哺"教育，让孩子把自己在学校所学的生活、生产知识传输给家长，然后由学生和家长一起完成家庭作业。做到有布置有检查，以避免缺乏实效，流于形式。这种活动形式的作业既能够增加孩子的兴趣，又能够促进学生与长辈的交流，同时也为文化反哺提供了更为便利的机会。

四、学校通过开展各种活动丰富文化反哺的形式

乡村学校是农村学生的主要学习课堂，学校的资源和信息也相对更加丰富与集中，并且通过学校这个广阔的平台实施相关举措能够有效地推动整个农村文化建设的进步与发展，是文化资源传播的主要场所与渠道。所以新农村的文化建设需要学校的大力配合，采取积极、有效地活动开展的行动。

（一）发挥榜样力量并汲取丰富学识

首先，学校要有意识地通过开展一些专题讲座或宣传活动给学生讲一些子女向家长"反哺"的故事和现实生活中的案例，分析其中所蕴含的先进思想与文化观念，使学生心中形成"反哺"的动机，给学生树立学习的榜样，让学生在潜移默化中进行无意识的模仿。

其次，在各学科的教学过程中，可以根据当地家长的实际需要，补充或充分挖掘相关的知识，甚至在条件允许的情况下，学校相关人员可以开发一些符合农村家庭需求的校本课程，如：新科技课程、文化传播与交流课程、现代经济观课程等等，指导、引导学生开展"反哺"的实践，增强"反哺"的能力。

（二）通过实践活动对家长进行有意识的教育

首先是通过综合实践活动课开展。学校可以确定一些对于学生及家长都具有实际意义的课题及项目，组织学生与家长一起开展"小手牵大手"活动，如传统文化保护活动、环保知识教育活动、普法宣传教育活动及科技知识宣传活动等等，既可以实现对学生的教育目标，又可带动一个个家庭成员对相关领域知识和观念的形成。

其次是通过第二课堂活动开展。第二课堂活动是课堂教学的延伸，农村中小学校可以通过第二课堂的形式，要求农村学生在活动过程中，力所能及地将家长纳入活动过程中，学生和家长一起参与到活动思考和交流中来，不同家庭之间的交流与互动也能够进一步调动参与的热情和积极性。可以通过开展农村保洁活动、农村护绿活动、传统文化宣传活动、农村陋习纠察活动、农村读书辅导活动、农村公益劳动等多种形式的活动，开展对家长的"反哺"教育，提高家长的相应知识和观念意识①。

---

① 梁发祥，曹娟玲."后喻文化"背景下欠发达地区农村利用"反哺"形式开展农民教育的思考[J]. 中国农业教育，2009(1)：11-13.

（三）开发传统文化资源

为了更好地取得反哺的效果，学校应该有目的、有意识地组织一些能促进父母与子女间的对话、加强双方交流的教育活动，在活动中不断提高家长的文化素养。学校可以利用一些节日，如清明节、中秋节等等组织学生开展生动活泼、丰富多彩的教育活动，并邀请家长一起参与，也可以采用座谈会的形式，传递最新的文化信息。

在这些丰富多样的活动中促使学生与家长形成互动，把这种活动延伸到家庭，影响家庭所有成员，不仅培养了家长与学生交流、探讨的习惯，而且将这种影响传递到日常生活中，使家长与学生自觉地就生活中的问题或现象形成交流的定式。

五、社会提供更多的资源来增强反哺氛围

农村社会的整体氛围应积极配合反哺行动的开展，可以通过电视、网络等多媒体的渠道传播优质的教育资源，年轻一辈通过多媒体接收新知识的能力非常强，再通过反哺形式让年长者了解并接收到更多的现代资讯。

农村社会还可以利用经济实力，提供丰富的现实资源，如图书馆的免费开放、公益讲座的举办、亲子交流活动的推广，这些举措的实施不仅提供了广阔的反哺平台，更是在整个农村社会中营造了积极、健康的反哺氛围，带动更多的家庭参与到新农村文化建设中来，也将新文化、新思想传递到家家户户。

新农村的文化建设绝不是一个人、一个家庭、一个学校的责任，而是每一个农村人民的共同责任，它的实施将会影响一代又一代农村人民的幸福生活，在学生、家长、教师、学校和社会的积极行动中，文化反哺会成为一种潮流，甚至是一种习惯，这将是新农村文化建设的美好开始。

第十二章　新农村建设中乡村学生的成长体验

随着新农村的建设与发展,人们越来越重视乡村学生生活中生命成长的体验问题,同时也密切关注着与乡村学生成长体验问题相关的乡村校园建设。本章针对乡村学生生活中不同的生活体验方式展开研究。在对乡村学生成长体验实质进行历史梳理的基础上,系统分析乡村学校学生成长体验的方式,以及乡村学生生命成长的保障机制,试图改善当前乡村学校生活的环境,以便对乡村学生生命成长体验有所帮助,以实现乡村学校生活中更多关注学生的生命成长体验。

第一节　乡村学生成长体验的实质

一、乡村学生成长体验的概念

(一)体验的内涵

1. 体验的词汇本体义

随着时代的变迁,人类对自身主体性的认识越来越关注。尽管不同的人以不同的方式和语言描述他们对生活的各种"体验",然而究竟何为"体验",值得我们去深究和探寻。

在中国古代,"体验"一词最早的语义可追溯到《淮南子·祀论训》中的"故圣人以身体之。"以及《荀子·修身》中提到的"好法而行,士也;笃志而体,君子也"。不言而喻,那些依靠直觉思维产生,且依靠直觉认识进行体验的中国古代哲学思想也具有体验的思想。当今社会,在《汉语大辞典》中对体验进行如下解释:(1)experience:是指某种事物的实际经历,因而是直接了解,而不是从别处所说或他人报道中知道这种事物(真实的人,不是劳动单位,或某些数据)是人在体验生活。(2)feel:①体会到酒精醉人;②体会到感情的力量;③体会到(如主观经历的)特别的或典型的影响。(3)know:有……经验(体验过极大的喜悦)。(4)sample:通过切身体验进行了解。①

2. 学科视野下的词汇表达

在哲学史上,哲学家从认识论和本体论两个方面阐述对体验的理解。在认识论中,体验作为一种认识的方式,包括以下三种情况:其一是主体将自身作为客体,从而获得客体感知世界的信息。其二是作为实践体验,指主体在实践中,暂时将自身作为现实的客体,不仅站在客体的角度思考现实问题,并且作为客体的一部分参与活动。其三是指直觉,体验是自身的直觉。而在本体论中,西方哲学家认为"体验"是一种"内在于人的身体并改变人的身体存在形态的经验"。②

在心理学领域,将体验分成了三种类型进行阐述:情感理论中有关体验的部分、瓦西留克对体验活动的探讨以及马斯洛对高峰体验的研究。情感理论认为体验是情感的本质。情感是人类对客观事物在态度、情绪等方面体验的行为反应,即人们在获得体验后的自我感受。苏联心理学家瓦西留克从活动理论的视角解释体验,认为我们所用的"体验"这个术语并不是心理学中所熟悉的那个意思,即指主体意识内容的直接的、经常的情绪的形式。③ 马斯洛认为,高峰体验既是指一种情感的状态,还指向心理状态,其中还包括情感以及认知成分。

美学则将体验的研究与人生、艺术的本质相结合。纵观中西方美学对体验的理解,归结而言:体验是指一种作者亲身参与,进行感受和实践的一种活动。体验是作者通过个体的感知,获得的情感、态度、价值以及灵感的创造素材。如美学家认为"体验是读者在观赏和享受美时产生的深层的活生生的令人沉醉痴迷而难以言说特殊的内心感受,伴随着紧张、剧烈的内部活动,丰富活跃的想象,热烈欢乐的情感"④。

———————————

① 王同忆.语言大词典[M].北京:三环出版社,1990:226.
② 易丽.教学中的体验对学生生命成长的意义[D].上海:华东师范大学,2006:16-20.
③ [苏]瓦西留克.体验心理学[M].黄明,译.北京:中国人民大学出版社,1989:9-10.
④ 王一川.审美体验论[M].天津:百花文艺出版社,1992:125.

从不同学科领域对体验进行归纳、阐述。本文认为体验是指人通过参与一系列现实的活动,在实践的基础上获得的亲身感受,并形成一定的感悟。体验与主体的心理变化密不可分,强调主体在参与活动过程中的切身体会,主体的情感、思想以及认知水平在主体实践中产生与发展。

（二）体验学习的内涵

在我国,孔子曾提出"不观高崖,何以知颠坠之患？不临深泉,何以知没溺之患？不观巨海,何以知风波之患？"①由此可见,体验式学习作为一种学习的方法,在我国古代就已有运用。以后,在漫长的哲学史上,体验思想作为强调直接经验的重要性与认识论相联系。

20世纪初,杜威针对学校过于注重获得间接知识的弊端,从经验论哲学出发,体统地阐述了体验式学习的本质。② 杜威指出"教育即经验的改造",教育的实质应与儿童的实际经验为基础,从"做"中学习,从实践的经验中习得知识。因此,该学习应发生在具体的情境中,通过学生动手实践获得直接经验,并将获得的经验进行反思。

体验式学习中所体现出来的尊重人的直接经验,尊重人的个体发展,在人本主义教育理论中得到了发展。我国近年来,课程改革对体验式学习提出了更高的要求。其内涵集中体现在使学生获得直接经验与情感体验中。

综上所述,本文认为体验式学习是一种以学习者为中心,更倾向于一种以活动、情境进行教学的方式,与学习者参与的活动有关。在这种活动中,使参与活动的学习者进行体验、感悟以及反思。体验学习的方式涉及学习者原有的认知水平、情感态度、思想观念。实际上,对于体验式学习的概况也包含了杜威"做中学"思想中的观念。强调学习者的亲身体验,动手实践更关注学习者对经验的反思和总结。

为此,教师在教授知识的过程中,不再是单纯地传授间接知识,更重要的是利用教学资源,给予学生各种直接的体验,激发学生学习的热情与动力,将学习到的直接经验转化到所学的知识上,进行理论与实践的结合。

（三）乡村学生的体验

乡村学生特指在农村这个特定环境下成长的学生。他们获得有别于城市学生的成长体验。他们的成长体验、情感体验、认知水平都依赖于农村这

---

① 王国轩,王秀梅.孔子家语译注[M].北京:中华书局,2009:189.
② 庞维国.论体验式学习[J].全球教育展望,2011(6):9-10.

片特定的土地。在我国,城乡差异不仅反映在各地不同的自然风貌、地形特征、植被种类等自然景观,还在体现在经济发展、人文景观、民风民俗以及当地特有资源上的不同。鉴于对体验内涵的界定以及体验式学习的阐述。本文认为乡村学生的体验包含乡村学生在学校内利用农村当地特有的自然资源、人文景观、风俗习惯等当地综合资源结合学校各学科课程组织学校活动,显示出独有的自然性、人文性、民俗性和乡土性。

同时,乡村学生的独特体验还表现在乡村学生在课余时间利用农村地形、地貌,农村风土人情,农村特色人文、自然景观以及地方文化如戏曲、民歌、舞蹈、节日了解农村文化,体味农村文明,并且在农村文化的渲染下,对乡村有着独特的认识和感知。

二、乡村学生成长体验的特征

通过广泛地考查学生体验学习的思想溯源,整理乡村学生成长体验的内涵后,我们大致可以归纳出乡村学生成长体验的以下几个特征:

(一)情境性

乡村学生的体验强调乡村学生在所处的农村这样一个大环境下,通过利用农村资源进行实践而获得的具体的经验,最终获得的经验在反思和感悟中又通过具体情境进行实践。因而乡村学生的成长体验是具有情境性的。该情境则具体指向当地乡村特有的地理风貌、物产特征、物质文明和精神文明。学生长期处于乡村的实践环境中,以其亲身的感性认知产生切实的认知和体验。

(二)实践性

亲身经历是乡村学生成长体验中的本质特征。体验作为学生在实践过程中获得的直接经验,其对事物认知水平的多寡,情感态度的倾向都源于学生在活动过程中的亲身实践。实践的过程以及实践的结果对学生而言能够产生对该项活动直观的认识。乡村学生在成长过程中,其学习知识不仅仅停留在理论知识的学习上,还需要做到知行合一,才能对知识进行真正的内化。乡村学生的成长体验是基于学生在农村这样一个具体的环境中与当地农村的生活、社会、文化进行紧密联系,并且在参与农村活动的过程中获得认同,收获知识。

(三)个体性

古人有云"横看成岭侧成峰,远近高低各不同",指的是每一个人站的角度不同,身份不同,立场不同以及所处的生活环境的变化都可能对同一事物表现出不同的看法。同样,尽管乡村学生所处的生活环境相同,但他们在实践过程中对每一件事物的体验都具有差别。这些差异源于成长的家庭环境、认知水平、实践过程、情感结构、价值观念、人生经历之间的差别。这种差别必然带入学生在活动的体验中,反映出个体的差异性。因此,不同的乡村学生即使生活在同一个乡村中,他们对故乡的认识都具有差异。

三、体验对于乡村学生成长的意义

(一)体验蕴含生命的意义

"体验是主体带有强烈感情色彩的活生生的、对于生命之于价值与意义的感性把握。"[①]德国狄尔泰是最先提出将体验作为一个重要的本体论范畴的生命哲学家。狄尔泰认为"体验就是感性个体把自己的知识与自己的自我与生活世界及其命运的遭遇中所发生的许多具体的事件结为一体"[②]。乡村学生的体验就是将个体独特的体验与学生自我生活的世界相联系,体验是学生对其生命的体验,是学生在成长道路上经历不同事情所获得的个体独特的认识。

(二)体验是学生发展与社会发展的统一

人在认识世界、适应世界、改造世界的过程中都需要自身的实践,即人作为主体对社会的直接认识。学生在体验中学习强调实践的主体,强调实践的对象,强调实践者的反思,通过实践不断地与现实世界进行互动、影响、沟通和联系,最终使学习者能够认识到社会发展的方向,前进的步伐,培养学习者对社会的充分认识,形成学习者的人生观、世界观。学生在体验中学习,不仅促进学习者自身的良好发展,也能够促进学习者与社会的统一,促进社会的进步和发展。

乡村学生通过在农村环境中的体验和学习,能够充分认识所处的环境,且对所处环境进行反思,不断与农村文化进行交流与对话。在农村物质文明与精神文明的共同促进下,与农村文化进行交流。促进乡村学生的自身发展,也能够顺应于农村社会文化传统,与农村社会发展相统一。

(三)体验是乡村学生回归生活世界的有效途径

生活世界是指对人生有意义的且人生在其中的世界,是人生的过程、生

---

①　童庆炳.现代心理美学[M].北京:中国社会科学出版社,1993:143.
②　刘小枫.诗化哲学:德国浪漫美学传统[M].济南:山东文艺出版社,1986:64.

活着的心物统一的世界。① 人在生活的世界中,以理解、实践、体验和反思的方式认识自然、社会和人生,通过人与他人,人与自我的交往来达到人格的自我构建。②

乡村学生生活的是一个真实的实体的世界,也是一个充满着各种复杂关系的世界。生活的世界作为学生生命的基础,是不可或缺的,同时它也是学生学习的来源。乡村学生通过教育实践活动,课外实践活动体验农村的生活,关注生活世界。通过体验农村生活中的点点滴滴,回归到生活的环境中,培养学生的生存能力,同时也培养了学生适应生活的能力。

第二节　新农村建设中乡村学生成长体验的形式

乡村学生作为一个生命体存在于世界之上,需要依靠自身去认识和感知生命存在的意义和价值。换言之,人的生命本身并不能自发解释人存在的生命意义,显示出本有的生命价值。它需要依靠学生自身的体验去感悟生命的意义,领悟生命的价值。因此,教育活动具有唤醒学生生命意识,搭建生命实践桥梁等学生成长的作用。学生的教育体验随着学生年龄的成长,知识文化的提升,教育理念的更新以及学生身心的发展而不断深入。学生生命体验的获得将与学生原有的认知水平、生活阅历有直接关系。乡村学生对于生命的体验需通过大量的教育实践活动获得。让学生在学习中体验人生命成长的完整性,应摒弃传统教学中重视知识轻视情感,重理性因素,轻非理性因素的观念,给学生以生命关怀,让学生去体验或者让学生获得体验是对学生生命成长整体性的关照。③ 因此,本文对农村将乡村教育实践形式分为以下几种类型:

一、思想道德课外活动

乡村学校思想道德类课外活动指的是在课堂教学之外,对乡村中小学生进行课外思想道德教育的活动。该活动通常由学校设置一系列具有道德

① 郭元祥.论“生活世界”的教育——兼论教育中的生活问题[J].教育研究与实验,2000(5):8-13.

② 徐燕.回归生活世界——高中思想政治新课程的价值取向[J].现代中小学教育,2005(2):13-15.

③ 易丽.教学中的体验对学生生命成长的意义[D].上海:华东师范大学,2006:43.

教育意义的主题活动，围绕教育主题展开"热爱生活"、"尊老爱幼"、"中国梦"等爱国、爱家、爱生活的德育讲座，举行学生德育演讲比赛、学生思想道德辩论赛、手抄报、黑板报、征文等一系列的教育活动。在一些偏远农村，大部分青少年儿童的父母外出务工，他们独自在家由祖辈照看。由于缺少父母的关爱，加上祖辈年老体衰，无暇顾及，往往需要教师在思想上进行引导。乡村学校通过开展"我对感恩与责任的理解"、"感恩生活"、"心存感恩，做感恩少年"等主题的辩论赛、演讲比赛、手抄报比赛、讲座、征文活动。让学生体会爱无处不在，学会感恩父母，树立正确的人生观、价值观。通过"身边的诚信故事"、"诚信在我身边"等课外德育活动培养学生良好的思想品德和良好的行为习惯，提升学生的精神境界，培养健全的人格。

学校在开展相关的德育课外活动过程中，也可将学校的课外活动与乡土课程相结合。将乡土文化引进乡村学校，开展与乡土文化相结合的思想品德课程，能将德育与日常生活相连接，对学生的日常生活进一步引导，提升学生的人生观和价值观。辛治洋在《乡土文化在乡村学校德育改进中的重要价值》一文中，论述了乡土文化之于乡村学校德育的价值。他认为文化与道德之间的关系是精神文化本性及其功能的一致性。德育是文化化的德育。乡土知识与乡土情感是儿童道德发展不可或缺的资源。乡土文化作为当地人民祖祖辈辈相传的文化传统，融入于当地人们的日常生活，是农业文明的奠基石。[①]

王祚林则在《乡土文化——育人的沃土》一文中指出将乡土文化与课外语文学习资源相整合，能够让孩子们在学习中感受乡情、乡艺，最终起到以乡土文化育人的作用。语文教学之后，教师能够带领学生通过调查、参观等方式了解家乡的名胜古迹、历史名人，开展课外乡土实践活动，感怀故乡的发展与变迁，美丽与富饶，自豪与骄傲。观名胜，了解历史的兴衰；知礼仪，明白生活道理；学文化，赏析民间艺术。[②]

二、科技创新类活动

科技创新类小组是指在课堂教学以外，学生通过课外实验、参观，收获新的科学知识的活动。科技创新类知识包括科普知识的学习以及科技发明创造类教育活动。

① 辛治洋.乡土文化在乡村学校德育改进中的重要价值[J].安徽师范大学学报,2012(11):766-768.
② 王祚林.乡土文化——育人的沃土[J].中国小学语文教学论坛,2004(12):58-59.

学生可以自发组织建立科学兴趣小组,依据自己的兴趣爱好进行科学探究和发现。如数学兴趣小组、自然兴趣小组、物理兴趣小组、化学兴趣小组、小小发明家小队等发明创新小队。这些小组在教师的引导下进行自然科学知识的探索和学习,巩固课堂学习的学科知识,帮助学生更好地理解课本知识,增添学生学习的兴趣。还有一些带有综合探究性学习的科技小组,如环境保护小组、农村果园种植小组、气象观测小组等综合性学习小组。发明创造小组则尝试着利用各种科学小知识解决生活中的小难题。如生活小窍门,变废为宝等创造发明小组。

湖南省桃江县武潭镇八一小学的薛鹏老师,利用本土教学资源进行乡村学校科学课的探索。首先,薛老师利用本地的水、土资源探索自然的奥秘。他利用两个一次性塑料杯中装的泥土分析土壤中的毛细现象。通过对碧螺溪水质的实地考察进行"环境"这一单元的教学。其次,利用当地动、植物资源探究生物特性。利用农村中蚯蚓、青蛙、树叶、花朵等动、植物的优势资源进行科学探索。之后,利用当地生产、生活现象解释科学道理。对农村家务劳动中劈柴、切菜等常见劳动进行合理的探究了解与家庭、生活息息相关的科学原理;利用当地自然现象探索自然奥秘。探索内容与学生生活紧密联系,学生有实践的经验,他们在积极自主探索中观察霉,发现霉并制造霉,领悟其中的知识原理;利用气象条件以及气象谚语引导学生学习气候的变化;利用图书、教学仪器进行科学教学。这一系列的活动是将科学探索与乡土资源相结合的一种有效尝试,即丰富了学生的课余生活,也使学生在观察、学习、实践探究中学习科学知识。①

三、体育健身类活动

课外体育活动作为学校体育活动的重要组成部分,对学生的身心发展具有重要的作用。课外体育活动是体育教学的扩展,不仅巩固了体育课堂上学习到的体育健康知识,更有利于增强学生体质,培训学生对体育的兴趣和爱好,加深学生对体育知识和技能的理解和掌握。

体育课外活动分为以下几类:一类为课间组织的早操、课间操,学校将早操、课间操的时间一齐列入课表,在时间上给予保证。学生按照规定的时间、地点进行有学校组织的有序的活动。一般由班主任对学生进行两操的

---

① 薛鹏.乡村学校科学课有效挖掘和利用本土教学资源探索[J].赣南师范大学学报,2010(10):82-83.

监督和检查工作,分管该工作的监督员随行监督、巡查。

　　第二类是乡村学校依托乡村学校办学条件和资源,开展具有学校特色和地方特色的地方传统体育项目。随着我国新一轮基础教育课程改革,体育新课改提倡对传统地方体育文化的开发和保护,通过对传统体育地方资源的开发,传承文化,强身健体。如我国浙江省将历史悠久、具有丰富内涵的深厚农耕印记的浙江省龙泉市菇民防身术列为浙江省非物质文化遗产保护名录。而学校则将富有地域特色的防身术转化为学校教育的资源,成为新课改体育课程的一大亮点。既推动了新农村的文化大发展和大繁荣,更是对非物质文化遗产进行了传承和保护。

　　有些贫困乡村学校容易受到资金短缺、场地小、配套设施不足、师资力量欠缺等问题的困扰。因此利用农村现有的资源进行办学是乡村学校组织课外体育活动的途径之一。如举行占地面积小,资金投入小的项目:拔河、羽毛球项目;靠近山区的乡村学校利用地形和地势组织学生进行爬山活动;靠近海边的乡村学校可以组织学生进行游泳比赛;依靠有特长的体育教师进行体育专项训练,培养体育人才。宁波市鄞州区王笙聆小学对课外体育活动进行了合理的安排。该校为了培养青少年热爱体育、崇尚运动的健康观念,利用"快乐大转盘"的形式进行学生的课外体育锻炼。如图 12-1 所示。

图 12-1　"快乐大转盘"学生课外体育锻炼

　　王笙聆小学举办的"快乐大转盘"活动时间分别为大课间操时间(早上 7:55—8:35,全体学生参加)和午间活动时间(中午 11:40—12:40)。活动期间,教师合理安排场地及器材的分配,并且对活动的管理,场地安排、器材分配出台相应对策,进行管理和监督。在实施的测评中发现学生对比赛相关活动关注度提高,激发了学生的进取心和自信心。在集体比赛过程中,激发了集体荣誉感。与此同时,课外活动还促进了该校学生体育成绩的提高。①

第三类课外体育活动以结合小组竞赛活动的方式展开。学校依据现有的人力、物力资源开展体育社团活动,组建兴趣小组。以学生自主、自愿为原则组建不同项目的运动小组,以少带多,以点带面开展课外体育活动。在活动的过程中,进行小组的团队比赛,或者是小组间进行友谊赛。通过不断地竞争、合作学习,提升学生学习和锻炼的兴趣。

四、社团活动类实践活动

学生社团活动作为课外活动的形式之一,其繁荣与发展,是当前大力推行素质教育的结果。社团活动是在学生自主、自愿的基础上自由组织形成的兴趣爱好团体,是促进学生全面发展的有效途径。学生社团活动是在与学校各项工作相协调的情况下合理展开的,其目的在于活跃校园的学习气氛,提高学生自主学习、自主管理的意识,培养学生多元的技能和兴趣,丰富学生的课余生活。

地处石家庄市城郊接合部的西岗头小学,全校有590名学生,其中83%的学生来自农村。为了使这些来自农村的孩子受到良好的教育,校长带领学校团队走出了一条"文化立校"之路。全校组建了19个学生社团,每周三下午开展的社团活动成为学生最喜爱的活动。其中三年级的李姗融在该校的书法社团活动中表现突出,她的书法作品被首届"华文杯"青少年国际书法大赛作品集收录,并且她还获得了河北省首届青少年书法比赛的唯一一个特等奖。除此之外,学校还建立了"七彩书吧"读书社团,青鸟表演社团,绿旋风足球社团,飞魔方社团以及跳绳、踢毽子类的传统游戏社团,多彩多样的社团活动充实了学生们的生活,给农村的孩子带去一片欢乐,使每一个学生在快乐中成长,在展现自我中发展。②

五、文化艺术类实践活动

课外文化艺术活动包括课外美术活动、课外音乐活动、课外舞蹈活动等

---

① 徐海宾.浅谈农村小学课余体育活动安排的策略——以宁波市鄞州区王笙龄小学课余体育活动方案为例[J].体育教育,2011(11):135-137.

② 左秀芳,宋国珍.我的舞台我快乐——石家庄市桥西区西岗头小学社团活动侧记[J].河北教育,2015(3):24-25.

课外活动。课外文艺活动是课内文艺活动的有机组成部分。课外文艺活动内容丰富,形式多样,户外写生、户外参观、吹、拉、弹、唱、跳等不同形式的活动弥补了课堂教学中的不足,提高了学生表演的兴趣,在学习文艺的同时,陶冶情操,增加师生、生生间的友谊,有效地培养了学生的学习文艺的兴趣。

课外音乐活动的形式多样,旨在陶冶情操,发挥学生音乐的特征。其活动形式如下:以"每周一首歌"的形式定期组织歌曲教唱活动;组织学校对某些重大传统节日以及艺术节日进行歌咏比赛;有计划、有组织地进行师生文艺会演;组织各种音乐讲座(根据内容可分为专题讲座和系列讲座,另外还可以邀请校内外著名的乡村音乐人士来演讲);举办以音乐为专题的墙报、手抄报评比。将家乡传统民歌、民谣引入校园,举办富有农村特色的音乐节目。

课外美术活动目的在于培养学生的美术特长,使学生进一步地了解美术的基本知识,培养学生的观察能力和创新思维,提高学生的审美能力。在美术课外活动中,学生能够自发组织美术写生小组,利用农村独有的地理优势,对田园山水进行写生。定期举行美术绘画比赛,提高学生的绘画水平。

除此之外,还有技能培训类课外活动以及语言工具类课外活动。技能培训类课外活动指的是乡村学校对学生进行知识技能的培养,如对当地农作物进行种植和观察,培养学生对农作物种植的兴趣,对当地特有的动物、水种进行分析研究,增加学生的知识量。在语言工具类课外活动中,通过组织课外外语兴趣小组进行活动是尤为常见的一种方式。进行语言工具类课外活动,能有效增添学生学习语言知识的兴趣,是课堂内语言学习的补充。

第三节　新农村建设中乡村学生成长体验实现的保障机制

一、新农村建设中乡村学生成长体验实现的困境

(一)思想偏差导致成长体验的滞缓

在当今社会,学校、家长以及社会普遍重视学校升学率、学生的学业成绩,忽视学生的综合实践能力,忽视学生对家乡文化的体验,对家乡资源的利用。部分乡村学校的领导片面看重学生的学习成绩,注重学校的升学率状况,而未能全面地了解学生的实际情况。甚至在一些乡村学校的毕业班,为了获得更好的文化课成绩、更高的升学率,放弃除升学必考科目以外其他

学科的学习。

同时,面对社会竞争压力的提升,不少乡村学校学生家长过度重视学生学业成绩,忽视学生其他方面的发展。甚至在一些偏远农村仍存在"学好数理化,走遍天下都不怕"的偏科思想。源于乡村地区学校、家庭思想的传统与落后,导致许多综合实践活动不能顺利落实。其中部分开展综合实践活动的学校也仅仅注重形式而忽略了学生学习的内容,未能给予学生更全面的发展空间。

(二)教师队伍的建设阻碍学生的教育实践

由于农村受经济、文化、地理位置的限制(特别是在一些偏远的农村或者西部地区),在薪资、待遇以及所处环境的差异导致教师队伍的停滞不前。我国的一些偏远地区或者西部贫困地区对教师专业角色定位不清晰。教师的准入体系不够严格,大量农村劳务人员,未取得教师资格证书人员,未接受教师上岗培训人员充斥其间。分布在我国山区、牧区以及少数民族区域的乡村学校中还有大量的代课教师。

教师作为农村地区知识最为丰富的群体之一,其质量和数量直接影响着乡村学校教育实践活动的开展。而我国乡村学校教师专业知识和专业素养相对不足,有许多乡村教师还未能改变传统的授课方式。大部分乡村学校由于缺乏校园实践活动的指导教师导致实践课程难以开展,或者由于实践导师知识水平的不足,不能更好地推动乡村学生进行更好地成长体验。

(三)学校经费短缺导致学生无法获得更多资源

经济基础决定上层建筑,与城市学校相比,乡村学校获得社会资源较少。由于地方经济发展的不平衡,以及政策的倾向,使一些偏远的山村学校无法从所处的社会环境中获得更多教育经费。同时,教育经费具有的倾向性往往影响到学校设备的购买和更新。加上乡村学校领导对学业成绩的重视,通常将大部分的教育经费转移到语文、数学等主要学科的建设中,对课外实践活动,学生体验活动不够重视。缺乏资金支持的课外活动,其生命力可见一斑。

由于资金的匮乏导致乡村学校不能充分利用和开发各项农村资源,确保课程的正常、高效实施。在我国,乡村学校的体育设施建设以及体育器材配置均具有严重的不足,很大程度上不能满足学生学习与体验的需求。有研究对河南地区乡村学校体育场地资源进行调查,调查发现河南乡村中小学中很少有 $400m^2$ 的标准田径场地,而其他非体育场地则荒草丛生,篮球场也破旧不堪。① 由此可见,资金的短缺影响了乡村学生学习的热情,导致乡村学生无法获得更多的教育资源。

二、乡村学生成长体验的保障机制

(一)国家教育政策的扶持

国家教育政策、法规作为地方教育和学校教育的指导纲领,对地方教育和学校教育具有良好的指示作用。国家教育政策应出台与学生成长体验相关的法规、政策,以保障每个学校都能够重视学生的成长体验。尤其是在思想落后的偏远农村地区,不仅需要下发相应的文件进行引导,更应该下发学生社会实践活动的团体经费,使乡村学校在活动建设中有经济的支持,以确保乡村学生成长体验活动的持续性、长久性发展。

(二)政府加强学生成长体验活动宣传力度,转变农村社会的教育观念

我国农村地区普遍对学生成长体验认识不足,导致乡村学校学生成长体验处于弱势地位。乡村学校课外活动建设和管理处于尴尬境地。学校领导追求课业成绩,学生家长过度关注成绩,使学生成长体验活动开展在夹缝中生存。

为此,各个地区尤其是偏远农村、山村地区应通过学生成长体验知识的宣传,转变农村社会传统、片面的观念。各级教育部门,特别是乡镇教育部门和乡村学校的领导,应对乡村学生成长体验活动予以高度重视,充分认识到学生的成长体验对学生成长的作用。

通过学校与乡镇教育部门组织合作,联合举办关于学生成长的实践活动,转变乡村家长的思想,坚守乡村学校的教育阵地。

(三)学校重视乡村学校教师队伍的建设,发挥教师指导作用

乡村教师作为学生成长体验中的引路人和指导师,有利于学生更深层次地体会农村生活。因此,乡村教师的知识水平、人生观念、价值观念直接影响学生对乡村的认识以及对所处农村的情感态度。优秀的乡村教师能够带领学生了解农村文化,习得农村传统,了解农村文明,最后使学生在农村文化的渲染中体验成长的乐趣,感悟生命之真、善、美。因此,各地区应加强乡村教师队伍的建设。

---

① 石展望.河南省农村中学学校体育现状及发展对策研究[J].山东体育学院学报,2010(3):84-88.

乡镇教育行政部门应该给予乡村教师进修和学习的机会,指导乡村教师开展农村实践活动,指导乡村教师如何开展小组活动。通过人才引进的方式,引进优秀的课外活动指导师来乡村学校进行现场指导,通过指导教师的现场指导,了解农村实践活动开展的流程。进行校间合作与交流。通过校与校之间的沟通交流,分析自己的教学理念,教学流程能够合理利用当地共同资源,节约课程的成本,利于学生的成长。

(四)学校重视学生实践活动课程的建设,成立学生课外实践活动小组

学生课外实践活动小组有利于学生在实践过程中获得对农村独特的体验。因此,本文联系课外实践活动的管理方式探讨乡村学生实践活动课程的建设。

第一,建立相应的管理机构,成立课外实践活动领导小组。领导小组一般由分管教学的校领导和相关部门的负责人组成。主要任务是负责有关的规章制度的制定、课外活动的开设方案的规划,课外活动计划的审批、课外活动成效的评价。

第二,设立课外活动管理部门。为了突出课外活动作为教学"第二渠道"、"第二课堂"的地位,学校在教导处下设立一个管理岗位,负责课外活动的日常常规管理。

第三,建立与"课内活动"相配套的规章制度。把学生参加课外活动的情况和学生的综合量化考核,三好学生等评优、评奖结合起来。为了调动教师参与课外活动指导的工作积极性,一些地方除了把在课外活动中的表现与评优、评奖以及绩效工资的收入相关联外,还与职称评定中的基本条件相挂钩。

三、乡村学生成长体验的组织与管理

乡村学生的成长体验源于乡村学生在学校活动中的亲身实践,在实践过程中体验学习的乐趣、成长的快乐。课外实践活动作为乡村学生成长体验的途径之一,受到社会各界的广泛关注。

(一)构建乡村学校课外体育活动小组的组织体系

乡村学校课外体育活动小组由政教处、体育教师组、学校学生会、各年段体育特长生、各班级体育委员组成。建立健全必要的体育活动规则制度,对全校学生开展课外体育活动提出明确的要求与规则。

全体体育教师负责制定体育活动详细的活动计划,提出计划的实际安排。培养具备专业知识、技能的体育骨干,组织实施体育活动的测验,在课

外体育活动过程中起主导性的作用。

各年段教师、学生代表、班级、班主任负责做好学生的动员工作。加深学生和家长对课外体育活动的认识。积极配合体育教研组的活动,合理安排好各年段课外活动时间,全面掌握各年段、各班课外体育活动的实际情况。

医务室、卫生室负责配合体育组、各班级进行学生身体健康素质的体检,做好突发状况的准备工作。

各级组织在校领导小组的指导下,各司其职,积极发挥自身作用,相互沟通协作。最终将有关信息及时反馈给领导小组。由领导小组综合分析、测评,及时修改实施过程中的不足之处,提出新的内容与要求,以确保课外体育活动的正常进行。

（二）做好课外活动的思想动员工作

做好学生思想工作之前,首先需统一全体教师对课外体育活动的认识。教师对课外体育活动的态度直接或间接影响到学生参与体育活动的动力。集体教师要明确认识体育活动与建设社会主义精神文明及对学生身体素质提高之间的关系。开展课外体育活动与其他学科之间的课程整合,有助于学生德、智、体、美、劳的全面发展。

其次,向学生及家长传授体育保健的知识,参与体育锻炼对自身素质培养的意义,以获得学生和家长的认可与支持。为课外体育活动的开展提供良好的环境,提高学生参与体育锻炼的热情。

（三）获得体育运动的物质支持

通过对乡村学校体育活动的现状进行分析,不难看出我国部分农村地区的体育场地少,难以支持全体学生全面进行体育活动。体育设备和体育器材残缺不全,难以满足学生活动的需求。为此,学校应组建课外体育活动专项资金项目组,由资金项目组负责配备各种体育活动器材。根据课外体育活动的需要,整理运动场地,购买和维修体育机器设备。向学生、教师普及体育器材维护知识,减少体育器材的损耗率,定期开展体育知识讲座,使学生了解体育器材的使用方法,以及各项竞技运动的规则,提高学生活动的兴趣。

（四）加强体育骨干力量的培训

乡村学校的体育师资力量薄弱,部分乡村体育教师队伍中存在由其他科目教师代课、兼课等现象。加强体育教师队伍专业知识、专业技能的培训尤为重要。可要求部分体育教师进修学习专业的体育知识或邀请当地的体育人才来校进行体育知识、技能的全方位指导,以提升整体体育教师的专业素养。

在各年段、各班中培养一批体育骨干学生,提高学生的体育专业水平,使他们掌握一定的体育知识和体育锻炼方法,以及安全防护的措施,使他们担任起组织班级小型体育竞赛的任务。体育教师在体育课外活动中发挥积极的带头作用,一方面传授体育专业知识与技能,另一方面带动学生体育活动的积极性。

(五)明确活动要求,明细奖惩规则

教师在活动之初,应明确告知学生参与课外体育活动的奖惩规则。通过规章制度的建立,完善学生课外体育活动锻炼与学生体育成绩之间的关系。将课外体育锻炼与学生竞选班级干部、期末三好学生、优秀少先队员等评比挂钩。对不遵守课外体育活动规则、破坏公共财物的学生有明确的惩罚措施。确保学生在活动过程中,爱护公共物品,不做危险事情。

(六)开展丰富多彩的课外体育活动

课外体育活动与体育课相比较,其共同的特点是增强了学生的身体素质。但两者相比较而言,传统的体育课程具有规定的教学大纲和上课的要求。而课外体育活动,以学生的需求为主体,可按照不同学生的不同需求进行体育锻炼,符合学生自己的意愿。因此,在课外体育活动过程中,学校能够按照大部分学生的意愿开展集体的体育活动项目,也可以以小组形式开展部分体育项目。学生能够自行选择自己喜欢的体育运动。如健美操、体育游戏、游泳、围棋、篮球等各类体育项目,丰富学生的生活。

(七)定期检查,加强安全防护

课外体育活动领导小组应在听取基层工作汇报的基础上进行考查和定期检测。检查学生活动的内容,对全体学生进行体育测试。对表现良好的年段、班级以及表现突出的个人给予物质和精神上的奖励,促进课外体育活动的全面开展。

体育教师应对学校各类体育器材、设备进行定期检查。检测体育器材的损耗,并进行合理的补给、修复。对具有安全隐患的体育设备进行调整和修理,确保学生在体育锻炼过程中的安全。

基于以上课外体育活动安排,应做好学校的人与物之间的组织和管理。对学校领导、教师、学生三者进行统筹安排,对学校器材、设备、场地进行合理利用。从而达到人与物的协调。

　　对我国农村地区课外活动开展的现状分析,除了应加强学校内部的组织与管理,笔者认为还应该注重对学生兴趣的培养。兴趣是最好的老师,没有兴趣的活动是枯燥和乏味的。学生只有积极主动地参与到课外活动中,才能够克服各种困难,最后有所收获。学校应将学生课外活动的时间写进课表中,严格执行活动计划,给学生以充足的时间进行活动。

参考文献

一、著作类

[1] 钱理群.追寻生存之根——我的退思录[M].桂林:广西师范大学出版社,2005.

[2] 费孝通.乡土中国[M].北京:北京大学出版社,1998.

[3] 刘铁芳.乡土的逃离与回归:乡土教育的人文重建[M].福州:福建教育出版社,2011.

[4] 曹锦清.黄河边的中国:一个学者对乡村社会的观察与思考[M].上海:上海文艺出版社,2000.

[5] 李书磊.村落中的"国家"——文化变迁中的"乡村学校"[M].杭州:浙江人民出版社,1999.

[6] 黄宗智.华北的小农经济与社会变迁[M].北京:中华书局,2000.

[7] 余秀兰.中国城乡教育差异——一种文化再生产现象的分析[M].北京:教育科学出版社,2004.

[8] 梁漱溟.梁漱溟全集(第 4 卷)[M].济南:山东人民出版社,1991.

[9] 钟启泉.教育的挑战[M].上海:华东师范大学出版社,2007.

[10] 中国教育与人力资源问题报告课题组.从人口大国迈向人力资源强国[M].北京:高等教育出版社,2003.

[11] [美]威廉·M.雷诺兹,朱莉·A.课程理论新突破——课程研究航线的解构与重构[M].张文军,译.杭州:浙江教育出版社,2008.

[12] 钱理群,刘铁芳.乡土中国与乡村教育 [M].福州:福建教育出版

社,2008.

[13] 马秋帆,熊明安.晏阳初教育论著选[M].北京:人民教育出版社,1993.

[14] 李济东,李志惠.晏阳初与定县平民教育[M].石家庄:河北教育出版社,1990.

[15] 中央教育科学研究所.陶行知教育文选[M].北京:教育科学出版社,1981.

[16] [美]杜威.民主主义与教育[M].王承绪,译.北京:人民教育出版社,2001.

[17] 陶行知.中国教育改造[M].合肥:安徽人民出版社,1981.

[18] [美]欧文斯.教育组织行为学(第7版)[M].窦卫霖,译.上海:华东师范大学出版社,2001.

[19] [美]特伦期·E.迪尔,肯特·D.彼得森,校长在塑造学校文化中的角色[M].王亦兵译.北京:中国青年出版社,2006.

[20] 陆远来.SDP的实施在我国乡村学校发展中的现实意义[M].北京:北京大学出版社,2008.

[21] 赵旭东.文化的表达:人类学的视野[M].北京:中国人民大学出版社,2009.

[22] [美]约翰·杜威.学校与社会——明日之学校[M].赵祥麟,等,译.北京:人民教育出版社,1994.

[23] [美]霍伊·米斯克尔.教育管理学:理论·研究·实践[M].范国睿主译.北京:教育科学出版社,2007.

[24] Douglass C. North. Stucture and Change in Economic History[M]. New York:W. W. Norton & Company,1981.

[25] [奥]维特根斯坦.文化与价值[M].许志强,译.杭州:浙江文艺出版社,2002.

[26] 卢盛忠.组织行为学[M].杭州:浙江教育出版社,1993.

[27] 郑金洲.合作学习[M].福州:福建教育出版社,2005.

[28] [苏]B.A.霍姆林斯基.给教师的建议[M].北京:教育科学出版社,1984.

[29] 王少非.新课程背景下的教师专业发展[M].上海:华东师范大学出版社,2006.

[30] 王道俊,王汉澜.教育学[M].北京:人民教育出版社,1982.

[31] 吴康宁.教育社会学[M].北京:人民教育出版社,1998.

[32] 叶澜.教育概论[M].北京:人民教育出版社,1999.

[33] 杜育红.教育发展不平衡研究[M].北京:北京师范大学出版社,2000.

[34] 于发友.通向教育理想之路:县域义务教育均衡发展研究[M].济南:山东人民出版社,2008.

[35] 杨东平.中国教育公平的理想与现实[M].北京:北京大学出版社,2006.

[36] 王英杰.亚洲发展中国家的义务教育[M].北京:人民教育出版社,2003.

[37] 厉以宁.教育经济学[M].北京:北京出版社,1982.

[38] 丁小浩.中国高等院校规模效益的实证研究[M].北京:教学科学出版社,2000.

[39] 卢斌.当代中国社会各利益群体分析[M].北京:中国经济出版社,2006.

[40] 郭书田,刘纯彬.失衡的中国[M].石家庄:河北人民出版社,1990.

[41] 成都市推进城乡一体化办公室.统筹城乡发展推进城乡一体化问答[M].成都:四川科学技术出版社,2004.

[42] 张健.教育的新认识[M].成都:四川教育出版社,1989.

[43] 查有梁.控制论、信息论、系统论与教育科学[M].成都:四川省社会科学院出版社,1986.

[44] 丁钢.中国教育:研究与评论[M].北京:教育科学出版社,2003.

[45] 高书国.中国城乡教育转型模式[M].北京:北京师范大学出版社,2006.

[46] 马秋帆,熊明安.晏阳初教育论著选[M].北京:人民教育出版社,1993.

[47] 刘婕.专业化:挑战21世纪的教师[M].北京:教育科学出版社,2002.

[48] 王艳玲.教师教育课程[M].上海:华东师范大学出版社,2011.

[49] 陈兆庆.中国农村教育概论[M].上海:商务印书馆,1937.

[50] 杨懋春.近代中国农村社会之演变[M].台北:巨流图书公司,1984.

[51] 杨雅彬.中国社会学史[M].济南:山东人民出版社,1987.

[52] 王任重.中国农村复兴的研究[M].广州:广东省东成印书局,1934.

[53] 庄泽宣.乡村建设与乡村教育[M].上海:中华书局,1939.

[54] 陶行知.中国教育改造[M].合肥:安徽人民出版社,1981.

[55] 王强.美国农村教育发展史[M].银川:宁夏人民出版社,2009.

[56] 曹荣湘.泰伯特模型[M].北京:社会科学文献出版社,2004.

[57] 柳新元.利益冲突与制度变迁[M].武汉:武汉大学出版社,2002.

[58] 庞守兴.困惑与超越:新中国农村教育忧思录[M].桂林:广西师范大学出版社,2003.

[59] 王蕾.教育评价新探[M].西安:西安交通大学出版社,2007.

[60] 费孝通.从实求知录[M].北京:北京大学出版社,1998.

[61] 文化部财务司.中国文化文物统计年鉴 2011[M].北京:国家图书馆出版社,2011.

[62] 文化部财务司.中国文化文物统计年鉴 2012[M].北京:国家图书馆出版社,2012.

[63] 联合国.国民经济核算年鉴[Z].北京:中国科学出版社,2006.

[64] 费孝通.乡土中国[M].北京:人民出版社,2008.

二、论文类

[1] 邬志辉,马青.中国乡村教育现代化的价值取向与道路选择[J].中国地质大学学报(社会科学版),2008(6):58.

[2] 曾长秋.加强新农村文化建设是当务之急[N].光明日报,2009-04-03.

[3] 王西阁.法治文化:新农村建设的文化底蕴和支撑[J].东岳论丛,2010(9):136.

[4] 郝德永.课程改革:愿景与可能[J].高等教育研究,2009(8):101.

[5] 郭继强.“内卷化”概念新理解[J].学术评论,2007(3):194.

[6] 孙远东.“内卷化”机理与中国农村——以安徽一个小集镇的变迁为例[J].粤海风,2007(4):41.

[7] 陈坚.内卷化:乡村教育研究的新视角[J].教育发展研究,2008(17):33.

[8] 王本陆.消除“双轨制”:我国乡村教育改革的伦理要求[J].北京师范大学学报(社会科学版),2004(5):21.

[9] 周晔.从“二元割裂”走向“一体化”[J].教育学报,2009(2):19.

[10] 鲍传友.论现代视域中的农村基础教育取向[J].教育理论与实践,2005(2):29.

[11] 杜育红.乡村教育:内涵界定及其发展趋势[J].华南师范大学学报(社会科学版),2013(1):20.

[12] 张天乐.重新解读乡村教育[J].教育发展研究,2003(11):19.

[13] 鲍传友.论现代视域中的农村基础教育取向[J].教育理论与实践,2005(2):30.

［14］于影丽.社会转型期乡村教育与乡村社会隔离问题研究［J］.当代教育科学,2009(15):40.

［15］刘铁芳.乡村教育的问题与思路［J］.读书,2001(12):36.

［16］刘铁芳.回归乡土的课程设计:乡村教育重建的课程策略［J］.现代大学教育,2010(6):23.

［17］罗建河.试论乡村教育的错位与农村建设主体的虚空［J］.教育学术月刊,2009(11):75.

［18］21世纪教育研究院.消失中的乡村学校——乡村教育布局调整十年评价报告［N］.社会科学报,2012(12):29.

［19］徐湘荷,赵占强.生态区域主义视野下的乡村教育哲学［J］.外国教育研究,2009(4):63.

［20］姚荣.从"嵌入"到"悬浮":国家与社会视角下我国乡村教育变迁研究［J］.清华大学教育研究,2014(8):54.

［21］王铭铭.教育空间的现代性与民间观念——闽台三村初等教育的历史轨迹［J］.社会学研究,1999(6):34.

［22］黄宗智.集权的简约治理——中国以准官员和纠纷解决为主的半正式基层行政［J］.开放时代,2008(2):56.

［23］万明钢."文字上移"——渐行渐远的乡村教育［J］.教育科学研究,2010(7):12.

［24］R.默顿.科学的规范结构［J］.哲学译丛,2001(3):35.

［25］王勇.城乡文化一体化与乡村学校的文化选择［J］.中国教育学刊,2012(3):92.

［26］曹海林.村落公共空间演变及其对村庄秩序重构的意义——兼论社会变迁中村庄秩序的生成逻辑［J］.天津社会科学,2005(6):61.

［27］张良.乡村公共空间的衰败与重建——兼论乡村社会整合［J］.学习与实践,2013(10):29.

［28］王明,李太平.重建精神家园:乡村学校的文化使命［J］.当代教育科学,2012(1):73.

［29］肖正德.新农村建设中乡村学校的文化使命及其变革［J］.国家教育行政学院学报,2008(3).

［30］吴惠青,王丽燕.新农村文化建设中乡村学校的使命［J］.教育发展研究,2011(19).

［31］段会冬,莫丽娟.农村社区:农村特色学校建设的文化源泉［J］.现代教

育管理,2012(6).

[32] 李伟胜.学校文化建设的第三条途径:主动创生[J].南京师大学报(社会科学版),2011(1):91-96.

[33] 朱成科.生成论哲学视阈中的现实教育"道路"研究[D].长春:东北师范大学,2011:16-27.

[34] 苏鸿.基础教育课程改革与学校文化重建[J].课程·教材·教法,2003(7):10-11.

[35] 罗生全.符号权力支配下的课程文化资本运作研究[D].重庆:西南大学,2008:226-227.

[36] 韩军.跨越中西与双向反观——海外中国文论研究反思[J].文学评论,2008(3):158-163.

[37] 苏刚,曲铁华.现代化进程中我国乡村教育价值取向的嬗变与重构[J].教育发展研究,2014(1).

[38] 张济州."离农"、"为农"?——乡村教育改革的困境和出路[J].河北师范大学学报(教育科学版),2006(5).

[39] 钱理群.乡村教育的理念和理想[J].教育文化论坛,2010(1).

[40] 傅崇兰.中国城市发展问题报告[J].中国社会科学出版社,2003.

[41] 马军显.城乡关系——从二元分割到一体化发展[D].北京:中共中央党校,2008.

[42] 王本陆.消除双轨制:我国城乡教育改革的伦理诉求[J].北京师范大学学报(社会科学版),2004(5).

[43] 彭刚.支配与控制:教学理念与教学行为[J].上海教育科研,2002(11).

[44] 段作章.教学理念的内涵与特点探析[J].教育导刊,2011(21).

[45] 张颖夫.晏阳初"平民教育"理论与实践研究——基于当代中国社会转型期[D].重庆:西南大学,2009.

[46] 陶行知.陶行知文集[C].南京:江苏教育出版社,2008.

[47] 宋恩荣.梁漱溟教育文集[C].南京:江苏教育出版社,1987.

[48] 陈旭远,杨宏丽.论交往教学[J].教育研究,2006(9).

[49] 刘庆昌.论教学理念及其形成[J].山西大学学报(哲学社会科学版),2010(6).

[50] 司永劳.隔代教育对农村儿童社会化影响的研究——以西安市农村 S中学为例[D].武汉:华中农业大学,2012.

[51] 肖正德.农村教学边缘化问题、成因及其对策[J].当代教育论坛,2006

（9）.

[52] 周金其,李水英,吴长春."参与式"教学的理论与实践[J].高等教育研究,2000(3).

[53] 财政部教科文司,华中师范大学全国农村文化联合调研课题组.中国农村文化建设的现状分析与战略思考[J].华中师范大学学报(人文社会科学学报),2007(7).

[54] 王坦.论合作学校的基本理念[J].教育研究,2002(2).

[55] 汪霞.走出合作学习的误区[J].课程与教学,2004(12).

[56] 俞晓婷."为农"的农村教师角色内涵及实践[J].现代教育管理,2009(9).

[57] 刘玲.一名农村女教师的奉献[J].学理论,2008(7).

[58] 田小红.农村教师实施新课程的问题与困难[J].教育理论与实践,2004(8):40-43.

[59] 赵雯娟.陶行知生活教育理论对当今高中英语教学的启示[J].读与写杂志,2013(6).

[60] 沈建.教师理应成为社会主义核心价值观的模范践行者[J].唯实,2014(11).

[61] 康树元.教师如何做到依法治教[J].法治与经济,2011(275).

[62] 项进,田红芳.以人为本,立德树人[J].思想教育研究,2008(4).

[63] 熊易寒.底层、学校与阶级再生产[J].开放时代,2010(1):94-110.

[64] 左亦鲁.五十年后的一份异议[J].读书,2010(1):104.

[65] 费孝通.重建社会学与人类学的回顾和体会[J].中国社会科学,2000(1):45.

[66] 朱志萍.城乡二元结构的制度变迁与城乡一体化[J].软科学,2008(6):23-38.

[67] 刘秀峰.论统筹城乡教育综合改革的要义[J].教育与教学研究,2009(2):35.

[68] 褚宏启.教育制度改革与城乡教育一体化[J].教育研究,2010(11).

[69] 杜屏,赵汝英.美国农村小规模学校政策变化分析[J].教育发展研究,2010(3).

[70] 陈坚,陈阳.我国城乡教师流动失衡的制度分析[J].教育发展研究,2008(3).

[71] 何岸,斯孝金.缩小城乡教育差别实现城乡教育公平[J].中国农业教育,2004(6).

[72] 何弈飞.促进城乡教育的均衡发展[J].中国教育学刊,2006(3).

[73] 教育部发展研究中心.以教师资源的均衡配置促进教育均衡发展[J].
中小学管理,2008(2).

[74] 钱志亮.社会转型时期的教育公平问题[J].教育研究,2001(1).

[75] 秦玉友.体系调整:农村教育发展的多维分析与战略选择[J].东北师范
大学学报,2007(1):18-23.

[76] 刘和平.让乡村教育回归本色[J].江西教育,2014(1):29.

[77] 李强.中国村落学校的离土境遇与新路向[J].中国教育学刊,2010
(29):4.

[78] 武晓伟,朱志勇.论我国"精英式"农村基础教育问题及其治理[J].南京
社会科学,2014(141):2.

[79] 娄立志,张济洲.乡村教师疏远乡村的历史社会学解释[J].当代教育科
学,2009(8):21.

[80] 张洪华.城镇化进程中的农村中小学布局调整问题及反思[J].教育理
论与实践,2010(35):8.

[81] 财政部教科文司,华中师范大学全国农村文化联合调研课题组.中国农
村文化建设的现状分析与战略思考[J].华中师范大学学报(人文社会
科学版),2008(4):21.

[82] 何兰萍,张雁.生活方式视角下的农村文化建设及其路径原则[J].安徽
农业科学,2009(1):380-381.

[83] 陈文胜.新农村建设进程中的现实困境——基于湖南省万户农户调查
[J].中国农村经济,2010(2):5.

[84] 何兰萍.新农村文化建设中民间文化的传承与保护[J].开发研究,2008
(2):32.

[85] 苏红.论农村公共文化服务体系及其构建[J].兰州大学学报(社会科学
版),2009(4):7.

[86] 彭益民.全国农村公共文化服务体系建设的综合比较[J].湖南行政学
院学报(双月刊),2014(88):4.

[87] 董西明,苏洪志.农村文化市场问题及对策[J].商业研究,2003
(82):14.

[88] 钟志华.小农意识是中国社会主义现代化事业的障碍[J].社科纵横,
2005(17):6.

[89] 吴理财,夏国锋.农民的文化生活:兴衰与重建——以安徽省为例[J].

中国农村观察,2007(3):2.

[90] 宫敏燕,门忠民.论新农村建设背景下农民权益的保障[J].西北农林科技大学学报(社会科学版),2011(9):5.

[91] 贺雪峰.论半熟人社会:理解村委会选举的一个视角[J].政治学研究,2000(3):8.

[92] 贺雪峰.中国传统社会的内生村庄秩序[J].文史哲,2006(4):23.

[93] 汪磊.中国乡村社会秩序变迁研究[J].法制与社会,2009(3):44.

[94] 王立端.亚细亚生产方式问题争论研究(1949—1999)[J].福建师范大学学报,2011(9):13.

索　引

图书在版编目(CIP)数据

农村学校服务新农村文化建设研究 / 吴惠青著. —
杭州:浙江大学出版社,2016.7
ISBN 978-7-308-16051-3

Ⅰ.①农… Ⅱ.①吴… Ⅲ.①农村学校—关系—农村
文化—文化事业—建设—研究—中国 Ⅳ.①G725②G12

中国版本图书馆 CIP 数据核字(2016)第 158664 号

农村学校服务新农村文化建设研究

吴惠青 著

责任编辑	杨利军
文字编辑	余月秋
责任校对	张一弛　李增基
封面设计	春天书装
出版发行	浙江大学出版社
	(杭州市天目山路 148 号　邮政编码 310007)
	(网址:http://www.zjupress.com)
排　　版	浙江时代出版服务有限公司
印　　刷	浙江海虹彩色印务有限公司
开　　本	710mm×1000mm　1/16
印　　张	17
字　　数	285 千
版印次	2016 年 7 月第 1 版　2016 年 7 月第 1 次印刷
书　　号	ISBN 978-7-308-16051-3
定　　价	36.00 元